WERDE, DER DU BIST

WERDE, DER DU BIST

GENOIO, HOIOS ESSI

Die besten griechischen Zitate

Herausgegeben und erläutert von
Anton Grabner-Haider

marixverlag

FSC
www.fsc.org
MIX
Papier aus verantwortungsvollen Quellen
FSC® C014496

Bibliografische Information der Deutschen Nationalbibliothek
Die Deutsche Nationalbibliothek verzeichnet diese Publikation in der Deutschen Nationalbibliografie; detaillierte bibliografische Daten sind im Internet über
http://dnb.d-nb.de abrufbar.

2., korrigierte Auflage 2011

Lektorat: Dr. Bruno Kern, Mainz
Covergestaltung: Nicole Ehlers, marixverlag GmbH
Titelbild: mauritius images GmbH, Mittenwald
Satz und Bearbeitung: Medienservice Feiß, Burgwitz
Gesetzt in der Adobe Caslon
Gesamtherstellung: GGP Media GmbH, Pößneck
Printed in Germany

ISBN: 978-3-86539-071-4

www.marixverlag.de

Inhalt

Einleitung

Die griechische Kultur ist die älteste Schriftkultur Europas, die wir lesen können. Sie hat das gesamte europäische Denken und Leben maßgeblich geprägt. Die noch älteren alteuropäischen Schriften der Donaukulturen und der Schwarz-Meer-Kulturen können wir bis heute nicht lesen. Die griechischen Schriftzeichen leiten sich von der Schrift der Phönikier her, die bereits im 11. Jh. v. C. die erste Konsonantenschrift der Welt gebildet hatten. Bis dahin gab es nur Bilderschriften und Silbenschriften.

Nun wurden alle Konsonanten einer Sprache mit einem Schriftzeichen dargestellt, bald kamen eigene Zeichen für die Vokallaute hinzu. Die ältesten griechischen Schriften kennen wir aus Kreta (Linear A und Linear B), die aber nur zum Teil lesbar sind. Nach einer schriftlosen Zeit begann im 8. Jh. v. C. mit den Kultsängern Homer (Homeros) und Hesiod (Hesiodos) die griechische Schriftkultur. Diese beiden Autoren verfassten die großen Werke der mythischen Weltdeutung; Ilias, Odyssee, Theogonie, Werke und Tage.

Bald begannen frühe Lehrer der Weisheit (Philosophen), ihre mündlich vorgetragenen Lehren fragmentarisch schriftlich festzuhalten. Es waren dann die großen Tragödiendichter (Aischylos, Sophokles, Euripides), aber auch die frühen Historiker (Polybios, Herodot), später dann vor allem die Philosophen, welche die griechische Schriftkultur geprägt haben. Zu dieser Zeit hatten die Griechen ihre

Kolonien bereits im ganzen Raum des Mittelmeeres, von Kleinasien über Süditalien bis Südfrankreich.

Als der Makedonierkönig Alexander zwischen 333 und 330 v. C. das Reich der Perser eroberte, begann im ganzen Vorderen Orient und im östlichen Mittelmeerraum die sog. *Hellenistische Kultur*. Von Ägypten bis Makedonien wurden zentrale Verwaltungen eingeführt, überall entstanden griechische Gymnasien und Theater, es wurden griechische Tempel gebaut und die Götter Hesiods verehrt. Griechisch war die Sprache der Gebildeten, des Handels und der Verwaltung. Zu dieser Zeit wurden neue Städte gegründet, z.B. Alexandria und Antiochia, die zu Schmelztiegeln verschiedener Kulturen wurden und 300 Jahre später ca. eine Million Einwohner hatten.

Jetzt wurden die Lehren der griechischen Philosophie in der ganzen hellenistischen Welt verbreitet, Wanderlehrer zogen von Ort zu Ort und von Land zu Land. Es waren vor allem die Lehren der Stoiker, der Kyniker, der Epikuräer, später der Platoniker und der Aristoteliker. Im 1. Jh. n. C. entstand das frühe Christentum, das die griechische und die semitische Kultur eng miteinander verband; es hat viele Lehren der stoischen Ethik in sich aufgenommen. Im 4. Jh. n. C. entstand in Alexandria die neuplatonische Schule der Philosophie, welche die christliche Reichskirche formte.

Kaiser Konstantin I. teilte das Römische Imperium in einen östlichen und einen westlichen Teil. Er gründete Konstantinopel (Byzanz) als neue Regierungsstadt des Oströmischen Reiches, das bis ins 15. Jh. n. C. Bestand hatte und durch und durch von der griechischen Kultur geprägt wurde. Die christliche Reichskirche hielt das Imperium zusammen, Religion und Politik waren eng miteinander verflochten.

Ab 640 n. C. begannen islamische Herrscher aus Arabien kommend die südlichen Teile des Oströmischen Reiches zu erobern, das sich kaum verteidigen konnte. Das waren die

Provinzen Syrien, Palästina, Ägypten und ganz Nordafrika. Die siegreichen Muslime lernten dadurch die Schriften der griechischen Philosophen und Mediziner kennen; sie ließen diese Schriften aus dem Syrischen ins Arabische und Persische übersetzen. Damit gewannen sie gegenüber der byzantinischen und der westlichen Welt einen gewaltigen Kulturvorsprung, der über 500 Jahre andauerte, vor allem im Bereich der Medizin, der Mathematik und der Naturwissenschaft.

Die europäischen Kreuzzüge versuchten, die Muslime aus Syrien und Palästina zurückzudrängen, was aber nicht gelang. Ja sie schwächten die Herrschaft des Oströmischen Reiches, das schließlich im Jahr 1453 mit der Eroberung Konstantinopels an die Herrschaft der Osmanen bzw. der Türken fiel. Von den westlichen Ländern Europas gab es keine Hilfe gegen die Türken, welche nun große Teile Osteuropas unter ihre Herrschaft brachten. Damit kamen auch die Griechen unter die osmanische Herrschaft.

Das Osmanische Reich hatte bis 1922 Bestand, doch den Griechen gelang bereits 1830 nach einem zehnjährigen Befreiungskrieg die Freiheit; sie gründeten ein eigenes Königtum, das von bayerischen und dänischen Königen regiert wurde. Unter der Fremdherrschaft der Türken hatte sich die Sprache der Griechen weiterentwickelt, es entstand die neugriechische Sprache. Im Jahr 1922 wurden alle Griechen aus der Türkei und alle Türken aus Griechenland umgesiedelt, mit Ausnahme der Insel Zypern, wo beide Völker bis heute vermischt sind.

Heute ist Griechenland Mitglied der Europäischen Union. Es hat der westlichen Kultur wertvolle Impulse der Philosophie, der Naturwissenschaft, des Sports (Olympische Spiele), der Medizin, der Musik und der Dichtkunst geschenkt. Daher sind auch die Sinnsprüche dieser Kultur für die zivilisierte Welt von besonderer Bedeutung. Das vorliegende Buch erschließt eine kleine Auswahl dieser Texte.

Gliederung

Die Sprichwörter und Lebensweisheiten werden in sechs Abschnitte unterteilt. Begonnen wird mit Sprichwörtern aus dem *Neuen Testament* und dem *Alten Testament* (*Septuaginta*). Den dritten Teil bilden Sinnsprüche der klassischen Philosophen Platon und Aristoteles. Dem folgen Lehrsätze und Sprüche der vorsokratischen Philosophen.

Den fünften Teil bilden volkstümliche Sprichwörter in neugriechischer Sprache, den sechsten Teil philosophische Weisheiten, ebenfalls in neugriechischer Sprache. Im letzten Kapitel werden Sinnsprüche von Sophokles, von Epiktet und von Theophrast wiedergegeben.

Danksagung

Der Herausgeber dankt Herrn DI. Michaelis Chiotellis aus Mytilini (Lesvos) für die Bereitstellung der neugriechischen Texte sowie Herrn Prof. Dr. Gregorios Larentzakis (Universität Graz) und Herrn Dr. Georgios Pampouchidis (Graz) für das kritische Mitlesen dieser Texte und ihre Übersetzung. Dem Verlag Ekdoseis Anastasiada in Athen sei für die Erlaubnis gedankt, einige Sprichwörter aus dem Buch „Paroimies gia paidia kai gia neous" (hg. von Th. Gialoures, G. Anastasiades und M. Kormpou) abzudrucken. Ein Dank gilt auch Frau DI. Helga Lassmann-Moor für wertvolle Arbeit am Computer.

Alle Kommentare zu den Sprichwörtern wurden vom Herausgeber verfasst.

Graz, Januar 2006

Hinweise zur lateinischen Transskription

Die Transskription folgt dem Lexikon *Altgriechisch/Deutsch* von Prof. Hermann Menge, Berlin 1910. Allerdings wurden die Akzente (Levis, Gravis, Zirkumflex) weggelassen. Auch die langen Vokale (Eta und Omega) werden nicht von den kurzen Vokalen (Epsilon und Omikron) unterschieden, da sich die Bedeutung der Wörter aus der Übersetzung ergibt. Der Hauchlaut zu Beginn mancher Vokale wird in den meisten Fällen mit h wiedergegeben.

Das griechische Alphabet

Alpha	Α	α	a
Beta	Β	β	b (neugr. v)
Gamma	Γ	γ	g
Delta	Δ	δ	d
Epsilon	Ε	ε	e
Zeta	Ζ	ζ	z
Eta	Η	η	e (neugr. i)
Theta	Θ	θ	th
Jota	Ι	ι	i
Kappa	Κ	κ	k
Lambda	Λ	λ	l
My	Μ	μ	m
Ny	Ν	ν	n
Xi	Ξ	ξ	x
Omikron	Ο	ο	o
Pi	Π	π	p
Rho	Ρ	ρ	r
Sigma	Σ	σ,ς	s
Tau	Τ	τ	t
Ypsilon	Υ	υ	y
Phi	Φ	φ	ph
Chi	Χ	χ	ch
Psi	Ψ	ψ	ps
Omega	Ω	ω	o

Abkürzungen der Bibel

1 Joh	1. Johannesbrief
1 Kor	1. Korintherbrief
1 Thess	1. Thessalonicherbrief
Eph	Epheserbrief
Ex	Exodus
Gal	Galaterbrief
Gen	Genesis
Hld	Hohes Lied
Jak	Jakobusbrief
Jes	Jesaja
Joh	Johannes
Koh	Buch Kohelet
Kol	Kolosserbrief
Mt	Matthäus
Offb	Offenbarung des Johannes (Apokalypse)
Ps	Psalmen
Röm	Römerbrief
Sir	Buch Jesus Sirach
Spr	Buch der Sprüche
Weish	Buch der Weisheit

Quellenangabe

Septuaginta. Stuttgart 1960.

E. Nestle: *Das griechische Neue Testament*. Stuttgart 1960.

Platon: *Werkausgabe, griechisch und deutsch*. Stuttgart 1990.

Aristoteles: *Protreptikos, griechisch und deutsch*. Berlin 1990.

Sophokles: *Antigone. Griechisch und deutsch*. Stuttgart 1996.

Epiktet: *Handbuch der Moral. Griechisch und deutsch*. Stuttgart 1999.

Theophrast: *Charaktere. Griechisch und deutsch*. Stuttgart 1998.

Paranomies gia paidia kai gia neous. Hg. von Th. Gialoures, G. Anastasiades, M. Kormpou. Athen 1992.

1

Aus dem *Neuen Testament*

Das sog. *Neue Testament* ist die spezielle Bibel der Christen, die im 4. Jh. n. C. offiziell abgegrenzt wurde. Das frühe Christentum entstand aus einer jüdischen Erneuerungsbewegung im 1. Jh. v. C. Diese wurde nach dem Tod Jesu bald von griechisch sprechenden Juden und von Griechen weitergetragen und verbreitet. Die Sprache der Verkündigung dieses neuen Glaubens war das Griechische (Koine = Sprache des Volkes), alle frühen Schriften wurden in dieser Sprache verfasst. So ist das Christentum eine durch und durch griechische Religion mit jüdischen Wurzeln.

Seit der hellenistischen Zeit (330 v. C.) waren griechische Lehrer und Wanderprediger auch in Palästina unterwegs, sie verbreiteten dort die Lebenslehren der Kyniker und der Stoiker. Einige Sinnsprüche aus dem *Neuen Testament* kommen aus dem jüdischen Hintergrund, die meisten aber lassen griechisches Gedankengut erkennen. Vor allem Paulus von Tarsos hat die Lehren der stoischen Ethik in das frühe Christentum eingeführt.

Hier wird eine Auswahl von Sinnsprüchen aus den Evangelien und aus den Briefen der Apostel vorgestellt.

1 **Ouk ep' arto mono zesetai ho anthropos, all' epi panti rhemati ekporeuomeno dia stomatos theou.** (Mt 4,4)

Der Mensch lebt nicht vom Brot allein, sondern von jedem Wort, das aus dem Mund Gottes kommt.

Der galiläische Wanderprediger Jesus aus Nazaret wollte seinen Zeitgenossen sagen, dass sie neben den alltäglichen Sorgen um ihr Leben auch innere Lebenswerte brauchen, um sinnvoll und erfüllt leben zu können.

2 **Makarioi hoi ptochoi to pneumati, hoti auton estin he basileia ton ouranon.** (Mt 5,3)

Selig sind die Armen vor Gott, denn ihnen gehört das Himmelreich.

Die Armen und Entrechteten haben zu jeder Zeit nur die Möglichkeit, ihr Leben auf den ewigen und göttlichen Urgrund zu beziehen und dort Trost zu suchen und zu finden.

3 **Makarioi hoi penthountes, hoti autoi paraklethesontai.** (Mt 5,4)

Selig sind die Trauernden, denn sie werden getröstet werden.

Im Blick auf das Ewige und Bleibende können alle von Leiden und Trauer niedergedrückten Menschen innere Kraft finden, um ihr schweres Schicksal ertragen zu können.

4 **Makarioi hoi praeis, hoti autoi kleronomesousin ten gen.** (Mt 5,5)

Selig sind die Gewaltfreien, denn sie werden das Land besitzen.

Dies ist die Erkenntnis der sozial Schwächeren in allen Kulturen, dass auf die Dauer der Verzicht auf Gewalt allen Mitgliedern einer Gesellschaft mehr Vorteile bringt als die Anwendung von Gewalt.

5 **Makarioi hoi peinontes kai dipsontes ten dikaiosynen, hoti autoi chortasthesontai.** (Mt 5,6)

Selig sind die nach Gerechtigkeit hungern und dürsten, denn sie werden satt werden.

Wir erkennen, dass wir durch aktiven Hunger nach Gerechtigkeit schrittweise mehr an Chancengleichheit für alle Menschen verwirklichen können.

6 **Makarioi hoi eleemones, hoti autoi eleethesontai.** (Mt 5,7)

Selig sind die Barmherzigen, sie werden Erbarmen finden.

Allein mit unserer kritischen Vernunft erkennen wir, dass Hilfe für die Armen allen Nutzen bringt. Denn jeder Mensch kann in Armutssituationen geraten, dann braucht er die Hilfe anderer.

7 **Makarioi hoi katharoi te kardia, hoti autoi ton theon opsontai.** (Mt 5,8)

Selig sind die reinen Herzen, denn sie werden Gott sehen.

Wenn es uns gelingt, auf Lüge und Täuschung zu verzichten, dann können wir störungsfrei und kooperativ zusammenleben. Dann aber erkennen wir den göttlichen Schöpfungswillen.

8 **Makarioi hoi eirenopoioi, hoti autoi hyioi theou klethesontai.** (Mt 5,9)

Selig sind die Friedensstifter, sie werden Gottes Söhne heißen.

Immer brauchen wir göttliche Schöpfungskräfte in uns, wenn es uns gelingen soll, verfeindete Menschen und Gruppen miteinander zu versöhnen. Doch die Versöhnung der Feinde ist zu jeder Zeit möglich.

9 **Makarioi hoi dediogmenoi heneken dikaiosynes, hoti auton estin he basileia ton ouranon.** (Mt 5,10)

Selig sind die wegen der Gerechtigkeit Verfolgten, ihnen gehört das Reich der Himmel.

Wer auf den göttlichen Urgrund der Welt zu blicken vermag, dem wird innere Energie zuwachsen, um im Ringen um mehr an sozialer Gerechtigkeit persönliche Nachteile und Leiden in Kauf zu nehmen.

10 **Hymeis este to halas tes ges. Ean de to halas moranthe, en tini alisthesetai.** (Mt 5,13)

Ihr seid das Salz der Erde. Wenn das Salz schal wird, womit kann man salzen?

Menschen, die um mehr Liebe und Güte in ihrer Lebenswelt ringen, verhalten sich wie Salz in den Speisen. Denn sie machen das Leben auch für die Schwächeren erträglich.

11 **Hymeis este to phos tou kosmou. Ou dynatai polis krybenai epano orous keimene.** (Mt 5,14)

Ihr seid das Licht der Welt. Eine Stadt auf dem Berg kann nicht verborgen bleiben.

Die moralische Erneuerungsbewegung der frühen Jesusjünger verglich ihre Funktion mit dem Licht in einer durch Hass und Zerstörung verdunkelten Lebenswelt. Sie hat viel Licht in die europäische Kultur gebracht.

12 **Isthi eunoon to antidiko sou tachy heos hotou ei meta autou en te hodo.** (Mt 5,25)

Schließ mit dem Gegner Frieden, solange du auf dem Weg zum Gericht bist.

Mit unserer aufrechten Vernunft erkennen wir, dass wir in jeder Lebenssituation mit einem Gegner Frieden schließen können, wenn wir ihn zu verstehen beginnen.

13 **Me omosai holos, mete en to ourano, hoti thronos estin tou theou ...** (Mt 5,34)

Schwört nicht, weder beim Himmel, denn er ist der Thron Gottes ...

Das Schwurverbot besagt ursprünglich, dass wir uns nicht auf göttliche Mächte berufen sollen, wenn es darum geht, in unseren mitmenschlichen Beziehungen ehrlich und wahrhaftig zu sein.

14 **Esto de ho logos hymon nai nai, ou ou. To de perisson touton ek tou ponerou estin.** (Mt 5,37)

Euer Ja sei ein Ja und ein Nein sei ein Nein.
Alles andere stammt vom Bösen.

Bei näherem Nachdenken erkennen wir, dass Lüge und Täuschung unser Zusammenleben stören bzw. den Frieden zerstören. So baut gelingendes Leben immer auf Wahrhaftigkeit und Ehrlichkeit auf.

15 **Me antistenai to ponero.** (Mt 5,39)

Leistet dem Übeltäter keinen Widerstand.

Sowohl griechische als auch jüdische Wanderlehrer haben in der Antike erkannt, dass die böse Tat nie zu Ende kommt, wenn wir sie zurückgeben.

16 **Kai to thelonti soi krithenai kai ton chitona sou labein, aphes auto kai to himation.** (Mt 5,40)

Wenn dich jemand vor Gericht bringen will, um dein Hemd zu nehmen, gib ihm auch den Mantel.

Dieses Bildwort besagt, dass wir alle Güter miteinander teilen sollten. Der Übeltäter soll durch die Erfahrung von Güte ein friedvoller Mitmensch werden.

17 **To aitounti se dos, kai ton thelonta apo sou daneisasthai me apostraphes.** (Mt 5,42)

Dem, der dich bittet, gib. Weise den nicht ab, der von dir borgen will.

Nur wenn wir den Notleidenden etwas von unseren Gütern geben, können wir in Notsituationen auf die Hilfe anderer Menschen hoffen. Der Egoismus bringt nur kurzzeitigen Nutzen.

18 **Agapate tous echthrous hymon kai proseuchesthe hyper ton diokonton hymas.** (Mt 5,44)

Liebet eure Feinde und betet für eure Verfolger.

Diese Einsicht besagt, dass wir uns um Gegner und Verfolger kümmern müssen, damit sie ihre feindliche Haltung loslassen und als sozial verträgliche Mitmenschen leben können. Denn immer müssen seelische Verletzungen geheilt werden.

19 **Hoti ton helion autou anatellei epi ponerous kai agathous kai brechei epi dikaious kai adikous.** (Mt 5,45)

Gott lässt die Sonne scheinen über Gute und Böse,
er lässt regnen über Gerechte und Ungerechte.

Der göttliche Schöpfer hat moralisch gute und unmoralisch böse Menschen zugelassen, damit müssen wir leben. Doch wir können dazu beitragen, dass die Zahl der Übeltäter merklich geringer wird.

20 **Hotan oun poies eleemosynen, me salpises emprosthen sou.** (Mt 6,2)

Wenn du Almosen gibst, dann verkünde dies nicht laut.

In jeder Kultur wird es als ein Wert angesehen, wenn reichere Menschen etwas von ihrem Besitz an die Armen und Notleidenden abgeben. Doch sie sollen ihre Nächstenhilfe in der Stille leben.

21 **Hotan de nesteuete, me ginesthe hos hoi hypokritai skythropoi.** (Mt 6,16)

Wenn ihr fastet, macht kein finsteres
Gesicht wie die Heuchler.

Zeitweiliges Fasten wird in allen Kulturen als eine Reinigung der Seele und des Geistes verstanden. Dabei gibt es keinen Anlass, mit düsterer Miene durch den Tag zu gehen.

22 **Me thesaurizete hymin thesaurous epi tes ges, hopou ses kai brosis aphanizei.** (Mt 6,19)

Sammelt euch nicht Schätze auf der Erde, wo Motte und Wurm sie zerstören.

Die Schätze der Seele und des Geistes sind nicht von Motten bedroht, zu ihnen gehören soziale Grundeinstellungen zu den Mitmenschen und zum ganzen Leben.

23 **Hopou gar estin ho thesauros sou, ekei estai kai he kardia sou.** (Mt 6,21)

Wo dein Schatz ist, dort ist auch dein Herz.

Wir alle haben die Fähigkeit, unser Herz auf geistige und seelische Schätze zu beziehen. Die irdischen Güter sind nicht die alleinigen Schätze unseres Daseins.

24 **Ean oun e ho ophthalmos sou haplous, holon to soma sou photeinon estai.** (Mt 6,22)

Wenn dein Auge gesund ist, wird dein ganzer Körper hell sein.

Die antike Lebensweisheit ging davon aus, dass das Auge der Spiegel der Seele und des ganzen Körpers sei. Eine gesunde Seele zeigt sich dann in einem ehrlichen und mitfühlenden Leben.

25 **Oudeis dynatai dysi kyriois douleuein. E gar ton hena misesei kai ton heteron agapesei.** (Mt 6,24)

Niemand kann zwei Herren dienen, er wird den einen hassen und den anderen lieben.

Der Sinnspruch sagt, dass wir nicht mit zwei gegensätzlichen Lebenseinstellungen leben können. Wir können nicht gleichzeitig zerstören und aufbauen, nicht gleichzeitig lieben und hassen.

26 **Emplepsate eis ta peteina tou ouranou, hoti ou speirousin oude therizousin.** (Mt 6,26)

Schaut auf die Vögel des Himmels, sie
säen und sie ernten nicht.

Viele mit der Natur verbundene Weisheitslehrer riefen die Mitmenschen dazu auf, der Natur oder dem göttlichen Schöpfer zu vertrauen und gelassen zu leben.

27 **Katamathete ta krina tou agrou, ou kopiosin oude nethousin.** (Mt 6,28)

Lernt von den Lilien des Feldes, sie
arbeiten nicht und spinnen nicht.

Wir Menschen müssen arbeiten, um leben zu können. Doch die Arbeit ist nicht der einzige Sinn unseres Lebens, wir müssen uns ständig noch andere Lebenswerte erschaffen.

28 **Me oun merimnesete eis ten aurion, arketon te hemera he kakia autes.** (Mt 6,34)

Sorgt euch nicht um morgen, jeder Tag hat genug an Plage.

Gewiss müssen wir uns um unser gutes und gelingendes Leben Sorgen machen. Doch ein Zuviel an Sorge und Vorkehrung erschlägt unsere spontanen Lebensbedürfnisse und mindert unsere Daseinsfreude.

29 **Me krinete, hina me krithete.** (Mt 7,1)

Richtet nicht, damit ihr nicht gerichtet werdet.

Immer müssen wir werten und urteilen, um überleben zu können. Doch wir sollen wissen, dass alle unsere Urteile und Bewertungen vorläufig und verbesserbar sind.

30 **Ti de blepeis to karphos to en to ophthalmo tou adelphou tou, ten de en to so ophthalmo dokon ou katanoeis.** (Mt 7,3)

Du siehst den Splitter im Auge deines Bruders,
den Balken im eigenen Auge siehst du nicht.

Zu jeder Zeit fällt es uns leichter, die Fehler unserer Mitmenschen zu sehen, als unsere eigenen Defizite im Zusammenleben zu erkennen.

31 **Me dote to hagion tois kysin, mede balete tous margaritas hymon emprosthen ton choiron.** (Mt 7,6)

Gebt das Heilige nicht den Hunden und
die Perlen nicht den Schweinen.

Dieser Spruch macht uns darauf aufmerksam, dass wir unsere persönlichen Lebenswerte nicht mit jedem beliebigen Mitmenschen kommunizieren können. Denn wir leben mit unterschiedlichen Einstellungen zum Dasein.

32 **Aiteite, kai dothesetai hymin. Zeteite, kai heuresete.** (Mt 7,7)

Bittet, und es wird euch gegeben.
Suchet, und ihr werdet finden.

Der Wanderlehrer aus Galiläa ruft seine Anhänger zu einem starken Vertrauen auf den göttlichen Urgrund und auf die innere Kraft der eigenen Wünsche auf.

33 **E tis estin ex hymon anthropos hon aitesei ho hyos autou arton, me lithon epidosei auto.** (Mt 7,9)

Gebt ihr eurem Sohn einen Stein, wenn er um Brot bittet?

So wie Eltern die Bitten ihrer Kinder erhören, so wird der göttliche Schöpfer die Bitten der glaubenden Menschen erhören. Unsere mentalen Kräfte sollten wir nicht unterschätzen.

34 **Panta oun hosa ean thelete hina poiosin hymin hoi anthropoi, houtos kai hymeis poieite autois.** (Mt 7,12)

Was ihr wollt, dass euch die Mitmenschen
tun, das tut auch ihr ihnen.

Dies ist der Kernsatz der sog. Goldenen Regel der Moral, der sich in allen menschlichen Kulturen findet. Er geht davon aus, dass wir Menschen einander unsere authentischen Bedürfnisse hinreichend befriedigen können.

35 **Hoti stene he pyle kai tethlimmene he hodos.** (Mt 7,14)

Denn eng ist das Tor und schmal ist der Weg.

Der Weg zu einem guten und gelingenden Leben ist insofern schmal, als wir viele unserer egoistischen Wünsche überwinden müssen, um liebesfähig zu werden.

36 **Houtos pan dendron agathon karpous kalous poiei, to de sapron dendron karpous ponerous poiei.** (Mt 7,17)

Jeder gute Baum bringt gute Früchte, jeder schlechte Baum bringt schlechte Früchte.

Dieser Weisheitsspruch sagt, dass sich ein gutes und gelingendes Leben allein in der gelebten Nächstenliebe und in der Zuwendung zu den Armen zeigt. Worte allein machen kein Leben wertvoll.

37 **Ara ge apo ton karpon auton epignosesthe autous.** (Mt 7,20)

An ihren Früchten werdet ihr eure Mitmenschen erkennen.

Der Wert eines Menschen ergibt sich zu jeder Zeit und in allen Kulturen aus seinen konkreten Handlungen und Verhaltensweisen. Allein gelebte Liebe macht ein Leben bleibend wertvoll.

38 **Ou chreian echousin hoi ischyontes iatrou alla hoi kakos echontes.** (Mt 9,12)

Nicht die Gesunden brauchen den Arzt, sondern die Kranken.

Der Wanderlehrer aus Nazaret wollte sagen, dass er seine Aufgabe vor allem bei den seelisch und körperlich Leidenden sieht. Die Armen und Niedergedrückten wollte er mit innerer Kraft wieder aufrichten.

39 **Eleos thelo kai ou thysian.** (Mt 9,13)

Barmherzigkeit will ich und nicht Opfer.

Dieser Spruch richtet sich gegen die Opferriten der Priester am jüdischen Tempel. Denn Gott will von den Menschen gelebte Nächstenliebe und Armenhilfe und keine Opfer.

40 **Oudeis de epiballei epiblema rhakous agnaphou epi himatio palaio. Oude ballousin oinon neon eis askous palaious.** (Mt 9,16.17)

Kein Mensch näht neuen Stoff auf ein altes Kleid,
keiner gießt neuen Wein in alte Schläuche.

Ein neues Denken und Werten verändert auch das soziale Umfeld der Jesusjünger, es entsteht schrittweise eine neue Lebenswelt. Alte Kleider und Schläuche sollen an Mülldeponien abgelegt werden.

41 **Ho men therismos polys, hoi de ergatai oligoi.** (Mt 9,37)

Die Ernte ist groß, doch Erntearbeiter sind wenige.

Dieser Spruch sagt, dass viele arme und leidende Menschen auf die erlösende Botschaft der gelebten Nächstenliebe warten, weil sie sich dann aus dem Staub ihrer Erniedrigung erheben können.

42 **Dorean elabete, dorean dote.** (Mt 10,8)

Umsonst habt ihr empfangen, umsonst sollt ihr geben.

Die inneren Einstellungen unseres Lebens und unsere Liebesfähigkeit bekommen wir umsonst, und wir sollen sie auch ohne Gewinnstreben weitergeben. Das Wesentliche unseres Lebens ist nicht in Geld bezahlbar.

43 **Ginesthe oun phronimoi hos hoi opheis kai akeraioi hos hai peristerai.** (Mt 10,16)

Werdet klug wie die Schlangen und arglos wie die Tauben.

Die der Natur nahen Menschen lernen auch von den Tieren, mit denen sie leben. Klugheit soll sich mit Friedensliebe verbinden, dann wird ein gutes Zusammenleben möglich.

44 **Ouk estin mathetes hyper ton didaskalon oude doulos hyper ton kyrion autou.** (Mt 10,24)

Ein Schüler steht nicht über dem Lehrer,
ein Sklave nicht über dem Herrn.

Wenn die Lehrer der Weisheit Schweres im Leben ertragen müssen, dann werden auch die Schüler kein leichtes Leben haben. Denn Nächstenliebe lernen wir nicht durch Überfluss und Luxus.

45 **Ouden gar estin kekalymmenon ho ouk apokalyphthesetai, kai krypton ho ou gnosthesetai.** (Mt 10,26)

Nichts ist verhüllt, was nicht aufgedeckt werden wird, und nichts ist verborgen, was nicht bekannt werden wird.

Im Blickfeld des göttlichen Schöpfers und am Ende einer Lebenszeit gibt es nichts Verborgenes und Geheimes, dann wird der bleibende Wert jedes Menschenlebens offenbar.

46 **Hymon de kai hai triches tes kephales pasai erithmemenai eisin.** (Mt 10,30)

Bei euch sind alle Haare eures Kopfes gezählt.

Die Schüler des Wanderlehrers aus Galiläa waren davon überzeugt, dass der göttliche Schöpfer ihr Leben durch und durch kennt und dass er wie ein Vater für sie sorgt.

47 **Arate ton zygon mou eph hymas kai mathete ap' hemou, hoti prays eimi kai tapeinos te kardia.** (Mt 11,29)

Nehmt mein Joch auf euch und lernt von mir, ich bin sanftmütig vom Herzen.

Das Joch der Jesusjünger ist hart, weil aktive Nächstenhilfe weh tut. Doch der Gewinn aus dieser Lebensform ist eine friedvolle und sanfte Lebenswelt, sie ist unter uns Menschen möglich.

48 **Ho agathos anthropos ek tou agathou thesaurou ekballei agatha.** (Mt 12,35)

Ein guter Mensch bringt aus dem Schatz des Guten gute Taten hervor.

Der Schatz des Guten sind positive Einstellungen zum Leben, zu den konkreten Mitmenschen und zu sich selbst. Allein mit diesen Einstellungen wird nachhaltige Liebe möglich.

49 **Ouk estin prophetes atimos ei me en te patridi kai en te oikia autou.** (Mt 13,57)

Nirgends hat ein Prophet so wenig Ansehen wie in seiner Heimat und bei seiner Familie.

Der Wanderlehrer Jesus wurde in seiner Heimat und bei seiner Familie verkannt, erst fremde Menschen entdeckten den Wert seiner Lehren und seiner Lebensform.

50 **Ta de ekporeuomena ek tou stomatos ek tes kardias exerchetai, kakeina koinoi ton anthropon.** (Mt 15,18)

Was aus dem Mund und dem Herzen eines Menschen kommt, das macht ihn unrein.

Dieser Spruch wendet sich gegen die Reinheitsregeln der Priester, die sich auf Speisen bezogen. Unreinheit des Lebens kommt allein aus den inneren Einstellungen und Wertungen.

51 **Ti gar ophelethesetai anthropos ean ton kosmon holon kerdese, ten de psychen autou zemiothe.** (Mt 16,26)

Was nützt es dem Menschen, wenn er die ganze Welt gewinnt, aber seine Seele zerstört?

Für die Jesusbewegung werden innere Lebenswerte wichtiger als äußere Güter und Reichtümer. Dies hatte sie von den griechischen Stoikern und Kynikern gelernt.

52 **Ean me straphete kai genesthe hos ta paidia, ou me eiselthete eis ten basileian ton ouranon.** (Mt 18,3)

Wenn ihr nicht umkehrt und wie die Kinder werdet, dann könnt ihr nicht in das Reich der Himmel kommen.

Die Grundhaltung der Kinder den Eltern gegenüber soll den Schülern der Weisheit helfen, alle Ereignisse des Lebens voll Dankbarkeit und Vertrauen anzunehmen.

53 **Kai agapeseis ton plesion sou hos seauton.** (Mt 19,19)

Deinen Nächsten sollst du lieben wie dich selbst.

Da wir nur als soziale Wesen überleben können, müssen wir begreifen, dass alle Mitmenschen dieselben Lebensbedürfnisse wie wir selber haben. Aus dieser Einsicht ergibt sich dann unser richtiges Verhalten.

54 **Eukopoteron estin kamelon dia trematos rhaphidos, eiseltheín e plousion eis ten basileian tou theou.** (Mt 19,24)

Eher geht ein Kamel durch ein Nadelöhr
als ein Reicher in das Reich Gottes.

Jesus stand auf der Seite der Armen und Entrechteten. Deswegen sah er, wie schwer es den Reichen und Mächtigen fiel, ihre Güter und Vorteile mit den Schwächeren zu teilen.

55 **Polloi de esontai protoi eschatoi kai eschatoi protoi.** (Mt 19,30)

Viele, die jetzt Erste sind, werden Letzte sein.
Und die Letzten werden Erste sein.

Im Blick auf den göttlichen Urgrund kehren sich die sozialen Rangverhältnisse um. Da zeigt sich, dass die Armen und Entrechteten authentischer leben als die Reichen und Starken.

56 **Kai hos an thele en hymin einai protos, estai hymon doulos.** (Mt 20,26)

Wer unter euch der Erste sein will, soll euer Sklave sein.

Die höchste Weisheit des sozialen Lebens liegt darin, dass alle begreifen, dass sie die ursprünglichen Bedürfnisse ihrer Mitmenschen befriedigen können.

57 **Lithon hon apedokimasan hoi oikodomountes, houtos egenethe eis kephalen gonias.** (Mt 21,42)

Der Stein, den die Hausbauer verworfen haben, ist zum Eckstein geworden.

In der Geschichte der Menschen werden oft sozial wertvolle Menschen abgewertet und verworfen, ihre tiefe Lebensweisheit wird zu spät erkannt.

58 **Gregoreite oun, hoti ouk oidate ten hemeran oude ten horan.** (Mt 25,13)

Seid wachsam, denn ihr kennt weder den Tag noch die Stunde.

Die Jesusbewegung glaubte an das nahe bevorstehende göttliche Gericht. Jeder Mensch soll sich bereithalten, um mit reinem Herzen vor den göttlichen Schöpfer hintreten zu können.

59 **Kai ho logos sarx egeneto kai eskenosen en hemin.** (Joh 1,14)

Und das Wort ist Fleisch geworden und hat unter uns gewohnt.

Die frühen Christen glaubten, dass in der Person Jesu das göttliche Schöpfungswort oder das ewige Weltgesetz Fleisch geworden sei. Dies ist griechisch gedacht, denn in ihrer Lebenswelt gab es viele göttliche Söhne und Töchter.

60 **To pneuma hopou thelei pnei, kai ten phonen autou akoueis, all' ouk oidas pothen erchetai kai pou hypagei.** (Joh 3,8)

Der Wind weht, wo er will. Du hörst sein Brausen, weißt aber nicht, woher er kommt und wohin er geht.

Der Wind ist hier das Bild für den göttlichen Schöpfergeist, der überall in der Welt wirken kann. Er verändert das Denken und Leben der Menschen, denn er macht uns zur nachhaltigen Liebe fähig.

61 **Hoti to phos elelythen eis ton kosmon kai egapesan hoi anthropoi mallon to skotos e to phos.** (Joh 3,19)

Das Licht kam in die Welt, doch die Menschen liebten die Finsternis mehr als das Licht.

Griechische Christen sahen im Wanderlehrer aus Nazaret ein Licht für die Menschenwelt. Doch nur wenige Zeitgenossen erkennen dieses Licht, das aus dem Osten her leuchtet.

62 **Pas gar ho phaula prasson, misei to phos.** (Joh 3,20)

Jeder Mensch, der Böses tut, hasst das Licht.

Das Licht wird hier zum Symbol der moralisch guten Tat. Wer seinen Mitmenschen und sich selbst Böses tut, hasst die göttliche Kraft des Lichtes und gibt sich den Mächten der Finsternis hin.

63 **Ego eimi ho artos tes zoes. Ho erchomenos pros eme ou me peinase.** (Joh 6,35)

Ich bin das Brot des Lebens. Wer zu mir kommt, wird nicht mehr hungern.

Diesen Spruch übernahmen die frühen Christen aus den griechischen Mysterienkulten. Für sie war Jesus die innere Nahrung, die sie zu einem gelingenden Leben führte.

64 **Ego eimi he anastasis kai he zoe. Ho pisteuon eis eme kan apothane zesetai.** (Joh 11,25)

Ich bin die Auferstehung und das Leben. Wer an mich glaubt, wird leben, auch wenn er gestorben ist.

Die Christen waren mit den Mysterienjüngern überzeugt, dass die innere Seelenkraft des Menschen nach dem Tod des Körpers in der göttlichen Lichtwelt weiterleben wird.

65 **Ean me ho kokkos tou sitou peson eis ten gen apothane, autos monos menei.** (Joh 12,24)

Wenn das Weizenkorn nicht in die Erde
fällt und abstirbt, bleibt es allein.

Mit diesem uralten Spruch der frühen Ackerbauern deuteten die Jesusjünger den Kreuzestod ihres Lehrers. Aus dem absterbenden Weizenkorn entsteht vielfältiges neues Leben.

66 **Ego eimi he hodos kai he aletheia kai he zoe.** (Joh 14,6)

Ich bin der Weg, die Wahrheit und das Leben.

Diesen Spruch übernahmen die frühen Christen aus den DionysosMysterien, für sie war nun Jesus aus Nazaret der neue Lebensspender. Er zeigte seinen Schülern den Weg zum wahren und bleibenden Leben.

67 **Ego eimi he ampelos, hymeis ta klemata.** (Joh 15,5)

Ich bin der Weinstock, ihr seid die Reben.

Auch dieser Spruch stammt aus dem griechischen Dionysoskult; die Schüler sind im Geist und in der Lebensform mit ihrem Lehrer verbunden. Jesus war für die Christen der neue göttliche Sohn und Lebensspender.

68 **Ou gar ho thelo poio agathon, alla ho ou thelo kakon touto prasso.** (Röm 7,19)

Denn ich tue nicht das Gute, das ich will,
sondern das Böse, das ich nicht will.

Paulus von Tarsos verbindet jüdisches und griechisches Denken. Er weiß darum, dass wir in unserem Handeln bei Weitem nicht immer unserem bewussten Willen folgen, sondern von unbewussten Kräften bewegt werden.

69 **Ou gar elabete pneuma douleias palin eis phobon.** (Röm 8,15)

Ihr habt nicht den Geist der Sklaven
und der Furcht empfangen.

Christen glauben, dass sie mit ihrer neuen Ausrichtung auf Gott die Furcht vor dem bösen Schicksal und die Mentalität der Unterwürfigkeit aufgegeben haben, sie wollen autonom ihr Leben gestalten.

70 **He agape anhypokritos, apostygountes to poneron, kollomenoi to agatho.** (Röm 12,9)

Eure Liebe sei ohne Heuchelei, verabscheut
das Böse und haltet am Guten fest.

Paulus vermittelt den Christen die Grundzüge der stoischen Ethik. Wenn sie das Gute im Denken und Handeln erkannt haben, dann müssen sie auch daran festhalten.

71 **Te elpidi chairontes, te thlipsei hypomenontes, te proseuche proskarterountes.** (Röm 12,12)

Seid fröhlich in der Hoffnung, geduldig in
der Bedrängnis, beharrlich im Gebet.

Die Hoffnung auf ein gelingendes Leben macht die Glaubenden stark, um auch schwierige Situationen gut bestehen zu können. Im Gebet verbinden sie sich mit der göttlichen Schöpferkraft.

72 **Eulogeite tous diokontas, eulogeite kai me katarasthe.** (Röm 12,14)

Segnet eure Verfolger, segnet und verflucht sie nicht.

Wie Sokrates lehrten auch die Stoiker, das erlittene Unrecht nicht zurückzugeben. Denn es ist möglich, auch die Übeltäter zur Umkehr von bösen Einstellungen zu bewegen.

73 **Chairein meta chaironton, klaiein meta klaionton.** (Röm 12,15)

Freut euch mit den Fröhlichen, weint mit den Weinenden.

Christen werden zu einem mitfühlenden Lebensstil aufgefordert, denn davon haben alle einen Nutzen und Vorteil. Wenn den Weinenden geholfen wird, kommen ihre Tränen zu Ende.

74 **To auto eis allelous phronountes, me ginesthe phronimoi par' heautois.** (Röm 12,16)

Seid eines Sinnes untereinander und
haltet euch nicht selbst für weise.

Die Schüler der Lebensweisheit wissen um ihre Grenzen, sie überschätzen sich nicht. Nur so lernen sie neue Einstellungen, die zu einem solidarischen Leben befähigen.

75 **Medeni kakon anti kakou apodidontes, pronooumenoi kala.** (Röm 12,17)

Vergeltet nicht Böses mit Bösem, sondern
seid auf das Gute bedacht.

Wenn wir das erlittene Böse an den Täter zurückgeben, kommt der Kreis der bösen Taten nicht zu Ende. Wir unterbrechen diesen Kreis durch gute Taten und durch Mitgefühl.

76 **Me niko hypo tou kakou, alla nika en to agatho to kakon.** (Röm 12,21)

Lass dich nicht vom Bösen besiegen, sondern
besiege das Böse durch das Gute.

Das Böse ist eine unheimliche Kraft, die uns überfallen kann. Nur in der inneren Verankerung im Guten und in der Liebe wird es möglich, dem Hass und dem Neid zu entkommen.

77 **Medeni meden opheilete, ei me to allelous agapan.** (Röm 13,8)

Bleibt niemandem etwas schuldig, nur
die Liebe schuldet ihr immer.

Es ist sinnvoll, geliehene Güter sobald als möglich zurückzugeben. Doch schuldig bleiben wir einander immer Mitgefühl, Barmherzigkeit und konkrete Hilfe in Notsituationen.

78 **Ho gar agapon ton heteron, nomon pepleroken.** (Röm 13,8)

Wer seinen Mitmenschen liebt, hat das ganze Gesetz erfüllt.

Wie die Stoiker lehrt auch Paulus, dass durch die verwirklichte Nächstenliebe alle Gesetze des Staates und der Religion erfüllt werden. Doch Liebe braucht immer eine starke Motivation.

79 **Hoti hora ede hymas ex hypnou egerthenai.** (Röm 13,11)

Jetzt ist die Stunde gekommen, um vom Schlaf aufzustehen.

Das Leben in der Bosheit und Lüge wird mit der Situation des Schlafes verglichen. Doch wenn ein Leben vom Schlaf aufwacht, dann beginnt es, sich selbst und die Mitmenschen zu lieben.

80 **Apothometha oun ta erga tou skotous, endysometha de ta hopla tou photos.** (Röm 13,12)

Lasst uns ablegen die Werke der Finsternis
und anziehen die Waffen des Lichts.

Alle moralisch bösen Taten, die das Zusammenleben stören, werden mit der Finsternis verglichen. Doch alle guten Taten der Nächstenliebe kommen aus der göttlichen Kraft des Lichtes.

81 **Oudeis gar hemon heauto ze, kai oudeis heauto apothneskei.** (Röm 14,7)

Keiner lebt für sich allein und keiner stirbt nur für sich.

Nach christlicher Lehre leben wir Menschen immer im Bezug aufeinander, denn wir haben immer Aufgaben und Pflichten für konkrete Mitmenschen zu erfüllen. Das gibt unserem Dasein einen bleibenden Sinn.

82 **Kan echo pasan ten pistin hoste ore methistanai, agapen de me echo, ouden eimi.** (1 Kor 13,2)

Könnte ich im Glauben Berge versetzen, hätte aber die Liebe nicht, so wäre ich nichts.

Die Urkraft der Liebe wird als das höchste göttliche Geschenk an uns Menschen gesehen. Sie kann noch viel mehr bewegen als der Glaube, denn sie fließt aus der Gottheit uns Menschen zu.

83 **He agape makrothymei, ou zeloi, he agape ou perpereuetai.** (1 Kor 13,4)

Die Liebe ist langmütig, sie ereifert sich nicht, sie bläht sich nicht auf.

Dieses Hohe Lied der Liebe fasst einige ihrer Merkmale zusammen. Sie weiß um die Grenzen des eigenen Lebens, doch sie vermag viel an Geduld und an Güte zu vermitteln.

84 **He agape ou zetei ta heautes, ou paroxynetai, ou logizetai to kakon.** (1 Kor 13,5)

Die Liebe sucht nicht ihren Vorteil, sie lässt sich nicht zum Zorn reizen, sie trägt das Böse nicht nach.

Liebende suchen auch den Nutzen des Mitmenschen, der das gleiche Bedürfnis hat wie sie selbst. Sie können das Böse aus der Welt schaffen, das sie erlitten haben.

85 **He agape panta stegei, panta pisteuei, panta elpizei, panta hypomenei.** (1 Kor 13,7)

Die Liebe erträgt alles, sie glaubt alles, sie hofft alles und hält allem stand.

Die göttliche Urkraft der Liebe verwandelt Menschen von innen her, sodass sie Leidvolles ertragen können. Aus der Kraft des Glaubens und der Hoffnung vermögen sie Böses in Gutes umzuwandeln.

86 **He agape oudepote piptei, eite de propheteiai, eite glossai pausontai, eite gnosis katargethesontai.** (1 Kor 13,8)

Die Liebe hört niemals auf; die Prophetenrede, die Zungenrede und die Erkenntnis vergehen.

Paulus glaubt, dass alle anderen Begabungen der Menschen früher zu Ende kommen als die Liebe. Denn sie überdauert selbst den Tod eines Mitmenschen, sie lebt in der göttlichen Welt weiter.

87 **Hote emen nepios, elaloun hos nepios. Hote gegona aner, katergeka ta tou nepiou.** (1 Kor 13,11)

Als ich ein Kind war, redete ich wie ein Kind. Als ich ein Mann wurde, legte ich das Kind ab.

Mit unserer Entwicklung vom Kind zum Erwachsenen lernen wir die Fähigkeit, für uns selbst und für konkrete Mitmenschen Verantwortung zu übernehmen. Wir leben nicht für uns allein.

88 **Nyni de menei pistis, elpis, agape. Meizon de touton he agape.** (1 Kor 13,13)

Nun bleiben der Glaube, die Hoffnung und die Liebe. Am größten ist die Liebe.

Die wichtigsten Fähigkeiten unseres Lebens liegen in der Kraft des Glaubens, in der Hoffnung auf das Gute und in der Verwirklichung der Nächstenliebe.

89 **Alla te kakia nepiazete, tais de phresin teleioi ginesthe.** (1 Kor 14,20)

Seid unmündig in der Bosheit, aber reif in der Einsicht.

Die Bosheit in unseren Einstellungen und Wertungen können wir überwinden, niemand muss ein Leben lang ein Übeltäter oder ein rachsüchtiger Mensch bleiben. Das moralisch Gute ist für alle lernbar.

90 **Me planasthe, phtheirousin ethe chresta homiliai kakai.** (1 Kor 15,33)

Lasst euch nicht irreführen, denn schlechter Umgang verdirbt die guten Sitten.

Natürlich lernen wir von unseren konkreten Mitmenschen unser soziales Verhalten. Wenn wir uns an Lügnern und Dieben orientieren, werden wir das Gute nicht lernen.

91 **Ta erga tes sarkos eisin porneia, eidololatria, eris, haireseis.** (Gal 5,20)

Die Werke des Fleisches sind Unzucht, Götzendienst, Streit und Spaltung.

Hier zitiert Paulus einen stoischen Lasterkatalog, füllt ihn aber mit neuen Inhalten. Christen wissen sich an die geltenden Regeln der Ehe gebunden, sie verehren keine griechischen Götter mehr.

92 **Ho de karpos tou pneumatos estin agape, chara, eirene.** (Gal 5,22)

Die Frucht des Geistes ist Liebe, Freude und Friede.

Der stoische Tugendkatalog nennt die Liebe zu den Mitmenschen und zu sich selbst. Daraus wächst Lebensfreude, und wir werden zu einem friedvollen Zusammenleben fähig.

93 **Dio apothemenoi to pseudos, laleite aletheian hekastos meta tou plesion autou.** (Eph 4,25)

Legt die Lüge ab und redet miteinander die Wahrheit.

Allein unsere kritische Vernunft sagt uns, dass wir mit der Lüge nicht friedvoll zusammenleben können. Denn wenn wir und andere lügen, wissen wir nie, was der Fall ist und wo die Täuschung liegt.

94 **Stete oun perizosamenoi ten osphyn hymon en aletheia, kai endysamenoi ton thoraka tes diakaiosynes.** (Eph 6,14)
Gürtet euch mit der Wahrheit und zieht den Brustpanzer der Gerechtigkeit an.

Die beiden Grundsäulen des Lebens in der Gemeinschaft sind die Wahrhaftigkeit in der Rede und im Verhalten sowie das Ringen um soziale Gerechtigkeit.

95 **Hoi andres, agapate tas gynaikas kai me pikrainesthe pros autas.** (Kol 3,19)
Ihr Männer, liebt eure Frauen und zürnt ihnen nicht.

In einer patriarchalischen Kultur werden die Männer aufgefordert, ihre Frauen zu lieben und ihnen nicht mit Hass und Zorn zu begegnen. Denn von der Natur her haben beide Geschlechter den gleichen Wert.

96 **Hoi pateres, me erethizete ta tekna hymon, hina me athymosin.** (Kol 3,21)
Ihr Väter, schüchtert eure Kinder nicht ein, damit sie nicht mutlos werden.

Den patriarchalischen Vätern wird gesagt, ihre Kinder nicht zu ängstigen. Denn sie sollen angstfrei leben, Zuneigung lernen und zur um fassenden Liebe fähig werden.

97 **Pantote chairete.** (1 Thess 5,16)
Freuet euch zu jeder Zeit.

Die Christen sehen in der Lebensfreude die Grundstimmung ihres Daseins, denn sie wissen sich als Kinder eines liebenden Schöpfergottes. Für sie ist die Welt gut und schön und wertvoll.

98 **To pneuma me sbennyte.** (1 Thess 5,19)
Löscht den Geist nicht aus.

Christen glauben an den göttlichen Schöpfergeist, der ihr Leben bewegt und formt. Allein dieser Geist macht sie zur Liebe fähig und schenkt ihnen starken Lebensmut in harten Situationen.

99 **Panta de dokimazete, to kalon katechete.** (1 Thess 5,21)

Prüft alles, das Gute behaltet.

Die Christen sollen alles in ihrer Umwelt nach dem Kriterium der Nächstenliebe prüfen. Dann werden sie erkennen, was für ihr Zusammenleben gut und nützlich ist und was ihm schadet.

100 **Apo pantos eidous ponerou apechesthe.** (1 Thess 5,22)

Vom Bösen in jeder Gestalt haltet euch fern.

Die Kraft des Bösen fasziniert viele Menschen und macht die Lebenswelt zur Hölle. Doch es muss nicht so sein, in der Kraft der Liebe können wir das Böse in jeder Form überwinden.

101 **Ean me eche erga, nekra estin he pistis kat' heauten.** (Jak 2,17)

So ist der Glaube allein tot, wenn er nicht gute Werke erzeugt.

Der christliche Glaube an das Leben hat immer gute Taten der Nächstenliebe und der Armenhilfe zur Folge. Ein Glaube, der nur aus leeren Worten besteht, hat kein Leben mehr in sich.

102 **Ho agapon ton adelphon autou, en to photi menei.** (1 Joh 2,10)

Wer seinen Bruder liebt, der bleibt im Licht.

Das göttliche Licht strebt nur denjenigen Menschen zu, die mit allen Kräften um die Nächstenliebe ringen. Wer sich der sozialen Verantwortung entzieht, verändert nichts an einer ungerechten Lebenswelt.

103 **Ho de mison ton adelphon autou, en te skotia estin.** (1 Joh 2,11)

Wer seinen Bruder hasst, der ist in der Finsternis.

Der Hass und die Lügen machen unser Leben dunkel und unsere Lebenswelt finster. Doch sie sind keine letzten Wirklichkeiten, wir können sie mit göttlicher Kraft überwinden.

104 **Ho theos agape estin, kai ho menon en te agape, en to theo menei.** (1 Joh 4,16)

Gott ist die Liebe. Wer in der Liebe bleibt, der bleibt in Gott.

Das Wesen der Gottheit ist aktiv schenkende und passiv empfangende Liebe. Wenn wir Menschen um Nächstenliebe ringen, dann öffnen wir unser Leben für die göttliche Liebeskraft.

105 **Ego eimi to Alpha kai to Omega, ho protos kai ho eschatos, he arche kai to telos.** (Offb 22,13)

Ich bin das Alpha und das Omega, der Erste
und der Letzte, der Anfang und das Ziel.

In der Sicht des christlichen Apokalyptikers ist der göttliche Sohn Jesus der Anfang und das Ziel der ganzen Schöpfung. Denn in ihm sei die göttliche Liebe am reinsten geoffenbart worden.

106 **Kai eidon ouranon kainon kai gen kainen. Ho gar protos ouranos kai he prote ge apelthan.** (Offb 21,1)

Ich sah einen neuen Himmel und eine neue Erde, denn
der erste Himmel und die erste Erde sind vergangen.

Der Apokalyptiker sieht einen neuen Himmel und eine neue Erde entstehen, wenn immer mehr Menschen in der Kraft der Liebe zu leben vermögen.

2

Aus dem *Alten Testament*

Das sog. *Alte Testament* ist die Bibel der Juden, die zum Großteil von den Christen übernommen wurde. Sie wurde ab dem 5. Jh. v. C. als Erbe der ägyptischen, der babylonischen und der persischen Kultur von Priestern, Tempelschreibern und von Prophetenschulen in hebräischer Sprache und Schrift verfasst. Seit der hellenistischen Zeit lebten viele Juden in griechischen Städten, sie sprachen griechisch. Deswegen wurde im 3. Jh. v. C. in der neu gegründeten Stadt Alexandria die jüdische Bibel von mehreren Übersetzern in die griechische Sprache übersetzt. Dies ist die sog. *Septuaginta*, angeblich von siebzig Gelehrten verfasst. In dieser Zeit kamen zu den hebräischen noch griechische Bücher hinzu, welche philosophische Lebensweisheit vermittelten. Zu ihnen gehören die Bücher Jesus Sirach, Kohelet und das Buch der Weisheit.

Aus ihnen und dem jüdischen Liedgut (Psalmen) werden Sinnsprüche ausgewählt, die zur praktischen Lebensgestaltung anregen wollen.

1 **En hidroti tou prosopou sou phage ton arton sou.** (Gen 3,19)

Im Schweiß deines Gesichts sollst du dein Brot essen.

Dies sprach der Schöpfergott zu den ersten Menschen, als er sie aus dem Paradies vertrieb; dies meint die harten Lebensbedingungen der Hirtennomaden und der Ackerbauern.

2 **Hoti ge ei kai eis gen apeleuse.** (Gen 3,19)

Denn Erde bist du und zur Erde wirst du zurückkehren.

Nach der jüdischen Priesterlehre wurden die Menschen aus der Erde geschaffen, daher werden sie im Tod wieder zur Erde zurückkehren.

3 **Auxanesthe kai plethynesthe kai plerosate ten gen.** (Gen 1,28)

Seid fruchtbar, vermehrt euch und bevölkert die Erde.

Als der Schöpfergott die Frau und den Mann mit seinem Wort geschaffen hatte, gab er beiden den Auftrag, das Leben weiterzugeben und die Erde zu bevölkern.

4 **Tima ton patera sou kai ten metera, hina eu soi genetai epi tes ges tes agathes.** (Ex 20,12)

Ehre deinen Vater und die Mutter, damit du ein langes Leben hast im gesegneten Land.

In der Reihe der zehn Grundgebote wird von den Priestern die Sorge um die Eltern als Verpflichtung festgeschrieben. Denn nur sie macht es möglich, dass die Generationen friedvoll zusammenleben können.

5 **Makarios aner, hos ouk eporeuthe en boule asebon.** (Ps 1,1)

Glücklich ist der Mann, der nicht dem Rat der Übeltäter folgt.

Die große Sammlung der Kultlieder beginnt mit dem Lobpreis des gerechten Menschen, der sich an das göttliche Gesetz hält und nicht mit anderen zusammen nach Übeltaten sinnt. Denn diese Taten bringen Unglück über die Gemeinschaft.

6 **En eirene epi to auto koimethesomai kai hypnoso, hoti sy, kyrie, kata monas epi elpidi katokisas me.** (Ps 4,9)

Im Frieden lege ich mich nieder und schlafe ein, denn du Gott bist meine Hoffnung und sorgst für mich.

Der Beter oder Sänger des Psalmes weiß sich bei seinem Bundesgott geborgen, deswegen kann er im Frieden schlafen, es kann ihm nichts Böses widerfahren.

7 **Hoi ouranoi diegountai doxan theou poiesin de cheiron autou anaggellei to stereoma.** (Ps 18,2)

Die Himmel rühmen die Herrlichkeit Gottes, das Firmament verkündet das Werk seiner Hände.

Der Psalm preist den göttlichen Schöpfer, der die kleine Menschenwelt und den großen Kosmos wunderbar erschaffen und gestaltet hat, die Menschen leben voll Staunen und Dankbarkeit.

8 **Kyrios poimainei me, kai ouden me hysteresei. Eis topon chloes ekei me kateskenosen.** (Ps 23,1f)

Gott ist mein Hirt, nichts wird mir fehlen; er lässt mich auf grünen Wiesen lagern.

Der Beter und Sänger denkt in der Bilderwelt der Hirtenkultur, für ihn ist der Schöpfergott wie ein guter Hirt, der für alles zum Leben Notwendige sorgt.

9 **Elipanas en elaio ten kephalen mou, kai to poterion sou methyskon hos kratiston.** (Ps 23,5)

Du salbst mein Haupt mit Öl und füllst mir reich den Becher.

In diesem Lied wird Gott als der große Gastgeber gesehen, der seinen Gästen die Stirn mit Öl salbt und der ihnen reichlich den Becher mit Wasser und Wein reicht.

10 **Ean gar kai poreutho en meso skias thanatou, ou phobethesomai kaka, hoti sy met emou ei.** (Ps 23,4)

Wenn ich in einer finsteren Schlucht wandern muss,
so fürchte ich kein Unglück, denn du bist bei mir.

Der Beter und Sänger weiß sich auf allen seinen Wegen von seinem Bundesgott begleitet, deswegen fürchtet er sich nicht vor Finsternis und vor Abgründen des Lebens.

11 **Kyrios photismos mou kai soter mou. Tina phobethesomai.** (Ps 27,1)

Gott ist mein Licht und mein Heil, vor
wem soll ich mich fürchten?

Der Gläubige sucht Licht im Dunkel und Rettung in der Not des Lebens bei seinem Schutzgott, deswegen kann er furchtlos in seine Zukunft schauen.

12 **Era tous ophthalmous mou eis ta ore, poten hexei he boetheia mou.** (Ps 121,1)

Ich erhebe meine Augen zu den Bergen,
woher wird mir Hilfe kommen?

Der Beter ist in Not und Bedrängnis, da blickt er zu den Bergen, denn sie sind für ihn Orte des Göttlichen. Und er hofft auf Hilfe, die von seinem Schutzgott kommt.

13 **Ean me kyrios oikodomese oikon, eis maten ekopiasan hoi oikodomountes auton.** (Ps 127,1)

Wenn nicht Gott das Haus erbaut, mühen
sich die Bauleute umsonst.

Beim Bau eines Hauses und bei der Gründung einer Sippe bzw. Familie muss Gott seinen Segen geben, damit der Friede und das Glück erhalten bleiben. Beides kann nicht aus Steinen, Holz oder Ziegeln errichtet werden.

14 **Ek batheon ekekraxa se, kyrie, eisakouson tes phones mou.** (Ps 130,1)

Aus der Tiefe rufe ich, mein Gott, zu
dir, höre du meine Stimme.

Der Beter ist in tiefer Not und Weglosigkeit, da sucht er bei seinem Bundesgott Schutz und Hilfe. Er vertraut darauf, dass sein lautes Rufen erhört werden wird.

15 **Epi ton potamon Babylonos ekei ekathisamen kai eklausamen.** (Ps 137,1)

An den Strömen Babylons saßen wir und weinten.

In der Zeit des Babylonischen Exils wurden viele Juden der Oberschicht in die Gefangenschaft geführt. Dort trauerten sie um ihre verlorene Heimat und warteten auf Heimkehr.

16 **Ean gar elthe he sophia eis sen dianoian, he de aisthesis te se psyche kale einai doxe.** (Spr 2,10)

Wenn die Weisheit in dein Herz einzieht, dann
beglückt die Erkenntnis deine Seele.

Diese Sprüche verbinden jüdische und griechische Weisheit, sie wurden in der hellenistischen Kultur formuliert. Sie wollen die Menschen zu einem guten Leben anleiten.

17 **Boule kale phylaxei se, ennoia de hosia teresei se.** (Spr 2,11)

Besonnenheit wacht über dir, die Einsicht wird dich behüten.

Wer in seinem Leben besonnen bleibt und in seinen Entscheidungen auf Weisheit und Einsicht baut, muss nichts Böses befürchten.

18 **Ei gar eporeuonto tribous agathas, heurosan an tribous dikaiosynes leious.** (Spr 2,20)

Sie gehen auf den Wegen der guten Menschen
und folgen den Pfaden der Gerechten.

Die griechische und jüdische Weisheit hilft den Menschen, ein gutes und glückliches Leben zu führen.

19 **Chrestoi esontai oiketores ges, akakoi de hypoleiphthesontai en aute.** (Spr 2,21f)

Die Redlichen werden das Land bewohnen, die Frevler aber werden von dort verstoßen werden.

Der Lehrer der Weisheit sagt, dass nur durch gelebte Gerechtigkeit und Ehrlichkeit ein friedvolles Zusammenleben möglich sein wird. Übeltäter stören zu jeder Zeit die Gemeinschaft.

20 **Me tektene epi son philon kaka, paroikounta kai pepoithota epi soi.** (Spr 3,29)

Sinne nicht Böses gegen deinen nächsten Mitmenschen, der friedlich neben dir lebt.

Es ist weise und nützlich, gegen den Mitmenschen nicht Böses zu planen. Denn wenn auch er Böses plant und tut, ist der Friede zu Ende.

21 **Me aposche eu poein endee, henika an eche he cheir sou boethein.** (Spr 3,27)

Verweigere deine Wohltat keinem Menschen, der sie dringend braucht.

Es ist sehr vernünftig, dem Mitmenschen in der Not zu helfen. Denn nur dann können wir hoffen und erwarten, dass auch uns in der Not geholfen wird.

22 **Pase phylake terei sen kardian, ek gar touton exodoi zoes.**(Spr 4,23)

Mehr als alles andere behüte dein Herz, denn von ihm geht das ganze Leben aus.

Das Herz meint zu dieser Zeit die Gesamtheit der Gefühle und Gedanken. Sie müssen von der aufrechten Vernunft gelenkt werden, damit sie nichts Böses planen.

23 **Periele seautou skolion stoma kai adika cheile makran apo sou aposai.** (Spr 4,24)

Vermeide jede Falschheit in deiner Rede und
halte deine Lippen im festen Zaum.

Allein mit der Vernunft erkennen wir, dass die Lüge unser Zusammenleben unmöglich macht und dass böse Unterstellungen den Frieden zerstören.

24 **Kai syneuphrainou meta gynaikos tes ek neotetos sou, he pege sou tou hydatos esto soi idia.** (Spr 5,18)

Erfreue dich an der Frau deiner Jugendtage,
sie sei dein gesegneter Brunnen.

Sinnlichkeit und Sexualität bereichern unser Leben, sie wollen sich mit Gefühlen der Hingabe und der Treue verbinden. Sie sind eine reiche Quelle der Lebendigkeit und der Freude.

25 **Ithi pros ton myrmeka, o oknere, kai zeloson idon tas hodous auto kai genou ekeinou sophoteros.** (Spr 6,6)

Du fauler Mensch, geh zur Ameise hin,
betrachte ihre Arbeit und werde weise.

Auch von den Tieren können wir lernen, dass wir fleißig arbeiten müssen, um Wohnung und Essen zu haben. Arbeit in vielfacher Form gehört zu einem erfüllten Leben.

26 **Arche sophias phobos kyriou kai boule hagion synesis.** (Spr 9,10)

Der Anfang der Weisheit liegt in der Gottesfurcht,
die Kenntnis des Heiligen bringt uns die Einsicht.

Die griechischen und die jüdischen Lehrer der Weisheit sehen in dieser ein Geschenk des göttlichen Schöpfers. Im Bezug auf das Ganze und Ewige lernen wir das richtige Verhalten.

27 **Pege zoes en cheiri dikaiou.** (Spr 10,11)

Die Hand des gerechten Menschen
ist eine Quelle des Lebens.

Was aus dem Mund und von den Händen des guten und gerechten Mitmenschen kommt, gibt uns in der Gemeinschaft Raum zum Leben. Doch jede böse Tat nimmt und zerstört unsere Lebenskraft.

28 **Hois me hyparchei kybernesis, piptousin hosper phylla.**(Spr 11,14)

Fehlt in einem Volk die gute Führung, fallen die Menschen wie Blätter von den Bäumen.

Jedes Gemeinwesen braucht weise und moralisch gute Menschen, welche Leitungsfunktionen übernehmen. Wenn dies nicht der Fall ist, kann ein Staat zerbrechen.

29 **Aner de thymodes ouk euschemon, psyche eulogoumene pasa haple.** (Spr 11,25)

Wer wohltätig ist, wird reich gesättigt; und
wer andere labt, wird selber voll.

Unsere aufrechte Vernunft sagt uns, dass uns gegenseitige Hilfe ungleich mehr an Vorteilen bringt als die Verweigerung von Zuwendung. Deswegen lebt der Vernünftige mitfühlend mit den Armen.

30 **Ek karpou dikaiosynes phyetai dendron zoes, aphairountai de aoroi psychai paranomon.** (Spr 11,30)

Die Frucht der Gerechtigkeit ist der Baum des Lebens, das Unrecht aber raubt uns das Leben.

Wir erkennen mit unserer kritischen Vernunft, dass die gerechte Verteilung der Güter und der Lebenschancen die unabdingbare Voraussetzung für ein friedvolles Zusammenleben ist.

31 **Hodoi aphronon orthai enopion auton, eisakouei de symboulias sophos.** (Spr 12,15)

Der Törichte hält allein seine Wege für richtig, doch der weise Mensch hört auf den Rat seiner Mitmenschen.

Egozentrische Personen neigen dazu, sich selbst in allen Lebensbereichen über die anderen zu erheben. Dabei erkennen sie gar nicht die Defizite ihrer Gedanken und Verhaltensweisen.

32 **Dolos en kardia tektainomenou kaka, hoi de boulomenoi eirenen euphrantesontai.** (Spr 12,20)

Wer im Herzen Böses sinnt, tut Böses; wer aber den Frieden anstrebt, wird glücklich leben.

Alle unsere Entscheidungen bereiten wir in unserem Fühlen und Denken vor. Törichte Menschen erkennen nicht die Folgen ihrer bösen Taten.

33 **Hyparxis epispoudazomene meta anomias elasson ginetai.** (Spr 13,11)

Wer sein Vermögen durch Unrecht zusammenrafft, der wird es schnell verringern und verlieren.

Die Lehrer der Weisheit sind überzeugt, dass durch Raub und Unrecht keine dauerhaften Güter gewonnen werden können. Denn sie sind immer durch das Unrecht anderer und Stärkerer bedroht.

34 **Hos kataphronei pragmatos, kataphronethesetai hyp' autou.** (Spr 13,13)

Wer gute Worte missachtet, der missachtet sich selbst.

Immer im Leben sind wir auf den Rat von weisen Mitmenschen angewiesen. Wer alles allein entscheiden und bestimmen will, schadet seinem Leben.

35 **Ho sykophanton peneta paroxynei ton poiesanta auton.**(Spr 14,31)

Wer den Armen unterdrückt, der verachtet dessen Schöpfer.

Auch die schwachen und Not leidenden Mitmenschen sind göttliche Geschöpfe. Es ist unsere natürliche Aufgabe, ihnen zu Hilfe zu kommen und ihr schweres Los zu erleichtern.

36 **Iasis glosses dendron zoes, ho de synteron auten plesthesetai pneumatos.** (Spr 15,4)

Eine sanfte Zunge ist ein Baum des Lebens, doch
eine falsche Zunge zerbricht das Herz.

Wir alle sind auf Worte und Taten der Zuwendung angewiesen, damit sich unser Leben entfalten kann. Die Lüge aber zerstört das Vertrauen in die Mitmenschen und nimmt uns die Geborgenheit des Daseins.

37 **En pleonazouse dikaiosyne ischys polle.** (Spr 15,6)

Im Haus des gerechten Menschen gibt es viele Vorräte.

Wer um die gerechte Verteilung der Güter bemüht ist und den Armen genügend zum Leben gibt, der wird reich an äußeren und inneren Gütern. Denn Gerechtigkeit ist die tragende Säule jeder Gemeinschaft.

38 **Kardias euphrainomenes prosopon thallei, en de lypais ouses skythropazei.** (Spr 15,13)

Ein fröhliches Herz macht ein Gesicht heiter,
doch der Kummer bedrückt unsere Seele.

Wir haben viele Möglichkeiten, einander das Herz und das Gesicht heiter zu machen. Wir können von Mitmenschen Kummer wegnehmen, damit sie gut und gesund leben können.

39 **Kreisson mikra meris meta phobou kyriou e thesauroi megaloi meta aphobias.** (Spr 15,16)

Besser ist es, wenig Schätze in Gottesfurcht zu
besitzen als viele Schätze in Ungerechtigkeit.

In diesen Sprüchen ist Gott die höchste Norm der Gerechtigkeit, wer gegen sie verstößt, kann das Glück des Lebens nicht finden. Der größte Schatz aber ist ein gutes Gewissen in jeder Situation.

40 **Kreisson xenismos lachanon pros philian kai charin e parathesis moschon meta echthras.** (Spr 15,17)

Besser sind alle Genüsse mit Liebe gelebt als
ein gemästeter Ochs mit Hass verzehrt.

Griechische und jüdische Weisheit erkennt, dass allein die Liebe zu sich selbst und zu den Mitmenschen das Leben schön und genießenswert macht. Der Hass zerstört alle Bande der Gemeinschaft.

41 **Exollysin heauton ho dorolemptes.** (Spr 15,27)

Derjenige zerstört sein Haus, der sich durch Raub bereichert.

Es entspricht der langen Lebenserfahrung, dass durch Raub und Gewalt Güter nur begrenzte Zeit angehäuft werden können. Dauerhaft sind nur Güter, die in Gerechtigkeit erworben wurden.

42 **Kreisson oligos ktesis en dikaiosyne, para ko ploutos en adikia.** (Spr 16,8)

Besser ist wenig Besitz in Gerechtigkeit
als Reichtum im Unrecht.

Die Erfahrung sagt, dass durch Unrecht angehäufter Besitz leicht wieder verloren geht, weil die Geschädigten nach einem Ausgleich streben. Gerecht erworbener Besitz wird von aufrechten Mitmenschen nicht in Frage gestellt.

43 **Nossiai sophias hairetoterai chrysiou, nossiai de phroneseos hairetoterai hyper argyrion.** (Spr 16,16)

Die Schätze der Weisheit sind wertvoller als Gold,
die Schätze der Einsicht übertreffen alles Silber.

Auch in Situationen des Überflusses benötigen wir die Weisheit des Lebens, um glücklich sein zu können. Denn die teuersten Sachwerte allein befriedigen nicht unsere ursprünglichen Bedürfnisse.

44 **Keria melitos logoi kaloi, glykasma de auton iasis psyches.**(Spr 16,24)

Freundliche Worte sind wie Honig, süß für den Gaumen und heilsam für die Seele.

Wir alle haben ein tiefes Bedürfnis, von unseren Mitmenschen Zuwendung und Mitgefühl zu bekommen. Viele hungern und dürsten nach Liebe und Zärtlichkeit und bekommen viel zu wenig davon.

45 **Kreisson aner makrothymos ischyrou ho de kraton orges kreisson katalambanomenou polin.** (Spr 16,32)

Besser ist es, sich selbst beherrschen zu können als ganze Städte zu erobern.

Die Lehrer der Weisheit wissen, dass die Beherrschung der eigenen ungeordneten und unsozialen Triebe viel schwieriger ist, als Kriegsheere zu befehligen. Doch ohne diese Selbstbeherrschung erleben wir nicht bleibendes Glück.

46 **Hos apodidosin kaka anti agathon, ou kinethesetai kaka ek tou oikou autou.** (Spr 17,13)

Wenn einer Gutes mit Bösem vergilt, dann weicht das Unheil nicht aus seinem Haus.

Es gibt Menschen, die Güte und Zuwendung mit Bosheit und Abneigung beantworten. Sie haben in ihrem Leben schwere Verluste erlitten, deswegen sind sie zu gelingenden Beziehungen kaum fähig.

47 **Hos archei ton neikon, lysei de ton kataklysmon.** (Spr 17,14)

Wer den Streit anfängt, entfesselt eine Wasserflut.

Wir können nie voraussagen, wie ein Streit ausgeht und ob wir die Gewinner sein werden. Auf alle Fälle bindet er sehr viele Lebenskräfte, die sinnvoller eingesetzt werden könnten.

48 **Kardia euphrainomene euektein poiei, andros de lyperou xerainetai ta osta.** (Spr 17,22)

Ein fröhliches Herz tut dem Körper wohl, ein bedrücktes Gemüt lässt unsere Glieder verdorren.

Gewiss können wir ein fröhliches Gefühl nicht mit unserem Willen und Denken erzwingen. Aber wir können unser Leben so gestalten, dass aus ihm Fröhlichkeit und Glück wachsen können.

49 **Stoma aphronos syntribe auto, ta de cheile autou pagis te psyche autou.** (Spr 18,7)

Dem Törichten wird sein Mund zur Falle, seine Lippen sind sein Verderben.

Auch wir verstehen, dass wir mit unseren Worten vorsichtig umgehen müssen. Denn wir können mit ihnen viele Beziehungen und Verbindungen zu den Mitmenschen zerstören.

50 **Oknerous kataballei phobos, psychai de androgynon peinasousin.** (Spr 18,8)

Die Ängstlichen besiegt die Furcht, die Seelen der androgynen Menschen werden hungern.

Dieser Spruch sagt, dass die ängstlichen Menschen von konkreten Furchtsituationen überwältigt werden. Menschen mit männlichen und weiblichen Seelenteilen hungern immer nach Liebe und Zuwendung.

51 **Adelphos hypo adelphou boethoumenos hos polis ochyra kai hypsele.** (Spr 18,19)

Ein Bruder, der von seinem Bruder getäuscht wird, ist wie eine verschlossene Festung.

Wenn Freunde oder Geschwister einander täuschen und betrügen, ist die Verletzung der Seele besonders tief. Manche Verletzungen machen uns sprachlos und isolieren uns von den Mitmenschen.

52 **Kosmos neaniais dynamis, doxa de presbyteron poliai.** (Spr 20,29)

Die Welt der Jugend ist die Körperkraft, die
Zier der Alten ist ihr graues Haar.

Das Training der körperlichen und der seelischen Kräfte gehörte zur antiken Kultur des Gymnasions. Ältere Menschen verbinden mit ihrem grauen Haar einen größeren Vorrat an Lebensweisheit und Erfahrung.

53 **Ho energon thesaurismata glosse pseudei, mataia diokei epi pagidas thanatou.** (Spr 21,6)

Wer mit verlogener Zunge Schätze erwirbt, jagt nach
dem Wind und gerät in die Schlingen des Todes.

Auch wir begreifen, dass wir nicht durch Lüge und Täuschung Reichtümer anhäufen sollen. Trotzdem wollen wir Menschen immer ein wenig getäuscht werden, wenn wir etwas Wertvolles anstreben.

54 **Hos phrassei ta ota tou me epakousai asthenous, kai autos epikalesetai, kai ouk estai ho eisakouon.** (Spr 21,13)

Wer sein Ohr vor den Schwachen verschließt,
wird selbst nicht erhört, wenn er in Not ist.

Wenn möglichst viele oder alle Menschen den Armen und Schwachen in der Not helfen, nur dann können sie hoffen, dass auch sie Hilfe in Notsituationen finden werden.

55 **Ho speiron phaula, therisei kaka. Plegen de ergon autou syntelesei.** (Spr 22,8)

Wer Unrecht sät, wird Unheil ernten. Der Stab
seines Übermuts wird einmal brechen.

Viele Zeitgenossen in modernen Gesellschaften glauben, dass sie mit wohl dosiertem Unrecht ihren Gewinn stetig steigern können. Doch tragen sie mit ihrem Verhalten wenig zum Zusammenhalt der Gesellschaft bei.

56 **Dos eis paidian ten kardian sou, ta de ota sou etoimason logois aistheseos.** (Spr 23,12)

Schenke der Bildung dein Herz und bereite
dein Ohr für vernünftige Reden.

Besonders Kinder brauchen Zuwendung und den Austausch der erlebten Gefühle. Sie lernen durch kluge und verständnisvolle Rede von den Erwachsenen das rechte Verhalten.

57 **Kreisson sophos ischyrou.** (Spr 24,5)

Der weise Mensch ist dem an Muskeln Starken überlegen.

Dies ist eine uralte Erfahrung der Menschheit, dass wir mit unserer kritischen und praktischen Vernunft mehr im Leben erreichen können als mit der Kraft unserer Muskeln.

58 **Ean pese ho echthros sou, me epichares auto.** (Spr 24,17)

Wenn dein Gegner zu Boden stürzt,
dann freu dich nicht über ihn.

Wir wissen, dass wir im Leben jederzeit selber zum Sturz kommen können. Dann hilft es uns wenig, wenn andere über uns lachen.

59 **Melon chrysoun en hormisko sardiou, houtos eipein logon.** (Spr 25,11)

Wie ein goldener Apfel auf silbernem Teller
ist ein gutes Wort zur rechten Zeit.

Wir brauchen viel Mitgefühl mit konkreten Menschen, um ihnen zur rechten Zeit ein hilfreiches und nützliches Wort sagen zu können. Doch immer lernen wir voneinander.

60 **Ean peina ho echthros sou, trephe auton. Ean dipsa, potize auton.** (Spr 25,21)

Wenn dein Gegner Hunger hat, dann gib ihm zu essen.
Und wenn er Durst hat, dann gib ihm zu trinken.

Dies ist philosophische Weisheit, die daran ist, den Hass zwischen Menschen zu verringern und zu überwinden. Denn im Grunde kann nur ein Vorschuss an Liebe den Streit beenden.

61 **Esthiein meli poly ou kalon, timan de chre logous endoxous.** (Spr 25,27)

Zuviel Honig tut uns nicht gut, mit lobenden Worten müssen wir sparsam umgehen.

Wir betonen heute die positiven Rückmeldungen in unserer Kommunikation. Doch diese müssen ehrlich und maßvoll sein, sonst verzerren sie das Selbstbild des Gesprächspartners.

62 **Hosper thyra strephetai epi tou strophiggos, houtos okneros epi tes klines autou.** (Spr 26,14)

So wie die Tür sich in der Türangel dreht, so wälzt sich der faule Mensch in seinem Bett.

Dieser Spruch will dazu auffordern, im Leben fleißig zu arbeiten und auch für das Wohl der Mitmenschen tätig zu sein. Wer nur für sich selbst lebt, der lebt auf Kosten anderer.

63 **En pollois xylois thallei pyr, hopou de ouk estin dithymos, esychazei mache.** (Spr 26,20)

Mit viel Holz sprüht das Feuer, doch wenn ein Verleumder fehlt, dann legt sich der Streit.

Der Verleumder wird mit dürrem Holz verglichen, der das Feuer des Streits ständig anfacht. Doch wenn wir alle bei der Wahrheit bleiben, dann kann jeder Streit zu Ende kommen.

64 **Aphelou poreian skelon kai paroimian ek stomatos aphronon.** (Spr 26,7)

Schlaff wie die Schenkel eines Gelähmten sind die Sprüche des Törichten.

Wenn wir unvernünftige Behauptungen von uns geben, dann nützen wir unserem Gemeinwohl sehr wenig. Doch Törichte haben immer die Möglichkeit, ihr Unwissen zu beenden.

65 **Kreissous elenchoi apokekalymmenoi kryptomenes philias.** (Spr 27,5)

Besser ist der offene Tadel als eine Liebe, die sich nicht zeigt.

Auch wir begreifen, dass wir einander korrigieren müssen, wenn wir Fehler machen. Doch jede Kritik sollte von einem Grundgefühl der gezeigten Zuwendung getragen sein.

66 **Axiopistotera estin traumata philou e hekousia philemata echthrou.** (Spr 27,6)

Hilfreich sind die Schläge des Freundes, doch
trügerisch sind die Küsse des Gegners.

Wenn Freunde einander korrigieren, dann wollen sie einander helfen. Doch wenn Gegner falsches Lob spenden, dann wollen sie stören und zerstören.

67 **Psyche en plesmone ousa keriois empaizei, psyche de endeei kai ta pikra glykeia phainetai.** (Spr 27,7)

Die Seele des Satten tritt den Honig mit den Füßen, doch
der Seele des Hungernden schmeckt auch das Bittere süß.

In einer Gesellschaft des Wohlstands und des Überflusses schätzen viele nicht die Güter des Lebens. Doch die Hungrigen lernen, mit wenig Gütern auszukommen und zu überleben.

68 **Kreisson philos engys e adelphos makran oikon.** (Spr 27,10)

Besser ist ein Nachbar in der Nähe als
ein Bruder in weiter Ferne.

Wenn wir in Not sind, brauchen wir einen hilfreichen Nachbarn. Wir alle können ein mitfühlendes und hilfreiches Verhalten lernen, wenn wir es wollen und als sinnvoll erkennen.

69 **Sideros sideron oxynei, aner de paroxynei prosopon hetairou.** (Spr 27,17)

So wie Eisen an Eisen geschliffen wird, so schleift ein Charakter den des Gefährten.

Auch wir wissen, dass wir durch Mitmenschen sozialisiert und geformt werden. Denn wir sind im Werden, einer am anderen, gemeinsam formen wir unsere Lebensgeschichten.

70 **Hosper ouk homoia prosopa prosopois, houtos oude hai kardiai ton anthropon.** (Spr 27,19)

So wie ein Gesicht nicht den anderen gleicht, so verhält es sich auch mit den Herzen der Menschen.

Mit dem Herzen meinen wir die Gesamtheit unserer Einstellungen und Gefühle. Da wir sie formen können, übernehmen wir für unser Verhalten persönliche Verantwortung.

71 **Andres kakoi ou noesousin krima.** (Spr 28,5)

Böse Menschen kennen kein Gericht.

Asoziale Mitmenschen erkennen oder akzeptieren nicht die Grundregeln unseres Zusammenlebens. Deswegen leben sie immer auf Kosten ihrer Mitmenschen, bis diese ihnen Widerstand leisten.

72 **Kreisson ptochos poreuomenos en aletheia plousiou pseudous.** (Spr 28,6)

Besser ist es, schuldlos arm zu leben als durch Lügen reich zu werden.

Die Lehrer der Weisheit sind davon überzeugt, dass ein ehrliches und tugendhaftes Leben allen in der Gemeinschaft mehr Vorteile bringt als ein Leben mit Lügen, Täuschung und Gewalt.

73 **Basileus endees prosodon megas sykophantes, ho de misison adikian makron chronon zesetai.** (Spr 28,16)

Mancher Fürst ist ein einfältiger und großer
Unterdrücker, doch lange Zeit leben wird
nur der, welcher das Unrecht hasst.

Es ist uralte Lebenserfahrung, dass Unrecht und Torheit das Zusammenleben der Menschen stören. Der dauerhafte Friede ruht allein auf der Einhaltung der Gesetze und der gelebten Tugend.

74 **Hos didosin ptochois ouk endeethesetai.** (Spr 28,27)

Wer den Armen etwas gibt, leidet keinen Mangel.

Auch wir machen die Erfahrung, dass Teilen von Gütern alle reicher macht, den Geber und den Empfänger. Wenn genügend geteilt wird, dann gibt es in einer Gesellschaft keinen Mangel und keine Armut.

75 **Hos paraskeuazetai epi prosopon tou heautou philou diktyon, periballei auto tois heautou posin.** (Spr 29,5)

Wer zu seinem Freund schmeichelhaft redet,
der legt ihm Fangnetze vor die Füße.

In guten und gleichwertigen Beziehungen können wir offen miteinander reden, da benötigen wir keine Täuschungen und Irreführungen. Keiner will dem anderen eine Falle stellen.

76 **Andres loimoi exekausan polin, sophoi de apestrepsan orgen.** (Spr 29,8)

Hetzer bringen die Stadt in Aufruhr, weise
Menschen besänftigen die Erregung wieder.

Demagogen leben davon, dass sie die feindlichen Gefühle ihrer Mitbürger schüren. Sie machen sich wenig Gedanken über die negativen Folgen ihrer emotionalen Dynamik.

77 **Holon ton thymon autou ekpherei aphron, sophos de tamieuetai kata meros.** (Spr 29,11)

Der Törichte lässt seiner Erregung freien Lauf, doch der weise Mensch hält sie zurück.

Wir Menschen haben die Fähigkeit, unser emotionales Erleben durch vernünftige Überlegungen zu lenken. Wenn wir davon keinen Gebrauch machen, gehen wir einen gefährlichen Weg.

78 **Plegai kai elenchoi didoasin sophian, pais de planomenos aischynei goneis autou.** (Spr 29,15)

Die Rute und die Rüge verleihen Weisheit, ein zügelloses Kind macht seinen Eltern Schande.

Wir Menschen lernen wie unsere tierischen Verwandten durch Belohnung und Bestrafung das soziale Verhalten. Das können wir nicht ändern, doch wir können Lohn und Strafe intelligent gestalten.

79 **Paideue hyion sou, kai anapausei se kai dosei kosmon te psyche sou.** (Spr 29,17)

Erziehe deinen Sohn, dann wird er dir Ärger ersparen und deiner Seele Freude bereiten.

Die Methoden der Erziehung mögen sich verändern, doch die Notwendigkeit der vernünftigen Sozialisation bleibt in jeder Gesellschaft bestehen. Wir erkennen heute eine Vielfalt von Möglichkeiten.

80 **Hybris andra tapeinoi, tous de tapeinophronas ereidei doxe kyrios.** (Spr 29,23)

Der Hochmut erniedrigt den Menschen, allein die Demut bringt ihm Ehre bei Gott.

Hochmut ist die Gesinnung von Herrenmenschen, die über andere herrschen wollen. Doch in der Tiefe ihrer Seele zeigen sie ein sehr schwaches Selbstwertgefühl und starke Unsicherheit.

81 **Me parados oiketen eis cheiras despotou.** (Spr 30,10)

Übergib nicht den Mitbewohner in
die Hände eines Despoten.

Der Herr verfügte in der antiken Kultur ziemlich frei über seine Sklaven. Daher galt es als besonders verwerflich, einen Sklaven bei seinem Herrn zu verleumden und ihm Böses zu unterstellen.

82 **Hoi myrmekes, hois me estin ischys, kai etoimazontai therous ten trophen.** (Spr 30,25)

Die Ameisen sind zwar nicht stark, doch auch
sie sammeln im Sommer ihr Futter.

Wir Menschen lernen von den Tieren unsere Überlebensstrategien, denn wir sind zutiefst mit ihnen verwandt. Der Fleiß der Ameise sollte den Geruhsamen und Langsamen ein Vorbild sein.

83 **Abasileuton estin he akris kai ekstrateuei aph' henos keleusmatos eutaktos.** (Spr 30,27)

Heuschrecken werden von keinem Anführer
geleitet, doch sie schwärmen sehr geordnet.

Dieser Spruch ist ein Hinweis darauf, dass auch demokratische Gemeinwesen ihre Ordnung haben, auch wenn sie von keinem König oder Tyrannen gelenkt werden.

84 **Anoige son stoma logo theou kai krine pantas hygios.** (Spr 31,8)

Öffne deinen Mund für das Wort Gottes
und beurteile alles gerecht.

Der Starke wird aufgefordert, sich für den sozial Schwachen einzusetzen, denn dies sei die göttliche Weltordnung. Wer bei Gericht selbst nicht reden kann, braucht einen klugen Verteidiger.

85 **Gynaika andreian tis heuresei? Timiotera de estin lithon polytelon he toiaute.** (Spr 31,10)

Wer findet eine tüchtige Frau? Sie
übertrifft alle Edelsteine an Wert.

In der antiken Kultur konnten Frauen der oberen sozialen Schichten ihre Geschäfte führen und wirtschaftlichen Gewinn machen. Ihre Tüchtigkeit wurde am Verhalten der Männer gemessen.

86 **Mataiotes, mataioteton. Tis perisseia to anthropo en panti mochtho autou.** (Koh 1,2–3)

Windhauch ist alles. Welchen Vorteil hat
der Reiche von seinem Besitz?

Dieser Lehrer der Weisheit ist von der Vergänglichkeit aller Güter und Schätze tief betroffen. Deswegen fragt er, ob es nicht unvergängliche Schätze im Leben geben könnte.

87 **Pantes hoi cheimarroi poreuontai eis ten thalassan, kai he thalassa ouk estin empiplamene.** (Koh 1,7)

Alle Flüsse fließen in das Meer, doch dieses wird nie voll.

Durch die Beobachtung des Meeres soll der Weise erkennen, dass auch unsere positiven Grundeinstellungen zum Leben nie voll werden können. Auch unsere Liebe kann niemals überfließen.

88 **Ouk emplesthesetai ophthalmos tou horan, ou plerothesetai ous apo akroaseos.** (Koh 1,8)

Nie wird ein Auge vom Schauen voll, nie
wird ein Ohr vom Hören satt.

Gemeint ist hier wohl das geistige Schauen und Hören, das nie genug bekommen kann. Denn unsere körperlichen Augen und Ohren werden sehr wohl müde und überfordert.

89 **Ti to gegonos, auto to genesomenon. Ouk estin pan prosphaton hypo ton helion.** (Koh 1,9)

Was geschehen ist, wird wieder geschehen.
Denn es gibt nichts Neues unter der Sonne.

Dieser Lehrer ist davon überzeugt, dass sich alles im Weltgeschehen wiederholen wird. Er geht von einer zyklischen Weltdeutung aus, in der nichts Neues mehr geschehen kann.

90 **Deuro de peiraso se en euphrosyne, kai idou, kai ge touto mataiotes.** (Koh 2,1)

Ich wollte die Freude und das Glück genießen,
doch siehe da, alles ist nur Windhauch.

Dieser jüdische Weisheitslehrer griechischer Sprache ist von der Vergänglichkeit des Glücks tief betroffen. Deswegen sucht er nach bleibenden Werten des Lebens, die dem Vergehen nicht ausgesetzt sind.

91 **Panta mataiotes, ouk estin perisseia hypo ton helion.** (Koh 2,11)

Alles ist Windhauch, es gibt keinen
bleibenden Vorteil unter der Sonne.

Wie können wir Menschen der Vergänglichkeit der Dinge entkommen? Manche versuchen es, indem sie ihr Leben auf ewige Ideen oder ein göttliches Wesen beziehen.

92 **Tou sophou hoi ophthalmoi autou en kephale autou, kai ho aphron en skotei poreuetai.** (Koh 2,14)

Der weise Mensch hat Augen im Kopf, doch
der Törichte tappt im Dunkeln dahin.

Die Lehrer der Weisheit wollen ihre Mitmenschen zur wahren Erkenntnis der Wirklichkeit hinführen. Der Vergänglichkeit entnommen ist die Welt der ewigen Ideen.

93 **Pasai hai hemerai autou algematon kai thymou perispasmos autou, kai ge en nykti ou koimatai he kardia autou.** (Koh 2,23)

Alle Tage bestehen aus Geschäft, Sorge und Ärger,
selbst in der Nacht legt ruht das Herz nicht aus.

Dieser Lehrer hat das Leben in der Großstadt Alexandria vor Augen, die wirtschaftlich im Aufblühen ist. Doch auch der geschäftige Händler hat das tiefe Bedürfnis nach Ruhe und Gelassenheit.

94 **Tois pasin chronos, kai kairos to panti pragmati hypo ton ouranon.** (Koh 3,1)

Alles hat seine Stunde, alle Tätigkeiten
unter dem Himmel haben ihre Zeit.

Dies gehört zur tiefen Einsicht in unser Leben, dass alles seine Zeit hat und wir nichts erzwingen können. Wer sich diese Zeit zum Wachsen nimmt, ahnt das Glück des Daseins.

95 **Kairos tou tekein kai kairos tou apothanein; kairos tou phyteusai kai tou ektilai pephyteumenon.** (Koh 3,2)

Es gibt eine Zeit zum Gebären und zum Sterben,
zum Einpflanzen und zum Ernten.

Mit unserem Verstand begreifen wir, dass alles im Leben seine Zeit haben muss. Doch unser Herz und unsere Gefühle hängen an dem Werdenden und Wachsenden, am Gewordenen.

96 **Kairos tou apokteinai kai tou iasasthai, tou kathelein kai tou oikodomesai.** (Koh 3,3)

Es gibt eine Zeit zum Töten und zum Heilen, eine
Zeit zum Niederreißen und zum Aufbauen.

Diese bittere Lebensweisheit kann uns helfen, unser Dasein anzunehmen, wie es ist. Doch wir können mit unserer aufrechten Vernunft das Töten und Zerstören entscheidend zurückdrängen.

97 **Kairos tou klausai kai tou gelasai, kairos tou kopsasthai kai tou orchesasthai.** (Koh 3,4)

Es gibt eine Zeit zum Weinen und zum Lachen,
eine Zeit zum Klagen und zum Tanzen.

Dieser Spruch will sagen, dass wir unseren erlebten Gefühlen folgen und sie durch Körpersprache zum Ausdruck bringen sollen. Denn nur dann werden wir seelische Gesundheit erleben.

98 **Kairos tou balein lithous kai tou synagagein lithous; kairos tou perilabein kai tou makrynthenai apo perilempseos.** (Koh 3,5)

Es gibt eine Zeit zum Steinewerfen und zum Steinesammeln,
eine Zeit zur Umarmung und zur Trennung.

Heute bemühen wir uns, das Steinewerfen und das Kämpfen gering zu halten. Immer suchen wir die Umarmung und das Bleiben und können doch den vielen Trennungen nicht entkommen.

99 **Kairos tou zetesai kai tou apolesai. Kairos tou phylaxai kai tou ekbalein.** (Koh 3,6)

Es gibt eine Zeit zum Suchen und zum Verlieren, es
gibt eine Zeit zum Bewahren und zum Wegwerfen.

Wir machen die Erfahrung, dass in einem Leben alles seinen Platz hat. Denn wir müssen Verluste und Trennungen hinnehmen, doch auf einmal werden wir reich beschenkt.

100 **Kairos tou rhexai kai tou rhapsai, kairos tou sigan kai tou lalein.** (Koh 3,7)

Es gibt eine Zeit zum Zerreißen und zum Nähen,
eine Zeit zum Schweigen und zum Reden.

Allzu oft zerreißen unsere Beziehungen im Leben, ohne dass wir es ändern können. Und auf einmal glücken uns ganz neue Begegnungen. Immer müssen wir abwägen, ob wir reden oder schweigen sollen.

101 **Kairos tou philesai kai tou misesai, kairos polemou kai eirenes.** (Koh 3,8)

Es gibt eine Zeit zum Lieben und zum Hassen,
eine Zeit für den Krieg und den Frieden.

Heute glauben wir nicht mehr, dass Liebe oder Hass, Krieg oder Frieden wie ein Schicksal über uns hereinbrechen. Wir haben es selbst in der Hand, ob wir lieben oder hassen wollen.

102 **To genomenon, ede estin.** (Koh 3,15)

Was immer geschehen wird, es war schon vorher da.

Dieser Lehrer der Weisheit glaubt an die zyklische Wiederkehr aller Geschehnisse in der Geschichte der Menschen. Dies gibt ihm ein gewisses Vertrauen in die Zukunft, die unsicher ist.

103 **Ta panta egeneto apo tou choos, kai ta panta epistrephei eis ton choun.** (Koh 3,20)

Alles ist aus der Unordnung geworden,
und alles kehrt zum Staub zurück.

Die ganze Welt entstand durch eine ordnende Kraft aus dem ungeordneten Zustand. Alle Lebewesen kehren wieder zur Erde zurück, aus der sie geworden sind.

104 **Kai ge ean koimethosin dyo, kai therme autois. Kai ho heis pos thermanthe.** (Koh 4,11)

Wenn zwei zusammen schlafen, wärmt einer den anderen. Wenn jeder allein schläft, frieren beide.

Auch wir machen die Erfahrung, dass unser Leben nur durch das Zusammenspiel mit anderen Menschen reich wird. Das Alleinsein, zu dem heute viele tendieren, bringt uns nicht viele Vorteile.

105 **Hoi dyo stesontai katenanti autou, kai to spartion to entriton ou tacheos aporragesetai.** (Koh 4,12)

Zwei Menschen sind stärker als einer, eine
dreifach gewickelte Schnur zerreißt kaum.

In einer Zeit der optimalen Selbstverwirklichung tendieren viele zur Vereinzelung. Doch oft bemerken sie zu spät, auf welche Möglichkeiten des Lebens sie damit verzichten.

106 **Hoti paraginetai enypnion en plethei perispasmou kai phone aphronos en plethei logon.** (Koh 5,2)

Im Traum schließen wir viele Geschäfte ab, der
Ungebildete überfällt uns mit vielen Worten.

Dennoch brauchen wir Traumwelten, in denen unsere Sehnsüchte ihren Ausdruck finden. Weise Menschen gehen mit ihren Worten sparsam um, sie verzichten auf leere Formeln.

107 **Agathon to me euxasthai se e to euxasthai se kai me apodounai.** (Koh 5,4)

Es ist besser, wenn du nichts versprichst als
wenn du Versprochenes nicht einhältst.

Wir versprechen oft mit gutem Gewissen etwas, was wir später nur schwer erfüllen können. Auch in der Sprache müssen wir unsere Grenzen erkennen lernen.

108 **Hoti en plethei enypnion kai mataiotetes kai logoi polloi, hoti syn ton theon phobou.** (Koh 5,6)

Wo Träume und Windhauch und viele Worte
sich nähren, dort fürchte den Gott.

Wenn alles in der Welt relativ und vergänglich ist, dann tut es vielen Menschen gut, an einen ewigen göttlichen Urgrund oder Schöpfer zu glauben.

109 **En plethei tes agathosynes eplethynthesan esthontes auten.** (Koh 5,10)

Wenn sich dein Vermögen vermehrt, dann werden
auch diejenigen zahlreicher, die es aufzehren.

Auch dies ist unsere Erfahrung, dass Reichtum und Wohlstand Freunde anziehen, die gut leben wollen. Doch ob sie dauerhafte Freunde sein werden, wissen wir nicht.

110 **Glykys hypnos tou doulou, kai to emplesthenti tou ploutesai ouk estin aphion auton tou hypnosai.** (Koh 5,11)

Süß ist der Schlaf des Knechts, doch dem Reichen
raubt sein voller Bauch oft die Ruhe.

Reichtum und Wohlstand bringen für das Leben nicht nur Vorteile, sie vermehren auch die Sorgen um die Sicherheit. Die Armut des Arbeiters hat nicht nur Nachteile.

111 **Agathon onoma hyper elaion agathon kai hemera tou thanatou hyper hemeron geneseos autou.** (Koh 7,1)

Ein guter Name ist mehr wert als ein guter Ölbaum, und
der Tag des Todes steht über dem Tag der Geburt.

Die Wertschätzung unter den Mitmenschen steht höher als Reichtum an Gütern. Der Wert unseres Lebens entscheidet sich erst im Sterben, nicht bei der Geburt.

112 **Agathe eschate logon hyper archen autou, agathon makrothymos hyper hypselon pneumati.** (Koh 7,8)

Besser ist das Ende eines Spruches als sein Anfang,
hilfreicher ist die Großherzigkeit als der Stolz.

Weise Menschen achten bei ihrer Rede auf ihr Ziel und ihre Intention, sie bedenken die Reaktion der Gesprächspartner. Stolze Menschen erniedrigen ihre Mitmenschen und bleiben einsam.

113 **He sophia boethesei to sopho hyper deka exousiazontas tous ontas en te polei.** (Koh 7,19)

Das Wissen schützt den Weisen mehr als es zehn
starke Könige in einer Stadt vermögen.

Die Lehrer der Weisheit sind überzeugt, dass vermehrtes Wissen einem Leben mehr nützt als der Schutz von militärischer Rüstung. Es geht um die Erkenntnis der eigenen Möglichkeiten und Grenzen.

114 **Ouk estin anthropos exousiazon en pneumati.** (Koh 8,8)

Es gibt keinen Menschen, der über den
Wind Macht ausüben kann.

In der Zeit der Antike waren die Menschen den Mächten der Natur ausgeliefert. Doch sie begannen durch vermehrtes Wissen die Kräfte der Natur zu verstehen.

115 **Ouk estin exousia en hemera tou thanatou.** (Koh 8,8)

Kein Mensch hat die Macht über seinen Sterbetag.

Nur der Selbstmörder bestimmt seinen Sterbetag, doch der göttliche Schöpfer verbietet die Selbsttötung. So bleiben Menschen den göttlichen Kräften der Natur ausgeliefert.

116 **Hos hemarten, epoiesen to poneron apo tote kai apo makrotetos auto.** (Koh 8,12)

Ein Sünder tut immer wieder Böses
und lebt dennoch lange Zeit.

Die jüdischen Priester hatten gelehrt, der frühe Tod sei eine göttliche Strafe für die Übeltaten. Doch weise Menschen müssen nun bitter erkennen, dass dies nicht so ist.

117 **Ho kyon ho zon autos agathos hyper ton leonta to nekron.** (Koh 9,4)

Ein lebendiger Hund ist immer noch besser als ein toter Löwe.

Schwächere Kräfte und Begabungen, die lebendig sind, vermögen viel mehr als starke Kräfte, die unbeweglich sind. Der Kleine hat dem Großen gegenüber nicht nur Nachteile.

118 **Hoi nekroi ouk eisin gignoskontes ouden, kai ouk estin autois eti misthos.** (Koh 9,5)

Die Toten erkennen nichts mehr und sie erhalten auch keinen Lohn.

Dieser griechisch geprägte Lehrer der Weisheit glaubt nicht mehr an einen Lohn oder eine Strafe für den Menschen nach dem Tod des Körpers. Die Seelen verlieren jedes Wissen und jede Erinnerung.

119 **Ide zoen meta gynaikos, hes egapesas, pasas hemeras zoes mataiotetos sou.** (Koh 9,9)

Genieße alle Tage deines vergänglichen Lebens mit einer Frau, die du liebst.

Hier erkennen wir deutlich die epikuräische Lehre, die jeden Menschen zum friedvollen Genuss seines begrenzten Lebens einlädt. Sinnlichkeit und Sexualität sind wertvolle Geschenke der Götter an uns Menschen.

120 **Deuro phage en euphrosyne arton sou kai pie en kardia agathe oinon sou.** (Koh 9,7)

Iss mit Freude dein Brot und trinke mit gutem Herzen deinen Wein.

Die Lebensfreude und ein reines Gewissen sind die Voraussetzung für ein glückliches Leben. Denn der Übeltäter muss immer mit der Angst vor der Strafe der Stärkeren rechnen.

121 **Kai eipa ego agathe sophia hyper dynamin kai sophia tou penetos exoudenomene.** (Koh 9,16)

Ich sagte, das schöne Wissen steht über der Macht, doch das Wissen der Armen vermag nur wenig.

Das Wissen der Philosophen kann der militärischen Macht überlegen sein, es kann deren Waffen unschädlich machen. Doch die Armen haben wenig Möglichkeiten, sich nutzbares Wissen anzueignen.

122 **Agathe sophia hyper skeue polemou kai harmatanon eis apolesei agathosynen pollen.** (Koh 9,18)

Das Wissen ist besser als Waffen, doch eine
falsche Entscheidung zerstört vieles.

Der Spruch sagt uns, dass wir durch sachliches Wissen und durch klare Einsicht in die Zusammenhänge von falschen Entscheidungen abgehalten werden. Zu beidem will die Philosophie uns anleiten.

123 **Ho orysson bothron en auto empeseitai, kai kathairounta phragmon, dexetai auton ophis.** (Koh 10,8)

Wer eine Grube gräbt, kann selber hineinfallen. Wer eine
Mauer einreißt, den kann leicht eine Schlange beißen.

Die Fallen, die wir den Mitmenschen stellen, können uns selbst gefährlich werden. Wenn wir Schutzwälle abbrechen, kann darin Giftiges zum Vorschein kommen.

124 **Teron anemon ou sperei.** (Koh 11,4)

Wer ständig den Wind betrachtet, kommt nicht zum Säen.

Dies ist uralte Bauernweisheit, dass man im Leben oft auch bei widrigem Wind die Felder besäen muss. Weise Menschen lernen, aus jeder Situation das Beste zu machen.

125 **Hos blepon en tais nephelais ou therisei.** (Koh 11,4)

Wer immer auf die Wolken blickt,
kommt gar nicht zum Ernten.

Wenn wir immer auf die vermeintlich optimalen Bedingungen für unsere Entscheidungen warten, kommen wir nicht zu einem intensiven und erfüllten Leben. Denn diese Bedingungen gibt es gar nicht.

126 **Philesato me apo philematon stomatos autou, hoti agathoi mastoi sou hyper oinon.** (Hld 1,2)

Mit den Küssen seines Mundes bedecke er mich,
denn süßer als der Wein ist deine Liebe.

Dieses jüdische Liebeslied nimmt viele altägyptische Vorbilder in sich auf. Es lobt die sinnliche Liebe der Geschlechter, die an keine patriarchalische Ehe gebunden ist.

127 **Apangeilon moi, hon egapesen he psyche mou, pou poimaineis, pou koitazeis en mesembria.** (Hld 1,7)

Geliebter, den meine Seele ersehnt, wo weidest du
deine Herde und wo lagerst du zur Mittagszeit?

Das Lied schildert das Liebesleben der Hirten und der Ackerbauern, in der Mittagszeit lieben sich die Paare im Schatten der Bäume. Immer erwacht die Sehnsucht nach Zärtlichkeit und Hingabe.

128 **Idou ei kale he plesion mou, ophthalmoi sou peristerai.** (Hld, 11,15)

Wunderschön bist du, meine Freundin,
deine Augen sind wie Tauben.

Der junge Mann freut sich an der Schönheit seiner Geliebten, er vergleicht ihren Körper mit der Welt der Tiere. Denn Liebende wissen sich mit der ganzen Schöpfung eng verbunden.

129 **Ean egeirete kai exegeirete ten agapen, heos hou thelese.** (Hld 2,7)

Stört nicht und weckt nicht die Liebe
auf, bis es ihr selbst gefällt.

Es ist tiefe Weisheit des Lebens, Liebespaare in ihrem erotischen Spiel nicht zu stören. Dieses Spiel kommt von selbst zu Ende, wenn beide Partner gesättigt sind.

130 **Apodesmos tes staktes adelphidos mou emoi.** (Hld 1,13)

Mein Geliebter ist wie ein Beutel mit Myrrhe an meiner Brust.

Nun vergleicht die Frau den geliebten Mann mit den Duftstoffen, die sie an ihrem Körper trägt. Sein Duft betört sie ungleich mehr als Myrrhe und Aloe zusammen.

131 **Adelphidos mou emoi, kago auto, ho poimainon en tois krinois.** (Hld 2,16)

Mein Geliebter gehört mir und ich gehöre ihm, er weidet unter den Lilien.

Liebende haben das Gefühl, dass sie auf Blumen liegen und von wunderbaren Düften verzaubert werden. Sie wollen einander gehören und nicht gewaltsam getrennt werden.

132 **Idou ei kale, he plesion mou, dyo mastoi sou hos dyo nebroi didymoi dorkados hoi nemomenoi en krinois.** (Hld 4,1.5)

Schön bist du, meine Geliebte, deine zwei Brüste sind wie zwei Kitzlein, die unter den Lilien weiden.

Die Liebenden vergleichen ihre Körper mit Blumen und Tieren, sie wissen sich mit allen Lebewesen eng verbunden. Dies ist die Sprache der Hirten und der Bauern, die in der Natur leben.

133 **Hole kale ei, he plesion mou, kai momos ouk estin en soi.** (Hld 4,7)

Alles an dir ist schön, du meine Freundin, kein Makel ist an dir.

Wenn wir verliebt sind, schauen wir nicht auf die Mängel des Liebespartners. Das erotische Liebesspiel genügt sich selbst, denn es spiegelt die Urkraft der göttlichen Schöpfung.

134 **Ti ekalliothesan mastoi sou apo oinou, kai osme himation sou hyper panta ta aromata.** (Hld 4,10)

Viel süßer als der Wein erscheinen mir deine Brüste, der Duft deines Körpers ist viel wertvoller als alle Duftöle zusammen.

Der Wein kann das Liebesspiel nur vorbereiten, aber nicht ersetzen. Die Düfte der Körper sind viel erregender als alle Duftstoffe der Natur und der Technik. In der Liebe pulsiert die Urkraft des Kosmos.

135 **Kepos kekleismenos adelphe mou nymphe, pege esphragismene.** (Hld 4,12)

Ein verschlossener Garten ist meine Schwester
und Braut, eine versiegelte Quelle.

Liebende wissen sich aneinander gebunden, sie verwehren Fremden den Zutritt zum innersten Geheimnis des Lebens. Sinnliche Liebe gilt als Quelle des Lebens.

136 **Exegertheti borra kai erchou, diapneuson kepon mou.** (Hld 4,16)

Mein Geliebter komme in seinen Garten und
esse von meinen köstlichen Früchten.

Die Einladung zum Liebesspiel wird mit Früchten des Gartens verglichen. Doch die Liebe selbst ist viel süßer als alle Früchte zusammen.

137 **Phagete plesioi kai piete kai methysthete adelphoi.** (Hld 5,1)

Freunde, esst und trinkt und berauscht euch an der Liebe.

Das Lied drückt wilde und ursprüngliche Lebensfreude aus, hier werden keine patriarchalischen Eheregeln erwähnt. Jeder Mensch hat ein ursprüngliches Recht auf seinen Liebespartner.

138 **Touto megethos sou homoiothe to phoiniki, kai hoi mastoi sou tois botrysin.** (Hld 7,8)

Dein schlanker Körper gleicht einer Palme,
deine Brüste sind wie Trauben.

Wieder vergleicht der Liebende den Körper der Frau mit Bäumen und Früchten. Beide Geschlechter fühlen sich eins mit der göttlichen Natur.

139 **Thes me hos sphragida epi ten kardian sou, hos sphragida epi ton brachiona sou.** (Hld 8,6)

Lege mich wie ein Siegel auf dein Herz, wie
einen Siegelring um deinen Arm.

Die sinnliche Liebe drückt dem Körper der Liebenden tiefe Male ein, ihre Seelen verschlingen sich ineinander und beginnen zu tanzen.

140 **Hoti krataia hos thanatos agape, skleros hos Hades zelos.** (Hld 8,6)

So stark wie der Tod ist die Liebe, die Leidenschaft ist hart wie die Unterwelt.

Die sinnliche Liebe wird von den Kräften des Todes nicht überwunden, die Angst vor dem Ende vermag sie nicht zu besiegen. Liebe überdauert das Sterben.

141 **Hydor poly ou dynesetai sbesai ten agapen kai potamoi ou synklysousin auten.** (Hld 8,7)

Auch mächtige Wasser können die Liebe nicht auslöschen, Ströme schwemmen sie nicht weg.

Die Urkraft der sinnlichen Liebe wird von keinen Gewalten der Natur zerstört. Sie wird mit dem Feuer verglichen, das nur schwer einzudämmen ist.

142 **Ean do aner ton panta bion autou en te agape, exoudenosei exoudenosousin auton.** (Hld 8,7)

Wenn ein Mensch seinen ganzen Reichtum für die Liebe anböte, den würde man verachten und gering schätzen.

Gewiss ist körperliche Liebe in allen Kulturen kaufbar, doch die seelische Zuneigung zu einem Liebespartner kann nicht durch Sachgüter erzwungen werden.

143 **Philanthropon gar pneuma sophia, kai ouk athoosei blasphemon apo cheileon autou.** (Weish 1,6)

Die Weisheit ist ein menschenfreundlicher Geist, doch die Reden der Lügner und Bösen bestraft sie.

Das jüdische Buch der Weisheit sammelt Sprüche der griechischen Philosophie und übersetzt sie in die semitische Geisteswelt. Weisheit ist fortan der Maßstab der guten Lebensgestaltung.

144 **Phylaxasthe toinyn gongysmon amophele, apo katalalias pheisasthe glosses.** (Weish 1,11)

Hütet euch vor unnützem Murren, verwehrt eurer Zunge die Verleumdung.

Zu den Grundregeln des gelingenden Zusammenlebens gehört der Verzicht auf Lüge. Auch auf Kritik, die zu keiner positiven Veränderung führt, soll verzichtet werden.

145 **Skias gar parodos, ho kairos hemon, kai ouk estin anapodismos tes teleutes hemon.** (Weish 2,5)

Unsere Lebenszeit geht vorüber wie ein Schatten, es gibt keine Wiederholung bis zu unserem Ende.

Das Bild vom Schatten drückt die Vergänglichkeit aus. Doch was vergangen ist, können wir nicht wieder zurückholen. Immer ist unser Leben zu kurz.

146 **Hoti autoschedios egenethemen, kai meta touto esometha hos ouk hyparxantes.** (Weish 2,2)

Denn durch Zufall sind wir geworden und wir vergehen, als wären wir nie gewesen.

Nach der Philosophie Epikurs vergehen wir Menschen, ohne Spuren zu hinterlassen. Wir erkennen keinen göttlichen Weltplan im großen Kosmos.

147 **Deute oun kai apolausomen ton onton agathon, kai chresometha te ktisei hos en neoteti spoudaios.** (Weish 2,6)

Lasst uns die Güter des Lebens genießen und die Welt auskosten, wie es der Jugend zusteht.

Epikur lehrte, jeden Tag zu genießen und sich über den Tod keine Sorgen zu machen. Auch vor den Göttern sollen sich die Menschen nicht länger fürchten.

148 **Strepsometha rhodon kalyxin prin e maranthenai.** (Weish 2,8)

Bekränzen wir uns mit den Rosen, bevor sie welk werden.

Nach dieser materialistischen Weltdeutung gibt es nichts im Leben, was den Tod überdauern könnte. Deswegen soll das Leben jetzt in vollen Zügen genossen werden.

149 **Pantache katalipomen symbola tes euphrosynes, hoti aute he meris hemon kai ho kleros houtos.** (Weish 2,9)

Überall wollen wir Zeichen der Fröhlichkeit zurücklassen, denn sie ist unser Lohn und unser Anteil.

Wir Menschen sind dazu in die Welt gekommen, um uns des Lebens zu freuen. Wenn wir keine Freude mehr erleben können, verliert unser Dasein seinen Wert.

150 **Sophian gar kai paideian ho exouthenon talaiporos.** (Weish 3,11)

Die die Weisheit und die Erziehung verachten, sind unglückliche Menschen.

Erst durch die Weisheit lernen wir, uns an den kleinen Dingen des Lebens zu freuen und das Schmerzvolle zu ertragen. Erziehung zeigt uns die Kunst des guten Zusammenlebens.

151 **Polia de estin phronesis anthropois kai helikia geros bios akelidotos.** (Weish 4,9)

Viel mehr als graues Haar bedeutet den Menschen die Weisheit und Klugheit.

Vor allem im Alter, wenn wir auf den Tod zugehen, benötigen wir die Weisheit des Lebens, um mit den enger werdenden Grenzen unseres Lebens umgehen zu können.

152 **Teleiotheis en oligo eplerosen chronous makrous.** (Weish 4,31)

Früh vollendet hat der Gerechte ein volles Leben gehabt.

Um unser Leben in seinen wesentlichen Möglichkeiten zu entfalten, brauchen wir kein langes Leben. Allein die Weisheit sagt uns, was für unser Dasein wichtig ist.

153 **Hoti elpis asebous hos pheromenos chnous hypo anemou.** (Weish 5,14)

Die Hoffnung des Frevlers ist wie Spreu,
die vom Wind verweht wird.

Ein erfülltes Leben gewinnen nur die Gerechten und die guten Menschen, die Übeltäter aber leben am Sinn ihres Daseins vorbei. Was bleibt, sind unsere guten Taten.

154 **Dikaioi de eis ton aiona zosin, kai en kyrio ho misthos auton.** (Weish 5,15)

Die Gerechten leben aber in Ewigkeit,
denn bei Gott ist ihr Lohn.

Das Leben der Übeltäter vergeht wie ein Schatten, allein das Leben der Gerechten wird bei Gott aufgehoben. Denn er ist über alle Vergänglichkeit erhaben.

155 **Ho gar elachistos syngnostos estin eleous, dynatoi de dynatos etasthesontai.** (Weish 6,6)

Der Niedrige erfährt Nachsicht und Erbarmen, doch
die Mächtigen werden mit Macht gerichtet.

In der Welt Gottes kehren sich die sozialen Verhältnisse um, dort werden die jetzt Niedrigen erhoben und die jetzt Großen werden klein gemacht.

156 **Hoti mikron kai megan theos epoiesen, homoios te pronoei peri panton.** (Weish 6,7)

Gott hat Kleines und Großes erschaffen,
er trägt für alle die gleiche Sorge.

In der Vergänglichkeit des Lebens finden die Menschen nur in der ewigen Gottheit einen festen Halt. Bei ihr sind alle Menschen aufgehoben und geborgen.

157 **Lampra kai amarantos estin he sophia kai eucheros theoreitai hypo ton agaponton auten.** (Weish 6,12)

Leuchtend und unvergänglich ist die Weisheit, wer
sich in Liebe nach ihr sehnt, wird sie finden.

Die Weisheit stammt aus der göttlichen Welt, nach ihrem Plan ist der Kosmos geworden. Wenn Menschen sie suchen, dann wird ihr Leben unüberwindbar.

158 **Pases gar kineseos kinetikoteron sophia, diekei de kai chorei dia panton dia ten katharoteta.** (Weish 7,24)

Die Weisheit ist schneller als alle Bewegungen, ihre
Reinheit durchdringt und erfüllt das Weltall.

Die göttliche Schöpfungsweisheit setzt den Kosmos in Bewegung, sie ist schneller als das Licht. Mit ihrer Klarheit erleuchtet sie die ganze Welt und alle Lebewesen.

159 **Sophia apaugasma gar estin photos aidiou kai esoptron akelidoton tes tou theou energeias.** (Weish 7,26)

Die Weisheit ist der Widerschein des ewigen Lichtes, sie
ist der ungetrübte Spiegel der göttlichen Schöpferkraft.

Dieser Lehrer verbindet die Vorstellung von der griechischen Weisheit und der jüdischen Schöpferkraft. Es ist göttliche Weisheit, die den Kosmos formt und erschafft.

160 **Sophia enoixen stoma kophon kai glossas nepion etheken tranas.** (Weish 10,21)

Die Weisheit öffnet den Mund der Stummen und
sie macht die Zunge der Unmündigen beredt.

Die göttliche Weisheit verwandelt unser Leben, sie lässt die Wortlosen lautstark reden und richtet die Unterdrückten im Volk auf. Sie verändert unsere soziale Situation.

161 **Dia hon tis amartanei, dia touton kolazetai.** (Weish 11,16)

Jeder wird mit dem bestraft, mit dem er sündigt.

Auch wir machen die Erfahrung, dass wir in keinem Bereich übertreiben dürfen. Denn wenn wir es tun, werden wir mit den negativen Folgen der Übertreibung konfrontiert.

162 **Phobos kyriou terpsei kardian kai dosei euphrosynen kai charan kai makroemereusin.** (Sir 1,12)

Die Gottesfurcht macht das Herz satt, sie schenkt
uns Freude und Glück und ein langes Leben.

Auch diese Schrift vereinigt jüdische und griechische Weisheitslehren. Wer auf den göttlichen Schöpfer blickt und nach seinen Vorgaben lebt, gewinnt ein gutes Leben.

163 **Ho timon patera euphrantesetai hypo teknon.** (Sir 3,5)

Wer seinen Vater ehrt, wird an seinen
eigenen Kindern Freude haben.

Es ist uralte Weisheit der Menschen, die Eltern zu ehren und für sie zu sorgen. Denn nur dann können wir hoffen, dass auch wir im Alter von den Kindern versorgt werden.

164 **Teknon, antilabou en gera patros sou kai me lypeses auton en te zoe autou.** (Sir 3,12)

Mein Kind, nimm dich deines alten Vaters an
und beleidige ihn nicht in seinem Leben.

Wir haben heute zu wenig Kinder, welche die große Zahl von alten Menschen betreuen können. Genau wissen wir nicht, wie wir dieses Problem lösen können.

165 **Kardia sklera kakothesetai epi eschaton, kai ho agapon kindynon en auto apoleitai.** (Sir 3,26)

Ein hartes Herz nimmt ein böses Ende. Doch wer das Gute liebt, wird von diesem geleitet.

Wer ständig gegen die Grundregeln des Zusammenlebens verstößt, wird nicht sehr glücklich leben können. Allein die Nächstenliebe trägt unser gemeinsames Dasein.

166 **Pyr phlogizomenon aposbesei hydor, kai eleemosyne exilasetai hamartias.** (Sir 3,30)

Wie das Wasser das Feuer auslöscht, so sühnt die Barmherzigkeit die Sünden.

Sünden sind immer Verstöße gegen die Regeln des guten Zusammenlebens. Durch Taten der Nächstenhilfe können alte Fehler im Verhalten ausgeglichen werden.

167 **Ginou orphanois hos pater kai anti andros te metri auton.** (Sir 4,10)

Sei zu den Waisenkindern wie ein Vater und zu den Witwen wie ein Ehemann.

In den alten Gesellschaften mussten Witwen mit ihren Kindern von anderen Familien mitversorgt werden. Die soziale Hilfe für die Schwächeren war notwendig für deren Überleben.

168 **Me likma en panti anemo kai me poreuou en pase atrapo.** (Sir 5,9)

Worfle nicht das Korn bei jedem Wind und gehe nicht auf jedem Weg.

Das Korn konnte nur bei günstigem Wetter gegen den Wind geworfen werden, damit sich die Spelzen von den Körnern trennen konnten. Der Weise achtet sorgfältig, welchen Weg im Leben er gehen will.

169 **Ginou tachys en akroasei sou kai en makrothymia phthengou apokrisin.** (Sir 5,11)

Sei schnell bereit zum Hören, aber langsam
und vorsichtig bei deinem Urteilen.

Erst wenn wir den Mitmenschen aufmerksam zugehört haben, können wir ihre Probleme richtig beurteilen. Auch wir wollen, dass andere uns zuhören und richtig einschätzen.

170 **Ei ktasai philon, en peirasmo ktesai auton kai me tachy empisteuses auto.** (Sir 6,7)

Wenn du einen Freund gewinnen willst, dann
erprobe ihn und trau ihm nicht zu früh.

Manche Menschen sind von ihrer Kindheit her unvorsichtig im Umgang mit Mitmenschen, sie müssen oft teures Lehrgeld bezahlen. Denn es gibt immer Menschen, die andere täuschen wollen.

171 **Philou pistou ouk estin antallagma kai ouk estin stathmos tes kallones autou.** (Sir 6,15)

Für einen guten Freund gibt es keinen Preis,
denn nichts wiegt seinen Wert auf.

In unserer Kultur neigen viele dazu, ihre Mitmenschen nach Kriterien des Marktes einzuschätzen. Doch sie erleben damit nie tiefe Freundschaft und Zuneigung.

172 **Me speire epi aulakas adikias kai ou me therises auta eptaplasios.** (Sir 7,3)

Säe nicht in den Furchen des Unrechts, damit
du dieses nicht siebenfach erntest.

Dieser Rat behält in allen Zeitlagen seine Berechtigung, auch wenn sich für viele das Unrecht reich bezahlt macht. Auf Dauer kann keine Gemeinschaft auf Unrecht aufbauen.

173 **Me hysterei apo klaionton kai meta penthounton pentheson.** (Sir 7,34)

Entziehe dich nicht den Weinenden und
trauere mit den Trauernden.

Es ist für uns sehr vernünftig, mit den Leidenden mitzufühlen. Denn nur dann können wir erwarten, dass auch andere uns in Notlagen zu Hilfe kommen.

174 **Meta morou me symbouleuou ou gar dynesetai logon stexai.** (Sir 8,17)

Führe mit einem Törichten kein vertrauliches Gespräch,
denn er kann sein Geheimnis nicht für sich behalten.

Jeder von uns muss bedenken, was er einem Mitmenschen mitteilen kann und was nicht. Oft gelingt es uns selbst nicht, Vertrauliches zu behalten.

175 **Panti anthropo me ekphaine sen kardian kai me anaphereto soi charin.** (Sir 8,19)

Öffne dein Herz nicht für jeden Menschen
und wirf dein Glück nicht von dir.

Auch wir müssen lernen, unsere Mitmenschen richtig einzuschätzen. Dabei machen wir Fehler und bezahlen dafür, doch wir müssen nicht bei Fehleinschätzungen bleiben.

176 **Phoberos en polei autou aner glossodes, kai ho propetes en logo autou misethesetai.** (Sir 9,18)

In der Stadt ist der Schwätzer gefürchtet
und der Prahler verhasst.

In unserem Zusammenleben sind wir auf sachliche Informationen und auf faire Selbsteinschätzung angewiesen. Leeres Gerede und Übertreibungen nützen uns wenig.

177 **Epi panti adikemati me meniases ton plesion kai me prasse meden en ergois hybreos.** (Sir 10,6)

Füge deinem Nächsten kein Unrecht zu und sei
bei deinen Handlungen nicht überheblich.

Wenn wir anderen Unrecht tun, dann müssen wir damit rechnen, dass auch uns Unrecht geschehen kann. Wenn wir Mitmenschen abwerten, ist Kooperation mit ihnen kaum möglich.

178 **Thronous archonton katheilen ho kyrios kai ekathisen praeis anti auton.** (Sir 10,14)

Gott stürzt die Mächtigen von den Thronen
und setzt die Demütigen dorthin.

Für religiöse Menschen gibt es über den Herrschenden noch eine höchste Autorität. Vor dieser kehren sich die menschlichen Herrschaftsverhältnisse um, dort bestimmen die Niedrigen das Leben.

179 **Me aineses andra en kallei autou kai me bdelyxe anthropon en horasei autou.** (Sir 11,2)

Preise keinen Menschen wegen seiner schönen Gestalt
und verachte keinen wegen seines Aussehens.

Der Wert eines Menschen ergibt sich aus seinen inneren Einstellungen zu den Mitmenschen und aus seinem sozialen Verhalten. Es gelten die Kriterien der Solidarität mit den Schwachen.

180 **Prin exetases me mempse, noeson proton kai tote epitima.** (Sir 11,7)

Tadle nicht, bevor du geprüft hast; untersuche
zuerst, bevor du zurechtweist.

Allzu oft urteilen wir zu schnell, ohne auf einen Sachverhalt genau hinzusehen. Wer andere korrigieren will, muss deren Fehler genau erkennen und fair bewerten.

181 **Kai ean diokes, ou me katalabes. Kai ou me ekphyges diadras.** (Sir 11,10)

Läufst du zu rasch, dann erreichst du nicht das Ziel.
Fliehst du zu schnell, wirst du nicht entkommen.

Immer brauchen wir im Leben das richtige Maß, um unsere Ziele zu erreichen. Wer seine Kräfte nicht richtig einschätzt, wird wenig Erfolge erzielen.

182 **Pro teleutes me makarize medena kai en teknois autou gnosthesetai aner.** (Sir 11,28)

Vor seinem Tod preise keinen Menschen glücklich, den Wert eines Menschen erkennt man an seinen Kindern.

Jedes Lebensglück kann in Unglück umschlagen, so lange wir leben. Die inneren Einstellungen und Werte eines Menschen leben in seinen Kindern und Enkeln weiter.

183 **Houtos kardia hyperephanou kai hos ho kataskopos epiblepei ptosin.** (Sir 11,30)

So ist das Herz des Überheblichen wie ein Kundschafter, der über Abgründe schaut.

Stolze und überhebliche Menschen können nicht die Gleichwertigkeit ihrer Mitmenschen erkennen und annehmen. Sie sehen nicht die Abgründe, in die sie fallen können.

184 **Kai en tois cheilesin autou glykanei ho echthros kai en te kardia autou bouleusetai anatrepsai se eis bothron.** (Sir 12,16)

Auf den Lippen hat dein Gegner süße Worte, doch im Herzen sinnt er dein Verderben.

Ständig müssen wir uns vor schönen Worten in Acht nehmen, denn sie könnten Täuschung sein. Die innere Einstellung eines Menschen erkennen wir aus seinen Handlungen.

185 **Pan zoon agapa to homoion auto, kai pas anthropos ton plesion autou.** (Sir 13,15)

Jedes Lebewesen liebt Seinesgleichen, jeder Mensch sucht den ihm Ähnlichen.

Unsere Natur drängt uns zur Kommunikation mit Menschen, die uns in ihren Einstellungen und Wertungen ähnlich sind. Oft können wir gar nicht sagen, worin die Ähnlichkeit besteht.

186 **Agathos ho ploutos ho me estin hamartia, kai ponera he ptocheia en stomati asebous.** (Sir 13,24)

Gut ist der Reichtum, der ohne Schuld erworben wurde, schmerzvoll ist die Armut im Mund der Sünder.

Wenn wir Güter ohne Unrecht erwerben, können wir uns ihrer freuen. Die Armut ist für alle schwer zu ertragen, am schwersten aber für die Gottlosen und Übeltäter.

187 **Ho poneros heauto tini agathos estin, kai ou me euphranthesetai en tois chremasin autou.** (Sir 14,5)

Wer sich selbst nichts Gutes gönnt, den kann man mit Geschenken nicht erfreuen.

Der weise Mensch lernt schrittweise, sich selbst Gutes zu tun und von seinen Mitmenschen Zuwendung anzunehmen. Dann kann er auch seinen Freunden Glück schenken.

188 **Me aphystereses apo agathes hemeras, kai meris epithymias agathes me se parelthato.** (Sir 14,14)

Versage dir nicht das Glück des heutigen Tages, an seinen schönen Sehnsüchten geh nicht vorbei.

Der moralisch gute Mensch hat das natürliche Recht, sich an den schönen Dingen des Lebens zu freuen und sie mit seinen Mitmenschen ehrlich zu teilen. Askese ist kein Zeichen von Lebensglück.

189 **Paretheken soi pyr kai hydor, ou ean theles ekteneis ten cheira sou.** (Sir 15,16)

Feuer und Wasser sind vor dich hingestellt,
strecke deine Hände aus und wähle.

Feuer und Wasser sind Bilder für das sinnliche und emotionale Leben. Wir haben die freie Wahl, ob wir uns den Aufregungen der Liebe aussetzen wollen oder nicht.

190 **Arithmos hemeron anthropou, polla ete hekaton.** (Sir 18,9)

Das Leben eines Menschen dauert höchstens hundert Jahre.

Schon in der antiken Welt sind einige Menschen sehr alt geworden. Das erreichbare Alter hängt auch von der Weisheit des Lebens und der Kunst der Lebensführung ab.

191 **Estin ponereuomenos synkekyphos melania, kai ta entos autou plere dolou.** (Sir 19,26)

Mancher geht gebeugt und voller Traurigkeit,
doch sein Herz ist voll mit Täuschung.

In jeder Gesellschaft gibt es auch Menschen, die ihre Not übertreiben und ihre Bedürftigkeit spielen. Das darf uns nicht abhalten, wirklich Notleidenden nachhaltig zu helfen.

192 **Estin euodia en kakois andri, kai estin heurema eis elattosin.** (Sir 20,9)

Mancher Erfolg wird uns zum Schaden, und
mancher Gewinn zeigt sich als Verlust.

Alle Ereignisse haben zwei Seiten der Bewertung, Gewinn und Schaden treffen uns zumeist vermischt. Es gibt weder das reine Glück noch das volle Unglück im Leben.

193 **Estin agorazon polla oligou kai apotinnyon auta eptaplasion.** (Sir 20,12)

Mancher kauft auf dem Markt billig ein und
muss es dann siebenfach bezahlen.

Das Billige ist nicht immer das Gute, aber auch das Teure ist nicht immer das Wertvolle. Wir müssen in jeder Situation prüfen, was wir wirklich wollen und brauchen.

194 **Enkata morou hos angeion syntetrimmenon kai pasan gnosin ou kratesei.** (Sir 21,14)

Das Herz des Törichten ist wie eine geborstene
Zisterne, es kann die Weisheit nicht mehr festhalten.

Der Weise unterscheidet sich vom Törichten darin, dass er fähig ist, neue Erkenntnisse und Einsichten aufzunehmen und ihnen zu folgen. Auch eine Zisterne kann geflickt werden.

195 **Moros en geloti anypsoi phonen autou, aner de panourgos molis hesyche meidiasei.** (Sir 21,20)

Der Törichte lacht mit lauter Stimme, der
Weise lächelt still und leise.

Manche Menschen zeigen ihre Gefühle lautstark und aufdringlich, sie sind schwer zu ertragen. Andere lieben die leisen Töne, die aber von den Lauten leicht überhört werden.

196 **Pistin ktesai en ptocheia meta tou plesion, hina en tois agathois autou homou plesthes.** (Sir 22,23)

Halte dem Freund in der Armut die Treue, denn
dann kannst du auch sein Glück genießen.

Jeder von uns möchte in Situationen der Not einen guten Freund um sich haben, der ihm zur Seite steht. Damit das so sein kann, ist es vernünftig, den Notleidenden zu helfen.

197 **Ho ballon lithon eis hypsos epi kephalen autou ballei, kai plege dolia dielei traumata.** (Sir 27,25)

Wer einen Stein in die Höhe wirft, trifft seinen eigenen Kopf, und wer hinterlistig Schläge austeilt, verwundet sich selbst.

Wenn wir Steine oder andere Waffen auf Mitmenschen werfen, schädigen wir uns meistens selbst. Gewaltmenschen sind in ihrer Seele tief verletzt, deswegen schlagen sie Wunden.

198 **Ho poion ponera eis auton kylisthesetai kai ou me epigno pothen ekei auto.** (Sir 27,27)

Wer Unrecht tut, auf den rollt es zurück, und er weiß gar nicht, woher es kommt.

Jede Form von Unrecht stört das Zusammenleben der Menschen, auch wenn der Übeltäter ohne Strafe bleibt. Der weise Mensch meidet das Unrecht aus einer starken inneren Überzeugung heraus.

199 **Pagidi alosontai hoi euphrainomenoi ptosei eusebon.** (Sir 27,29)

Die Fallen auslegen, freuen sich über den Sturz des Gerechten.

Immer gibt es Menschen, die ihren Mitmenschen Fallen stellen, damit sie sich darin verfangen. Sie können nicht ertragen, dass es ihren Nächsten gut geht im Leben.

200 **Glossa trite poleis ochyras katheilen.** (Sir 28,14)

Der Verleumder hat schon viele Städte und Burgen zerstört.

In allen Gesellschaften gibt es Menschen, die ihren Mitmenschen Böses unterstellen. Doch sie zerstören damit die Fundamente des friedvollen Zusammenlebens.

201 **Apoleson argyrion dia adelphon kai philon kai me iotheto hypo ton lithon eis apoleian.** (Sir 29,10)

Leihe dein Geld dem Bruder und Freund und
lass es nicht unter dem Stein verrosten.

Auch wir haben längst gelernt, dass wir alle wirtschaftliche Vorteile haben, wenn Geld in den Umlauf kommt. Wenn alle ihr Geld horten, leidet die Wirtschaft.

202 **Ho paideuon to hyion autou onesetai epi auto kai ana meson gnorimon epi auto kauchesetai.** (Sir 30,2)

Wer seinen Sohn gut erzieht, wird an ihm Freude
haben und wird sich für dessen Wissen rühmen.

Auch wir bemühen uns, den Kindern und Jugendlichen Lebensweisheit zu vermitteln, die sich in der Geschichte der Menschheit bewährt hat. Dabei müssen wir unbrauchbaren Ballast abwerfen.

203 **Me dos eis lypen ten psychen sou kai me thlipses seauton en boule sou.** (Sir 30,21)

Überlass deine Seele nicht dem Schmerz und schade
dir nicht selbst durch kummervolle Gedanken.

Heute wissen wir, dass wir mit den Kräften unseres Willens und unseres Verstandes aus seelischem Schmerz ausbrechen können. Wir müssen uns nicht selbst bedrücken.

204 **Euphrosyne kardias zoe anthropou kai agalliama andros makroemereusis.** (Sir 30,22)

Die Freude des Herzens ist das Leben des Menschen,
und ein frohes Gemüt verlängert unsere Tage.

Auch wir mühen uns heute vielfältig, durch positive Gedanken unser Leben zu steuern. Denn negative Gefühle und Gedanken zerstören unsere Lebenskraft.

205 **En oino me andrizou, pollous gar apolesen ho oinos.** (Sir 31,25)

Beim Wein spiele nicht den starken Mann, denn
viele hat der Rebensaft schon umgebracht.

Diese Lebenserfahrung ist zeitlos gültig und trifft für alle Süchte zu. Denn wenn wir von ihnen abhängig geworden sind, zerstören wir latent unser Leben.

206 **Hetoimason logon kai houtos akousthese, syndeson paideian kai apokritheti.** (Sir 33,4)

Richte deine Rede zurecht und sie wird gehört werden,
strebe nach der Bildung und dann wähle aus.

Wir mühen uns, verständlich und überzeugend zu reden. Doch dafür brauchen wir die Bildung des Verstandes und des Herzens, immer müssen wir aus Wissensbeständen auswählen.

207 **Kai boulen kardias steson, ou gar estin soi pistoteros autes.** (Sir 37,13)

Achte auf den Rat deines Herzens,
er ist dein treuester Berater.

Mit dem Bild des Herzens meinen wir unsere Gefühle und unsere Wertungen, wir sprechen vom Gewissen, das wir bilden müssen. Auf dieses wollen wir uns verlassen können.

208 **Chrysion kai argyrion epistesousin poda, kai hyper amphotera boule eudokimeitai.** (Sir 40,25)

Gold und Silber stützen den Fuß, doch viel
mehr noch stützt dich dein guter Ruf.

Reichtum an Gütern hilft zu einem starken Selbstwertgefühl, doch noch wichtiger im Leben ist die Wertschätzung, die wir von unseren Mitmenschen erfahren.

209 **Dygater patri apokryphos agrypnia.** (Sir 42,9)

Eine Tochter ist für den Vater wie ein
großer Schatz, den er hütet.

Dieser Spruch zeigt die Wertschätzung der Frauen in einer patriarchalischen Kultur, denn sie geben in der Sippe das Leben weiter. Die Väter waren für die Sippe verantwortlich.

210 **Egno bous ton ktesamenon kai onos ten phatnen tou kyriou autou.** (Jes 1,3)

Der Ochse kennt seinen Besitzer und der
Esel die Krippe seines Herrn.

Der jüdische Prophet will sagen, dass jeder Mensch wissen muss, zu welcher Sippe und Gruppe er gehört. Denn als Einzelner kann niemand überleben.

211 **Kai synkopsousin tas machairas auton eis arotra kai tas zibynas auton eis drepana.** (Jes 2,4)

Dann schmieden sie ihre Schwerter zu Pflugscharen
und ihre Lanzen zu Winzermessern um.

Der Prophet schaut die Möglichkeit einer friedvollen Zeit, in der die Kampfwaffen nicht mehr gebraucht werden. Jeder Einzelne soll in seinem Umfeld mit dem Frieden beginnen.

212 **Ouai tois graphousin ponerian, graphontes gar ponerian graphousin.** (Jes 10,1)

Wehe denen, die unterdrückende Gesetze und
unerträgliche Vorschriften aufstellen.

Die jüdischen Propheten stehen fast immer auf der Seite der Niedrigen und Unterdrückten, sie kritisieren offen die Gesetze der Stärkeren und verändern diese durch ihre Autorität.

213 **Kai symboskethesetai lykos meta arnos kai pardalis synanapausetai eripho.** (Jes 11,6)

Dann wohnt der Wolf beim Lamm und der Panther liegt beim Ziegenbock.

Dieses Bild des Friedens sagt, dass es möglich ist, die Feindschaft der Menschen zu beenden. Die Stärkeren müssen die Schwächeren nicht mit Waffen unterdrücken und besiegen.

214 **Pasa pharanx plerothesetai kai pan oros kai bounos tapeinothesetai.** (Jes 40,4)

Was gekrümmt ist, soll gerade werden, Berge und Hügel sollen ebenes Feld werden.

Mit diesem Bild sagt der Prophet, dass die Menschen ihre krummen Wege der Lüge und des Hasses verlassen sollen. Sie sollen die Hindernisse des Unrechts und der Sünde wegräumen.

215 **Ton noton mou dedoka eis mastigas.** (Jes 50,6)

Meinen Rücken hielt ich denen hin, die mich schlugen.

Der Prophet nimmt viel an Unrecht und Züchtigung auf sich, um die Stärkeren zur Einsicht zu bewegen und um die Übeltäter von ihren bösen Taten abzubringen.

3

Sprüche der Philosophen

Die beiden Philosophen Platon (gest. 347 v. C.) und Aristoteles (gest. 322 v. C.) kommen aus den obersten sozialen Schichten des griechischen Adels. Sie führen auf ihre Weise die Lehren des großen Sokrates (gest. 399 v. C.) weiter. Platon unterscheidet strikt zwischen der Welt des Seins und der ewigen Ideen auf der einen Seite und der Welt des Werdens und der Dinge auf der anderen Seite. Sein Denken orientiert sich an der metaphysischen Wirklichkeit; er wird für Europa zum Vordenker des geschlossenen Staates. In vielen Dialogen und in einem Werk über den Staat hat er sein Denken zum Ausdruck gebracht. Seine Schule bestand fast 1000 Jahre in der antiken Kultur.

Aristoteles denkt realistisch und metaphysisch zugleich. Er wurde zum Anreger des naturwissenschaftlichen Denkens. Auch er hat in einer Schrift über den Staat die Lehre über das gute Zusammenleben der Menschen niedergeschrieben. Beide Denker gelten als die Klassiker der griechischen und der europäischen Philosophie.

1 **Pollai te hai syapasai epistemai doxousin einai kai anhomoioi tines auton allelais.** (Platon, Philebos, 14a)

Als viele werden uns sämtliche Erkenntnisse erscheinen und einige als einander unähnlich.

Der Philosoph will seine Schüler schrittweise zu neuen Erkenntnissen hinführen, die von ihrem bisherigen Wissen erheblich abweichen.

2 **Pollai men hedonai kai anhomoioi gignesthon, pollai de epistemai kai diaphoroi.** (Platon, Philebos, 14a)

Vielerlei und unähnliche Lust soll es geben, aber ebenso vielerlei und verschiedene Erkenntnis.

Wir Menschen erleben auf unterschiedliche Weise Lust und Unlust, genauso verschieden sind auch unsere Erfahrungen und Deutungen des Lebens.

3 **Alla kalon men to sympanta gignoskein to sophroni, deuteros de einai plous dokei me lanthanein auton auton.** (Platon, Philebos, 19c)

Schön ist es für den Weisen, alles zu wissen, doch der zweite Schatz liegt darin, sich selbst richtig einzuschätzen.

Der Philosoph strebt zum einen nach der optimalen Wissensgewinnung, zum anderen will er sich selbst immer besser verstehen. Dies war der Denkimpuls des Lehrers Sokrates.

4 **Mete en to tes hedones enesto phronesis meta en to tes phroneseos hedone.** (Platon, Philebos, 20e)

Weder soll in der Lust die Einsicht sein noch in der Einsicht die Lust.

Platon will zwischen der sinnlichen Lust und der rationalen Einsicht eine klare Trennlinie ziehen. Im praktischen Leben ist die Trennung freilich nicht immer durchzuhalten.

5 **Ton de noun lekteon hos emphronos ouk antepoieito ton niketerion.** (Platon, Philebos, 23a)

Der Vernunft muss man nachsagen, dass sie
sich um den Siegespreis beworben hat.

Philosophen sind davon überzeugt, dass die Vernunft ein Leben besser zu leiten versteht als die Erfahrung von sinnlicher Lust. Mag sein, dass sie den Verstand überschätzen.

6 **Ithi de nikonta men ethemen pou ton meikton bion hedones te kai phroneseos.** (Platon, Philebos, 27d)

Siehe da, als Sieger haben wir das aus Lust
und Einsicht gemischte Leben erkannt.

Die Schüler der Weisheit suchen nun nach dem rechten Ausgleich zwischen der Erfahrung der sinnlichen Lust und den Erkenntnissen des Verstandes.

7 **Oude gar an lype pan kakon.** (Platon, Philebos, 28a)

So ist auch der Schmerz nicht immer ein Übel.

Die Hedonisten wollen jeden Schmerz vermeiden, doch maßvolle Philosophen erkennen, dass auch der Schmerz im Leben seinen Sinn und Platz hat.

8 **Sophia men kai nous aneu psyches ouk an pote genoisthen.** (Platon, Philebos, 30c)

Die Weisheit und die Vernunft können
ohne die Seele nicht existieren.

Platoniker nehmen eine unsterbliche Seelenkraft in jedem Menschen an, sie ist der Ort der Vernunft und der Lebensweisheit.

9 **Peine men pou lysis kai lype.** (Platon, Philebos, 31 e)

Der Hunger ist eine Auflösung und eine Unlust.

Im Gefühl des Hungers löst sich das innere Gleichgewicht der Sättigung auf, der Körper verlangt nach Nahrung und erlebt dabei Schmerz und Unlust.

10 **Dipsos de an phthora kai lype kai lysis.** (Platon, Philebos, 31e)
Der Durst ist eine Auflösung und eine Unlust.

Auch beim Erleben des Durstes löst sich das Gleichgewicht der Gefühle auf, und es entsteht das Verlangen nach Flüssigkeit.

11 **Tote ara anthropos kai ta alla zoa lypeitai te hama kai chairei.** (Platon, Philebos, 36b)
So erleben der Mensch und die anderen Lebewesen zur gleichen Zeit die Unlust und die Lust.

Im Gefühl des Hungers und des Durstes geht das Gefühl der Sättigung in das Erleben eines Mangels über, Lust und Schmerz vermischen sich.

12 **Pseudeis hai de aletheis ouk eisin hedonai.** (Platon, Philebos, 36e)
Könnte nicht die eine Lust wahr und die andere Lust falsch sein?

Hier stellt der Philosoph die Frage nach der authentischen und der nicht authentischen Lust. Wir sind zu beiden fähig, doch nicht beide befriedigen unsere Bedürfnisse.

13 **Pseudesin ara hedonais ta polla hoi poneroi chairousin, hoi de agathoi ton anthropon alethesin.** (Platon, Philebos, 40c)
An der falschen Lust ergötzen sich die bösen Menschen, an der wahren Lust erfreuen sich die Guten.

Die Philosophie führt nun ein moralisches Kriterium für das Erleben der Lust ein. Nur die sozial verträgliche Lusterfahrung soll von weisen Menschen angestrebt werden.

14 **Oukoun ouk an eie to me lypeisthai pote tauton to chairein.** (Platon, Philebos, 43d)
Keinen Schmerz zu erleiden ist nicht dasselbe wie Lust zu erleben.

Wir alle suchen von unserer Natur her das Erleben der Lust und die Vermeidung des Schmerzes. Doch allzu oft ist Lust mit dem Schmerz verbunden.

15 **To de ton aphronon te kai hybriston mechri manias he sphodra hedone katechousa.** (Platon, Philebos, 45e)

Bei den Unvernünftigen und Stolzen nimmt
die Lust bis zum Wahnsinn zu.

Die aufrechte Vernunft zieht dem Lusterleben eine Grenze, denn die wilde Lust kann zum rasenden Wahn werden. Dieser aber zieht viel an Schmerz nach sich.

16 **Alla men ho phthonon ge epi kakois tois ton pelas hedomenos anaphanesetai.** (Plato, Philebos, 48b)

Der neidische Mensch erfreut sich immer
an den Leiden seiner Mitmenschen.

Immer gibt es Menschen, welche die Lusterfahrung ihrer Mitmenschen nicht ertragen können. Denn sehr oft sind sie selber zu dieser Erfahrung nicht fähig.

17 **Agnoia gar he men ton ischyron echthra te kai aischra.** (Platon, Philebos, 49c)

Die Unwissenheit der Mächtigen ist schädlich und gefährlich.

Die im Staat Mächtigen sollen die Regeln des Zusammenlebens genau kennen, denn sonst treffen sie böse Entscheidungen. Sie müssen nach Wissen und Weisheit streben.

18 **Oukoun ten agnoian eipomen hoti kakon pasin?** (Platon, Philebos, 49d)

Aber ist die Unwissenheit nicht ein Übel für alle Menschen?

Die Philosophen gehen davon aus, dass alle Menschen aus dem vermehrten Wissen einen Vorteil für ihr Leben haben. Daher sollen alle nach der Weisheit streben.

19 **Ton gar phthonon homologesthai lypen psyches hemin palai.** (Platon, Philebos, 50a)

Der Neid ist schon seit langer Zeit als eine
Unlust der Seele bestimmt worden.

Wir können auch sagen, der Neid sei ein früher Schmerz der Seele. Denn Menschen mit Verletzungen ihrer Gefühle können das Glück der Mitmenschen nur schwer ertragen.

20 **Lypon einai paulan pasas tas hedonas ou pany pos peithomai.** (Platon, Philebos, 51a)

Dass der Schmerz nur eine Hemmung der
Lust sei, das kann ich nicht glauben.

Für die Schüler Platons gibt es einen neutralen Zustand zwischen den Gefühlen der Lust und des Schmerzes. Der Schmerz ist mehr als das Fehlen von sinnlicher Lust.

21 **Me zetein en to ameikto bio tagathon alla en to meikto.** (Platon, Philebos, 61b)

Das Gute suchen wir nicht im unvermischten,
sondern im vermischten Leben.

Unser Leben ist immer eine Mischung aus Erfahrungen der Lust und des Schmerzes. Gerade darin suchen weise Menschen das moralisch gute und sozial verträgliche Verhalten.

22 **Nyn de katapepheugen hemin he tou agathou dynamis eis ten tou kalou physin.** (Platon, Philebos, 64e)

Nun entflieht uns das Wesen des Guten
in die Natur des Schönen.

Für die Sucher der Weisheit geht die Kraft des Guten in die Natur des Schönen über. Denn im ewigen Urgrund fallen beide Kräfte zusammen, doch sie prägen unser Leben.

23 **Hellenes aei paides este, geron de Hellen ouk estin.** (Platon, Timaios, 22b)

Ihr Griechen bleibt immer Kinder,
Greise gibt es bei euch nicht.

Der Philosoph meint, seine Mitbürger seien im Bereich des möglichen Wissens und der Einsicht mehrheitlich wie Kinder. Zum Greis aber gehört tiefe Weisheit des Lebens.

24 **Pan de an to gignomenon hypo aitiou tinos ex anankes gignesthai.** (Platon, Timaios, 28a)

Alles Werdende muss notwendigerweise
durch eine Ursache entstehen.

Die Frage nach den Ursachen des Werdens bestimmt große Teile der Philosophie. Dabei wird nach natürlichen und übernatürlichen Ursachen gesucht.

25 **Panti gar adynaton choris aitiou genesin schein.** (Platon, Timaios, 28a)

Es ist völlig unmöglich, dass etwas
ohne Ursache entstehen kann.

Auch die Philosophen wissen, dass aus dem Nichts auch Nichts entstehen kann. Daher wird im Kosmos eine Urkraft des Werdens angenommen.

26 **Ho men gar kallistos ton gegonoton, ho de aristos ton aition.** (Platon, Timaios, 29a)

Die Welt ist die schönste von allem Entstandenen,
ihr Baumeister ist der beste aller Urheber.

Die Platoniker gehen von einer optimistischen Weltsicht aus, ihre Welt ist die schönste und beste aller möglichen Welten. Dahinter wird ein optimaler Weltbaumeister vermutet.

27 **Ton kosmon eikona tinos einai.** (Platon, Timaios, 29b)
Der Kosmos ist das Abbild eines Ewigen.

Die Schüler Platons glauben an eine Welt der ewigen Ideen und an eine vergängliche Welt des Werdens. In dieser werden die zeitlosen Urbilder abgebildet.

28 **Ek gar pyros pantos hydatos te kai aeros kai ges synesthesen auton ho synistas.** (Platon, Timaios, 32c)
Aus Feuer und Wasser, aus Luft und Erde hat der Bildner den Kosmos zusammengefügt.

Platon glaubt an einen göttlichen Weltbaumeister, der den Kosmos aus den vier Urelementen zusammengefügt hat. Die Menschen leben deswegen in einer wunderbaren Ordnung.

29 **Psychen de eis to meson autou theis.** (Platon, Timaios, 34b)
Die Seele setzte der Baumeister in die Mitte der Welt.

Platon denkt hier an eine ewige Weltseele, die den Kosmos mit ihren unsichtbaren Kräften formt und lenkt. Die letzte Ursache von allem ist der göttliche Weltbaumeister.

30 **Memeigmene gar oun he tou de tou kosmou genesis ex anankes te kai tou systaseos egennethe.** (Platon, Timaios, 48a)
Die Entstehung der Welt geschah durch die Vermischung von Notwendigkeit und Vernunft.

Der Kosmos hat eine vernünftige Struktur, doch in ihm ist auch ein Element des Schicksals. Für die weisen Menschen ist es wunderbar, in einer vernünftig geordneten Welt zu leben.

31 **Pan gar to men para physin algeinon, to de he pephyken gignomenon hedy.** (Platon, Timaios, 81e)
Alles, was gegen die Natur geschieht, verursacht den Schmerz, das der Natur Gemäße aber bringt die Lust.

Das gute und glückliche Leben wird uns Menschen von unserer Natur vorgezeichnet. Wer gegen die Natur lebt, schädigt sich selbst und seine Mitmenschen.

32 **Ho de thanatos meta geros ion epi telos kata physin aponotatos ton thanaton kai mallon meta hedones gignomenos e lypes.** (Platon, Timaios, 81e)

Der Tod, der mit dem Alter zum natürlichen Ende führt, ist der Leichteste, er ist mehr mit der Freude als mit dem Schmerz verbunden.

Die Schüler der Weisheit lernen auch die Kunst des guten Sterbens. Sie streben nach einem natürlichen und langen Leben, das sie mit Freude und Dankbarkeit beenden wollen.

33 **Dio de ton katharseon kai systaseon tou somatos he men dia ton gymnasion ariste.** (Platon, Timaios, 89a)

Die beste Weise, den Körper zu reinigen und zu stärken, geschieht durch das Training im Gymnasion.

Platon war ein Ringkämpfer, er schätzte die Übung des Körpers und des Geistes im Gymnasion. Der Geist und der Körper sollten in einem Gleichgewicht sein.

34 **Ho kosmos eikon tou noetou theos aisthetos.** (Platon, Timaios, 92c)

Der Kosmos ist als Abbild des nur denkbaren ein sinnlich erfahrbarer Gott.

Der ganze Kosmos ist etwas Göttliches, in ihm zeigt sich nämlich der göttliche Weltbaumeister. Daher kommt es den Menschen zu, vor der Schönheit der Welt zu staunen.

35 **Ho kosmos megistos kai aristos kallistos te kai teleotatos gegonen heis ouranos hode monogenes on.** (Platon, Timaios, 92c)

Der Kosmos ist der größte und beste, der schönste und vollkommenste, ein Himmel und einzig geworden.

Nach Platon leben wir in der schönsten und besten aller möglichen Welten, der Kosmos wird mit dem Wohnort der Götter verglichen. Die weisen Menschen leben voll Dankbarkeit.

36 **Pantapasi gar ton ge toiouton en to gera polle eirene gignetai kai eleutheria.** (Platon, Politeia I, 329c)

Überhaupt gibt es auf der Erde und im Menschenleben viel Frieden und Freiheit.

Der vernünftig geordnete Staat bietet den Menschen die beste Form der Lebensentfaltung, in ihm ist ein hohes Maß an Freiheit und an Frieden möglich.

37 **Alla men hoi ge agathoi dikaioi te kai hoioi me adikein.** (Platon, Politeia I, 334d)

Die moralisch guten Menschen sind gerecht und tun kein Unrecht.

Die gerechte Verteilung der Güter und die Unterdrückung des Unrechts sind die Voraussetzungen für einen Staat. Doch die weisen Menschen leben aus innerer Einsicht gerecht und gut.

38 **Egnokos touto, hoti rhaon erotan e apokrinesthai.** (Platon, Politeia I, 336c)

Du weißt sehr wohl, dass Fragen zu stellen viel leichter ist, als sie zu beanworten.

Es ist die Aufgabe der Philosophie, viele Fragen zu stellen, die sich aus dem Leben ergeben. Einige dieser Fragen können vorläufig beantwortet werden, bis sich bessere Antworten finden.

39 **To gar tou kreittonos axymphoron depou prostattetai tois hettosin poien.** (Platon, Politeia I, 339e)

Was den Stärkeren unzumutbar ist, das wird den Schwächeren zu tun befohlen.

Im vernünftig geordneten Staat wird deutlich zwischen den Stärkeren und den Unterlegenen unterschieden. Diese müssen den Anordnungen jener folgen.

40 **He ge adikia kai mise kai machas en allelois parechei. He de dikaiosyne homonoian kai philian.** (Platon, Politeia I, 351d)

Die Ungerechtigkeit verursacht Zwietracht, Hass und Streit, doch die Gerechtigkeit erschafft die Eintracht und die Freundschaft.

Der gute Staat ist immer auf Gerechtigkeit aufgebaut, die Stärkeren bekommen mehr an Gütern, die Schwächeren weniger. Die soziale Schichtung entspricht der menschlichen Natur.

41 **Kai sophoteroi kai ameinous kai dynatoteroi prattein hoi dikaioi phainontai.** (Platon, Politeia I, 352b)

Die Gerechten zeigen sich im Leben als weiser, als moralisch besser und als stärker.

Die weisen Menschen folgen aus innerer Einsicht der Gerechtigkeit, dies gibt ihnen innere Stärke und Überzeugungskraft. Sie verzichten in jeder Situation darauf, Unrecht zu tun.

42 **Ara oun kai arete ophthalmon estin?** (Platon, Politeia I, 353b)

Gibt es nicht auch eine Tugend der Augen?

Wir müssen in unserem Zusammenleben nicht alles sehen, was wir sehen könnten. Es gibt den Bereich des Intimen, der nicht verletzt werden darf, solange kein Unrecht geschieht.

43 **Ho men dikaios ara eudaimon, ho de adikos athlios.** (Platon, Politeia I, 354a)

Der gerechte Mensch lebt glücklich, doch der Ungerechte lebt im Unglück.

Die soziale Gerechtigkeit im Staat macht erst das kleine Glück aller Menschen möglich. Die Übeltäter und Verbrecher stören ständig dieses Glück ihrer Mitmenschen.

44 **Alla de theous oute lanthanein oute biasasthai dynaton.** (Platon, Politeia II, 365d)

Die Götter können wir Menschen weder hintergehen noch bezwingen.

Für die Schule Platons gibt es göttliche Wesen, die größer und stärker als wir Menschen sind. Es gibt keinen Sinn, gegen diese Wesen zu kämpfen oder sie zu leugnen.

45 **Poiesei de ten polin he hemetera chreia.** (Platon, Politeia II, 369c)

Es ist unser Bedürfnis, das die Stadt begründet.

Wir Menschen sind von unserer Natur her soziale Wesen und können als Einzelne gar nicht überleben. Daher brauchen wir die Gemeinschaft eines Dorfes, einer Stadt oder eines Staates.

46 **Alla men prote ge kai megiste ton chreion he tes trophes paraskeue.** (Platon, Politeia II, 369d)

Unser erstes und größtes Bedürfnis ist die Herbeischaffung der Nahrung.

Erst in der Gemeinschaft ist auch das Überleben der Schwächeren gesichert, denn die Stadt organisiert die Erzeugung und Verteilung der Nahrungsmittel für alle.

47 **Deutera ton chreon oikeoseos, trite de esthetos** (Platon, Politeia II, 369d)

Unser zweites Bedürfnis ist die Wohnung, unser drittes Bedürfnis ist die Kleidung.

Erst das Zusammenwirken der Menschen in der Stadt stellt jedem Bewohner Wohnraum und Kleidung zur Verfügung, die sich der Einzelne nicht schaffen könnte.

48 **Estin paideia de pou he men epi somasi gymnastike, he de epi psyche mousike.** (Platon, Politeia II, 376e)

Die Erziehung des Körpers geschieht durch Gymnastik, die Formung der Seele geschieht durch die Musik.

Zur Erziehung in der Stadt gehörten die Kräftigung des Körpers, die Vermittlung von Wissen und die Formung der Seele. Dies geschah in der Einrichtung des Gymnasions.

49 **Hoti proton tois paidiois mythous legomen; touto de pou hos to holon eipein pseudos, eni de kai alethe.** (Platon, Politeia II, 377a)

Zuerst erzählen wir den Kindern die Mythen, sie sagen uns wohl Unwahres, aber zum Teil auch Wahres.

Die Mythen Homers und Hesiods bilden eine kulturelle Identität und festen Zusammenhalt. Sie sagen in bildhafter Sprache viel Wahres über das Leben der Menschen zu jeder Zeit.

50 **Oukoun agathos ho ge theos to onti te kai lekteon houto.** (Platon, Politeia II, 379b)

Nun ist Gott von seinem Wesen her gut, also muss er auch gut dargestellt werden.

Die Mythen müssen korrigiert werden, wo sie von den Göttern Böses erzählen. Denn das Göttliche ist das höchste Gute und die Gottheit ist das vollendet Schöne.

51 **Alla men ho theos te kai ta tou theou pante arista echei.** (Platon, Politeia II, 381b)

Aber der eine Gott und das zu ihm Gehörige müssen immer das Beste sein.

Platon spricht vom einen Gott, vom Göttlichen und von den vielen Göttern. Gemeint ist immer das Größere und Stärkere, das Ewige und Unveränderliche im und außerhalb des Kosmos.

52 **To men de to onti pseudos ou monon hypo theon, alla kai hypo anthropon misetai.** (Platon, Politeia II, 382c)

Die Lüge wird nicht nur von den Göttern, sie wird auch von den Menschen gehasst.

Wenn die Gottheit reine Güte und Wahrheit ist, dann können die Götter nicht lügen. Dies müssen wir an den Mythen korrigieren, welche die Götter menschenähnlich darstellen.

53 **Alla mentoi threnon te kai odyrmon en logois ouden prosdeisthai.** (Platon, Politeia III, 398e)

Aber Klagen und Jammer brauchen wir in unseren Reden nicht.

Über das Leben zu klagen und zu jammern ziemt sich nicht für die Krieger, nicht für die Weisen, nicht für die Götter. Denn auch das harte Leben ist in sich schön.

54 **Alla men methe ge phylaxin aprepestaton kai malakia kai argia.** (Platon, Politeia III, 398e)

Trunkenheit, Weichheit und Faulheit geziemen sich nicht für die Krieger.

Der Stand der Wächter und Krieger in der Stadt hat besondere Anforderungen. Denn ihre Aufgabe ist es, die Gemeinschaft vor Feinden zu schützen und die Einhaltung der Gesetze zu sichern.

55 **Eulogia ara kai euarmostia kai euschemosyne kai eurythmia euetheia akolouthei.** (Platon, Politeia III, 400e)

Die gute Rede, der Wohlklang, der Anstand und das Maßhalten dienen der Güte der Seele.

Die Menschen in der Stadt lernen das gute Zusammenleben durch klare Rede, durch moralische Regeln und durch das Augenmaß in allen Bereichen.

56 **Ho de orthos eros pephyke kosmiou te kai kalou sophronos te kai mousikos eran.** (Platon, Politeia III, 403a)

Der aufrechte Eros ist immer mit dem Wissen um das Schöne und um die Musik verbunden.

Die Schüler der Weisheit suchen gemeinsam die Liebe zum Schönen und zum Guten. Dabei helfen ihnen die Musik und der Erwerb von Wissen.

57 **Alla ei men Asklepios theou en, ouk en aischrokerdes; ei de aischrokerdes, ouk en theou.** (Platon, Politeia III, 408c)

Wenn Asklepios göttlich war, dann war er nicht gewinnsüchtig. War er aber auf Gewinn aus, dann war er nicht göttlich.

Das Göttliche ist für Platon das Uneigennützige, das Helfende und das Bewahrende. Gewinnsüchtige Ärzte sollen sich nicht auf den Gott der Heilung berufen.

58 **Ho gar echon psychen agathen agathos.** (Platon, Politeia III, 409c)

Wer eine gute Seele hat, der ist ein guter Mensch.

Mit Seele und Herz sind die inneren Einstellungen und Wertungen eines Menschen gemeint. Der Schüler der Weisheit lernt positive und soziale Einstellungen zu den Mitmenschen.

59 **Alla ho theos platton hosoi men hymon hikanoi archein chryson en te genesei synemeixen autois.** (Platon, Politeia III, 415a)

Der Gott hat den zur Herrschaft Geeigneten Gold bei ihrer Geburt beigemischt.

Der aristokratische Denker Platon war überzeugt, dass die Adeligen und Krieger von Geburt an eine besondere göttliche Begabung bekommen haben. Damit sind sie von den übrigen Menschen deutlich abgehoben.

60 **Trophe gar kai paideusis chreste sozomene physeis agathas empoiei.** (Platon, Politeia IV, 424a)

Tüchtige Erziehung und guter Unterricht
formen gute Menschen.

Auch wir sind überzeugt, dass wir durch Erziehung soziale Lebenswerte vermitteln können, die ein Leben fortan bestimmen. Doch Wissen allein formt noch nicht innere Werte.

61 **Kai men touto ge auto he euboulia delon hoti episteme tis estin.** (Platon, Politeia IV, 428b)

Der gute Rat kommt nicht aus der Unwissenheit,
sondern aus der Erkenntnis.

Wir brauchen Sachwissen, um die Regeln unseres Zusammenlebens erkennen zu können. Doch wir müssen auch soziale Grundwerte und positive Einstellungen übernehmen.

62 **Tou dipsontos ara he psyche kath' hoson dipse, ouk allo ti bouletai e piein.** (Platon, Politeia IV, 439b)

Die Seele des Dürstenden, sofern sie
dürstet, will nichts als trinken.

Wie der Dürstende nach Wasser strebt, so strebt der Schüler der Weisheit nach Erkenntnis und nach Wissen. Denn er braucht beide für sein Leben und sein Glück.

63 **Ta men pou hygieina hygieian empoiei, to de nosode noson.** (Platon, Politeia IV, 444c)

Der Gesunde bewirkt Gesundes, der
Kranke erzeugt jedoch Krankes.

Diese Aussage gilt vor allem für unsere seelische Verfasstheit. Denn an der Seele verletzte Menschen streben danach, auch ihre Mitmenschen zu verletzen und zu schädigen.

64 **Oukoun kai to men dikaia prattein dikaiosynen empoiei, to de adika adikian?** (Platon, Politeia IV, 444c)

Bewirkt nicht das Rechttun die Gerechtigkeit
und das Unrechttun die Ungerechtigkeit?

Platon geht von einer sozial abgestuften Verteilung der Güter aus und nennt diese Gerechtigkeit. Sie wird durch vernünftige Gesetze festgeschrieben.

65 **Arete men ara hygieia te tis an eie kai kallos kai euexia psyches.** (Platon, Politeia IV, 444d)

So besteht denn die Tugend in der Gesundheit, in
der Schönheit und im Wohlbefinden der Seele.

Die Seele meint die Gesamtheit unserer inneren Einstellungen und Wertungen. Wir können durch Weisheit unsere Seele zur Schönheit, zur Gesundheit und zum Glück hinführen.

66 **Kakia de nosos te kai aischos kai astheneia tes psyches.** (Platon, Politeia IV, 444d)

Die böse Tat zeigt die Krankheit, die Hässlichkeit
und die Schwachheit der Seele.

Für Platon kommt jede böse Tat aus einer kranken und hässlichen Einstellung zu den Mitmenschen. Diese Einstellungen aber können wir verändern.

67 **Ei ara tais gynaixin epi tauta chresometha kai tois andrasi, tauta kai didakteon autas.** (Platon, Politeia V, 451e)

Wenn die Frauen das Gleiche leisten müssen wie die
Männer, dann müssen wir sie das Gleiche lehren.

Diese Einsicht ist in einer patriarchalischen Gesellschaft erstaunlich, doch Platon war überzeugt, dass Frauen im Staat ganz andere Aufgaben hätten als die Männer.

68 **Epi pasi de asthenesteron gyne andros.** (Platon, Politeia V, 455e)

In allen Bereichen ist die Frau schwächer als der Mann.

Dies war die Überzeugung der aristokratischen Denker, während die Sophisten aus den mittleren sozialen Schichten sich die gleichen Fähigkeiten beider Geschlechter vorstellen konnten.

69 **Ta de epitedeumata ou ta auta apodotea tais autais physesin?** (Platon, Politeia V, 456b)

Müssen nicht den gleichen Naturen die gleichen Übungen zugeteilt werden?

Wenn die Frauen und die Männer die gleichen Naturen hätten, dann müssten sie dasselbe lernen. Doch Platon ging davon aus, dass sie verschiedene Naturen und Aufgaben hätten.

70 **Echomen oun ti meizon kakon polei e ekeino ho an auten diaspa kai poie pollas anti mias?** (Platon, Politeia V, 462b)

Gibt es ein größeres Übel für den Staat, als wenn er zerreißt und wenn aus dem Einen Vieles wird?

Eine Stadt und ein Staat können nur stark sein, wenn sie eine Einheit bilden. Damit diese erhalten bleibt, muss von allen Bürgern die Gerechtigkeit verwirklicht werden.

71 **E meizon agathon tou ho an xynde te kai poie mian?** (Platon, Politeia V, 462b)

Gibt es ein größeres Gut als das, was den Staat verbindet und einigt?

Es sind die vernünftigen Gesetze und die von den Bürgern gelebte Gerechtigkeit, die den Staat ermöglichen. Alle müssen soziales Verhalten und Solidarität erlernen.

72 **Oukoun he men hedones te kai lypes koinonian xyndei?** (Platon, Politeia V, 462b)

Sind es nicht die Lust und der Schmerz, welche die Gemeinschaft zusammenbinden?

Im Staat und in der Stadt erleben die Bewohner gemeinsam Schönes und Lustvolles, aber auch Schweres und Leidvolles. Dies erzeugt in ihnen das Gefühl der Solidarität.

73 **He de ge ton toiouton idiosis dialyei.** (Platon, Politeia V, 462b)

Die Absonderung von den anderen löst die Einheit auf.

Im Staat sondern sich Personen und Gruppen von den anderen ab, wenn sie sich ungerecht behandelt fühlen, wenn sie abgewertet werden, wenn ihnen ihre Rechte vorenthalten werden.

74 **Presbytero men neoteron panton archein te kai kolazein prostetaxetai.** (Platon, Politeia V, 465a)

Dem Älteren ist es aufgetragen, den Jüngeren vorzustehen und sie zu zähmen.

Es sind die älteren Bürger im Staat, die durch ihre Erfahrungen die Jugendlichen in das soziale Verhalten einführen. Doch die Jugend kann schon sehr früh Verantwortung übernehmen.

75 **Hoi philosophoi basileusosin in tais polesin e hoi basiles te nyn legomenoi kai dynastai philosophesosin gnesios.** (Platon, Politeia V, 473 d)

In den Städten sollen die Philosophen Könige sein, oder die jetzt Könige genannt werden, sollen sich mit der Philosophie befassen.

Denn die Philosophie lehrt die Menschen die Regeln des guten Zusammenlebens, die vernünftigen Gesetze und die sozialen Einstellungen. Freilich fehlt ihr der Bezug zum praktischen Handeln.

76 **Oukoun kai ton philosophon sophias phesomen epithymeten einai, ou tes men, tes de ou, alla pases.** (Platon, Politeia V, 475b)

Der Philosoph trachtet nach der Wahrheit, sagen wir, nicht nach ihren Teilen, sondern nach der ganzen Wahrheit.

Die Philosophie versucht, die vielen Teilerkenntnisse als Einheit zu sehen. Daher fragt sie nach dem Ganzen und Vollständigen. Doch darin liegen auch ihre Mängel.

77 **Polla de kala nomizei ekeinos ho philoteamon kai oudame anechomenos an tis hen to kalon phe einai kai dikaion kai talla houto.** (Platon, Politeia V, 479a)

An vielerlei Schönes glaubt der Schaulustige, doch er versteht nicht, dass es nur ein Schönes und Gutes und Gerechtes gibt.

Für Platon steht hinter den vielen schönen Dingen, die wir erleben, das eine Schöne und Göttliche, das unser Leben leitet. Dieses ist zugleich das moralisch Gute und das Wahre.

78 **Oukoun kai thanaton ou deinon ti hegesetai ho toioutos philosophos.** (Platon, Politeia V, 486b)

Der Philosoph wird auch den Tod nicht für etwas Böses halten.

Weil der Tod zur Natur des Menschen und der Welt gehört, kann er nicht moralisch böse sein. So versuchen die weisen Menschen, mit innerer Bereitschaft auf den Tod zuzugehen.

79 **Tina tropon metacheirizomene polis philosophian ou dioleitai.** (Platon, Politeia VI, 497d)

Ein Staat muss sich mit der Philosophie befassen, um nicht unterzugehen.

Denn die Philosophie lehrt uns die Grundregeln des sozialen Lebens, die moralischen Werte, die vernünftigen Gesetze und die Fähigkeit zum guten und glücklichen Leben.

80 **Ta gar de megala pante episphale, kai to legomenon ta kala to onti chalepa.** (Platon, Politeia VI, 497d)

Denn alles Große ist bedenkenswert, und alles
Schöne ist in der Tat schwer zu erreichen.

Die Philosophie befähigt uns, über alles Große im Staat kritisch nachzudenken. Sie zeigt uns Wege, wie wir das Schöne dauerhaft erleben und erreichen können.

81 **Oude gar pou schole to ge hos alethos pros tois ousin ten dianoian echonti kato blepein eis anthropon pragmateias.** (Platon, Politeia VI, 500b)

Wer seine Gedanken auf das eine Seiende richtet, hat gar keine Zeit, auf das Treiben der Menschen zu blicken.

Der platonische Denker ist so vom einen Seienden und Göttlichen fasziniert, dass er das reale Leben auf der Erde gering achtet. Dies ist der große Mangel dieser Philosophie bis heute.

82 **Epei hoti ge he tou agathou idea megiston mathema pollakis akekoas.** (Platon, Politeia VI, 505a)

Dass die Idee des Guten die höchste Einsicht
darstellt, hast du vielfältig gehört.

Für Platon ist die Idee des Guten die höchste aller ewigen Ideen, sie kommt dem Göttlichen nahe. Alles Schöne und Wahre leiten wir aus dieser vollkommenen Idee her.

83 **Alla oistha, hoti tois men pollois hedone dokei einai to agathon, tois de kompsoterois phronesis.** (Platon, Politeia VI, 505b)

Du weißt, dass den vielen Menschen die Lust das höchste Gut zu sein scheint, für die Weisen ist es aber die Einsicht.

Die Philosophie sucht die Einsicht in das Wesen der Dinge, der Erfahrungen und der Gefühle. Sie fragt nach den Voraussetzungen für ein gutes und lustvolles Leben für alle Menschen.

84 **Ho de ge hemeteros phylax polemikos te kai philosophos tynchanei on.** (Platon, Politeia VII, 525b)

Unser Anführer im Staat ist zugleich Krieger und Philosoph.

Die Krieger und Wächter haben im Platonischen Staat die Führungsaufgaben. Doch sie müssen philosophisch gebildet sein bzw. werden, um ihre Aufgaben erfüllen zu können.

85 **He ploutou toinyn aplestia kai he ton allon ameleia dia chrematismon auten apolly oligarchian.** (Platon, Politeia VIII, 562b)

Die Unersättlichkeit im Reichtum und die Vernachlässigung des Übrigen führten zur Auflösung der Oligarchie.

Für Platon war auch die Demokratie der freien männlichen Bürger keine gute Staatsform. Denn er war überzeugt, dass nur die Eliten des Geistes und des Schwertes den Staat gut führen können.

86 **He gar agan eleutheria eoiken ouk eis allo ti e eis agan douleian metaballein kai idiote kai polei.** (Plato, Politeia VIII, 564a)

Die äußere Freiheit wird sich in äußerste Knechtschaft des Einzelnen und des Staates umwandeln.

Platon war überzeugt, dass die Demokratie der freien männlichen Bürger in die Knechtschaft eines Tyrannen führen werde. Er sah in der Herrschaft der Krieger die beste Staatsform.

87 **Eikotos toinyn ouk ex alles politeias tyrannis kathistatai e ek demokratias, ex oimai tes akrotates eleutherias.** (Platon, Politeia VIII, 564a)

So entsteht die Tyrannei aus der Demokratie und der übertriebenen Freiheit.

Platon fürchtet sich vor der Freiheit der einzelnen Bürger und ihrer Mitbestimmung im Staat. Er kann sich nur die Herrschaft der Kriegersippen vorstellen, die dem Gemeinwohl dienen.

88 **En panti ara to bio tyrannoi zosi philoi men oudepote oudeni, aei de tou despozontes e douleuontes.** (Platon, Politeia IX, 576a)

Tyrannen sind ihr Leben lang niemandes Freund, denn entweder herrschen sie oder sie müssen anderen dienen.

Im Sinne Platons sind die Tyrannen Alleinherrscher, die niemanden an ihrer Herrschaft im Staat beteiligen wollen. Sie müssen sich vor allen Bürgern im Staat fürchten.

89 **Eleutherias de kai philias alethous tyrannike physis aei ageustos.** (Platon, Politeia IX, 576a)

Tyrannische Menschen bleiben der wahren Freiheit oder Freundschaft immer unkundig.

Tyrannen müssen sich vor allen Bürgern fürchten, umgekehrt muss das Volk vor ihnen zittern. Nur durch Angst können sie ihre Herrschaft festigen.

90 **Oukoun he ge doule kai tyrannomene polis hekista poiei ha bouletai.** (Platon, Politeia IX, 577d)

Der vom Tyrannen beherrschte Staat kann am wenigsten das tun, was er will.

Denn der Wille der Bürger wird unterdrückt, er findet nirgends seinen Ausdruck. Damit ist der tyrannische Staat auch wirtschaftlich nicht erfolgreich.

91 **Kai he tyrannomene ara psyche hekista poiesei ha an boulethe.** (Platon, Politeia IX, 577d)

So tut auch die vom Tyrannen beherrschte Seele am wenigsten das, was sie will.

Im Zwangsstaat des Tyrannen gibt es kein freies Denken und Reden, die Ideen und Bedürfnisse der Bürger werden unterdrückt. Die Menschen verkümmern an ihrer Seele.

92 **Kai psychen ara tyranniken penichran kai apleston ananke aei einai.** (Platon, Politeia IX, 578a)

So muss eine tyrannische Seele immer ärmlich und ungesättigt bleiben.

Sowohl die Seele des Tyrannen als auch die Seelen der von ihm Unterdrückten leiden, denn sie können sich nicht frei entfalten. Die Menschen leben in ständiger Angst um ihr Leben.

93 **Phobou gemein ara ouk ananke ten ge toiauten polin ton de toiouton andra.** (Platon, Politeia IX, 578a)

So müssen ein tyrannischer Mensch und ein tyrannischer Staat immer voller Angst sein.

Heute wissen wir, dass tyrannische Menschen ein zwanghaftes Bedürfnis haben, ihre Mitmenschen zu unterdrücken. Denn sie können das Glück anderer nicht ertragen.

94 **Tes de tou ontos theas, hoian hedone echei, adynaton allo gegeusthai plen to philosopho.** (Platon, Politeia IX, 582c)

Die volle Lust bei der Schauung des wahren und göttlichen Seins kann niemand außer dem Philosophen erleben.

Platon wollte durch seine Philosophie den ewigen und göttlichen Ideen näher kommen. Diese Annäherung an das Ewige sollte lustvoll sein und die weisen Menschen glücklich machen.

95 **Kai hotan pausetai ara chairon tis he tes hedones hesychia lyperon estai.** (Platon, Politeia IX, 583e)

Wenn einer aufhört, Lust zu erleben, dann wird ihm das Fehlen der Lust Schmerz bereiten.

Der Philosoph sucht den mittleren Zustand zwischen dem Erleben der Lust und des Schmerzes. Er sucht die Lust des Geistes, des Denkens und des Erkennens.

96 **Me ara peithometha katharan hedonen einai ten lypes apallagen, mede lypen tes hedones.** (Platon, Politeia IX, 584c)

Wir glauben nicht, dass die Befreiung vom Schmerz reine Lust sei, auch nicht, dass die Freiheit von Lust Schmerz sei.

Für die Schule Platons gibt es eine mittlere Qualität des Erlebens, die zwischen der sinnlichen Lust und dem Schmerz des Körpers liegt. Auch sie befriedigt unser Leben.

97 **Kai aedestata ara ho tyrannos biosetai, ho de basileus hedista.** (Platon, Politeia IX, 587b)

Am unerfreulichsten lebt der Tyrann,
am schönsten lebt der König.

Der König herrscht im Staat zusammen mit den Sippen der Krieger, mit ihnen ist er befreundet, vor ihnen muss er nicht Angst haben. Dies fehlt dem Tyrannen.

98 **Kata panta tropon de ho men ta dikaia enkomiazon alethe an legoi, hode ta adika pseudoito.** (Platon, Politeia IX, 589c)

Wer die Gerechtigkeit hochhält, der sagt die Wahrheit.
Wer aber Unrecht tut, täuscht sich und andere.

Der König, der gerecht regiert, kann in allem die Wahrheit sagen. Doch der Tyrann, der das Recht der Bürger mit den Füßen zertritt, ist ständig auf die Lüge angewiesen.

99 **Ouk esthesetai hoti athanatos hemon he psyche kai oudepote apollytai?** (Platon, Politeia X, 608d)

Hast du nicht verstanden, dass unsere Seele
unsterblich ist und niemals zu Grunde geht?

Die Schüler Platons waren überzeugt, dass unsere innere Lebenskraft mit dem Tod des Körpers nicht zu Ende kommt, sondern im Bereich des Göttlichen aufgehoben sein wird.

100 **To men apollyon kai diaphtheiron pan to kakon einai, to de sozon kai opheloun to agathon.** (Platon, Politeia X, 608e)

Alles, was auflöst und zerstört, ist schlecht,
aber alles, was erhält und nützt, ist gut.

Platon wertet die auflösenden und zerstörenden Kräfte im Staat und im Leben der Menschen als böse. Denn die Seele hat das unbedingte Bedürfnis nach Leben und Dauer.

101 **Aitia helomenou, theos anaitios.** (Platon, Politeia X, 617e)

Die Schuld gehört immer dem, der sie wählt.
Der Gott aber ist ganz ohne Schuld.

Wir Menschen wählen die Zerstörung und die Auflösung unserer sozialen Beziehungen freiwillig, also werden wir schuldig. In der Gottheit gibt es keine Auflösung und Zerstörung.

102 **Kai ton tes lethes potamon eu diabesometha kai ten psychen ou mianthesometha.** (Platon, Politeia X, 621c)

Wir werden über den Fluss der Lethe gut
hinüberkommen und unsere Seelen nicht beflecken.

Die Schüler der Weisheit wollen sich ohne Schuld auf den Tod vorbereiten, denn sie wollen ein gutes Schicksal für ihre Seele, wenn ihr Körper abgestorben sein wird.

103 **Hoti oudeni pleio agatha hyparchei pros to philosophesai.** (Aristoteles, Protreptikos, B1)

Du wirst nichts Größeres und Besseres
finden als die Weisheit.

Die Schule der Weisheit sucht nach Wissen und Erkenntnis, aber gleichzeitig nach dem guten und glücklichen Leben. Davon war auch der Schüler Platons überzeugt.

104 **Dio dei ten touton theorountas atychian pheugein kai nomizein ten eudaimonian.** (Aristoteles, Protreptikos, B2)

Wer die Weisheit sucht, der flieht vor dem Unglück und findet das Glück seines Lebens.

Für Aristoteles hat die Philosophie einen sehr praktischen Wert, denn sie hilft uns, viel Unglück zu vermeiden und ein besseres Leben zu gewinnen.

105 **Ouk en to polla kektesthai gignesthai mallon e en to pos ten psychen diakeisthai.** (Aristoteles, Protreptikos, B2)

Der Weise strebt nicht nach dem großen Besitz, sondern danach, in seiner Seele gerecht zu sein.

Für den Schüler der Weisheit ist die innere Einstellung der Seele zu den Mitmenschen wichtiger als die Anhäufung von Gütern und Besitzständen.

106 **Tiktei gar, hos phesin he paroimia, koros men hybrin, apaideusia de meta exousias anoian.** (Aristoteles, Protreptikos, B4)

Man sagt, Übersättigung erzeuge den Übermut; und wenn sich zur Macht die Unwissenheit gesellt, dann entsteht Größenwahn.

Es ist nicht leicht, im Überfluss an Gütern an moralischen Werten festzuhalten. Doch der Schüler der Weisheit will sich von Unwissenheit und Größenwahn fernhalten.

107 **To gar me paidi machairan touto estin to me tois phaulois ten exousian encheirizein.** (Aristoteles, Protreptikos, B4)

Gib dem Kind kein Messer, soll heißen: Gib den Törichten keine politische Macht.

Doch immer wieder schleichen sich törichte und überhebliche Menschen an die Macht im Staat und in der Stadt. Philosophie erzieht den kritisch denkenden Bürger.

108 **Ten den phronesin hapantes an homologeseian ek tou manthanein gignesthai.** (Aristoteles, Protreptikos, B5)

Die philosophische Einsicht ist die Frucht des eigenen Bemühens und Strebens.

Jeder Mensch soll innerhalb seiner Begabungen lernen, die Grundregeln des Zusammenlebens zu verstehen und sie im Leben zu befolgen.

109 **Pan era heneka tou gignetai to kata technen, kai touto telos autes kai to beltiston.** (Aristoteles, Protreptikos, B12)

Alles, was durch menschliches Können entsteht, verfolgt den Zweck des Besten.

Wir Menschen neigen dazu, unsere technischen und praktischen Fähigkeiten zu verbessern. Die Weisheit lehrt uns, auch unser Zusammenleben im Staat besser zu gestalten.

110 **Symbaine men gar an kai apo tyches to agathon.** (Aristoteles, Protreptikos, B12)

Gelegentlich kann Gutes auch durch Zufall entstehen.

Im Allgemeinen erreichen wir die moralisch gute Tat nur durch eine positive Einstellung zum Leben und zu den Mitmenschen. Der Zufall hilft uns dabei sehr selten.

111 **Alla men to kata ge physin heneka tou gignetai.** (Aristoteles, Protreptikos, B13)

Alles, was gemäß der Natur entsteht, verfolgt einen Zweck.

Für den Philosophen erscheint die ganze Natur zweckvoll und sinvoll geordnet, in ihr gibt es nicht den reinen Zufall und keine Sinnlosigkeit. Wir erkennen in ihr ein intelligentes Design.

112 **Mimetai gar ou ten technen he physis alla aute ten physin.** (Aristoteles, Protreptikos, B13)

Nicht ahmt die Natur menschliches Können nach, vielmehr ahmen wir die Natur nach.

Wir Menschen sind ein Teil der Natur, unser technisches Können hat sich aus ihr entwickelt. Viele Verhaltensweisen haben wir von den Tieren gelernt, die uns verwandt sind.

113 **Kai estin epi to boethein kai ta paraleipomena tes physeos anapleroun.** (Aristoteles, Protreptikos, B13)

Unser Können dient dazu, die Natur zu unterstützen und zu ergänzen.

Kraft unserer praktischen und theoretischen Vernunft ist es uns gelungen, unsere menschliche Natur weiterzuentwickeln und sie durch Kultur zu ergänzen.

114 **Gegone de to gegonos to ge men kata physin hapan kalos.** (Aristoteles, Protreptikos, B14)

Was nicht gegen die Natur entstanden ist, das ist im Gesamten schön.

Wir erleben die Natur insgesamt als gut und schön, obwohl wir Teilbereiche der Natur als böse bewerten, sofern sie unser Leben und Dasein bedrohen.

115 **Eiper to para physin phaulon kai to kata physin enantion.** (Aristoteles, Protreptikos, B14)

Das Naturwidrige erscheint uns als hässlich und dem Natürlichen entgegengesetzt.

Seit den griechischen Sophisten wird davon ausgegangen, dass das Natürliche auch das Gute und Schöne sei. Doch wir Menschen sind fähig, auch gegen unsere Natur zu handeln.

116 **Delon hoti esmen heneka tou phronesai ti kai mathein.** (Aristoteles, Protreptikos, B17)

Es ist offensichtlich, dass wir dazu da sind, um etwas zu denken und zu lernen.

Wir alle haben die Fähigkeit, unsere Außenwelt zu erkennen, unsere Erkenntnisse zu verbinden und ständig Neues zu entdecken. Darin können wir einen Sinn unseres Lebens sehen.

117 **Ei gar estin kata physin telos he phronesis, ariston an eie panton to phronein.** (Aristoteles, Protreptikos, B17)

Wenn das der Natur Gemäße das Ziel unseres Denkens ist, dann ist das Beste von allem das Denken.

Aristoteles glaubt, dass wir durch unser Erkennen und Denken unsere Natur besser verstehen. Wenn dies der Fall ist, dann werden wir auch unsere Lebensverhältnisse besser gestalten können.

118 **Hoste ta men alla dei prattein heneka ton en auto gignomenon agathon.** (Aristoteles, Protreptikos, B21)

Darum müssen wir alles um des Guten willen tun, das in uns selbst ist.

Das moralisch Gute ist alles das, was unser Einzelleben und unser Zusammenleben zufriedenstellend gelingen lässt. Wir alle haben die Fähigkeit, es zu erkennen und zu verwirklichen.

119 **Tou de an nou hai noeseis energeia.** (Aristoteles, Protreptikos, B24)

Die Tätigkeit des Verstandes ist das Denken.

Durch unseren Verstand oder Geist sind wir befähigt, Außenwelt zu erkennen, Daten unserer Erfahrung miteinander zu verbinden, Denkmuster zu entwickeln und moralische Normen aufzustellen.

120 **Kai tou diakonesontos somatos, kai anapimplatai ge kai tes tyches.** (Aristoteles, Protreptikos, B26)

Der Weise gebraucht seinen Körper als Diener, doch er gibt auch dem Zufall Spielraum.

Wir Menschen können mit unserem Verstand unseren Körper zu einem guten Teil lenken. Doch viele unserer körperlichen Funktionen entziehen sich unserem Wissen und Wollen.

121 **Dia autas de timioi hai theoriai kai hairete en tautais tou nou he sophia.** (Aristoteles, Protreptikos, B27)

Das reine Denken ist zu ehren, doch die
Weisheit des Verstandes ist erstrebenswert.

Mit der Weisheit unseres Verstandes erkennen wir unsere Außenwelt und unsere realen Lebensbedingungen. Im reinen Denken reflektieren wir über unsere Erkenntnis.

122 **Aistheseos men oun kai nou aphairetheis anthropos phyto gignetai paraplesios.** (Aristoteles, Protreptikos, B28)

Wenn er der Wahrnehmung und des Verstandes beraubt
wird, dann wird der Mensch wie eine Pflanze.

Von der Pflanze unterscheiden wir Menschen uns durch unsere Fähigkeit der Wahrnehmung und des Denkens. Das Leben haben wir mit ihr gemeinsam.

123 **Nou de monou apheremenos ektherioutai.**
(Aristoteles, Protreptikos, B28)

Fehlt dem Menschen nur der Verstand,
dann wird er zum Tier.

Das Leben und die Wahrnehmung haben wir Menschen mit den Tieren gemeinsam, allein die Fähigkeit zum Denken unterscheidet uns von diesen.

124 **Kai monon touto ontos agathon anaphaireton.** (Aristoteles, Protreptikos, B30)

Das vernünftige Leben kann vom Guten
nicht abgesondert werden.

Mit unserer Vernunft erkennen wir Menschen das Gute und streben es auch an. Wenn wir vernünftig leben, gewinnen wir ein gutes und glückliches Dasein.

125 **Eti toinyn, epei ta dynanta kai ophelima pantes hairoumetha.** (Aristoteles, Protreptikos, B31)

Wir wählen im Leben immer das
Nützliche und das Erreichbare.

Im praktischen Leben sind wir immer Utilitaristen, wir suchen unseren eigenen Nutzen und den der Mitmenschen. Wer das nicht Erreichbare anstrebt, wird immer enttäuscht.

126 **Ta gar rhao pantes edion ponoumen.** (Aristoteles, Protreptikos, B31)

Im Leben erstreben wir immer das leichter Erreichbare.

Von unserer Natur her suchen wir zuerst nach dem Naheliegenden, erst dann wenden wir uns dem Ferneren zu. Doch es gibt unter uns immer Ausnahmen, die zuerst das Ferne anstreben.

127 **Aei gar gnorimotera ta protera ton hysteron.** (Aristoteles, Protreptikos, B33)

Immer ist uns das Frühere bekannter als das Spätere.

Aristoteles meint, dass wir das Frühere und Einfache in der Natur leichter erkennen als das Spätere und Komplexere. Dies gilt für unser heutiges Erkennen der Natur allerdings nicht mehr.

128 **Epei de pantes hairountai malista ta kata tas oikeias hexeis.** (Aristoteles, Protreptikos, B40)

Alle Menschen entscheiden sich für das,
was ihrem Charakter entspricht.

Unser Charakter wird aus unseren inneren Einstellungen und Wertungen, aber auch aus Einsichten und Lebenserfahrungen geformt. Wir können ihn geringfügig verändern.

129 **Tauta gar malista kai eilikrinos dia tou philosophein.** (Aristoteles, Protreptikos, B41)

Zu einer klaren Ansicht über die Dinge
kommen wir durch die Philosophie.

Philosophie bedeutet zu dieser Zeit, die Dinge der Außenwelt und die Regeln unseres Denkens klarer zu erfassen. Die Erforschung der Natur ist ein wesentlicher Teil von ihr.

130 **Houtos tes phroneseos en makaron nesois, hos eoiken.** (Aristoteles, Protreptikos, B43)

Die Früchte der Philosophie genießen wir
erst auf den Inseln der Seligen.

Die Philosophie leitet uns zu einem guten und glücklichen Leben an. Doch ihre letzten Folgen begreifen wir erst nach unserem Tod, unser Geist überdauert das Sterben des Körpers.

131 **Houto kai tous agathous nomothetas empeirous einai dei tes physeos.** (Aristoteles, Protreptikos, B46)

So müssen die guten Gesetzgeber
über die Natur kundig sein.

Zu jeder Zeit müssen die Gesetzgeber im Staat die menschliche Natur in allen Teilen kennen, um das Zusammenleben der Vielen optimal regeln zu können.

132 **En tais allais technais tais demiourgikais apo tes physeos heuretai.** (Aristoteles, Protreptikos, B47)

In den Handwerken entdecken wir die besten
Werkzeuge durch die Beobachtung der Natur.

Schon die frühen Naturphilosophen hatten gelehrt, dass wir unsere Techniken des Lebens von den Tieren und den Pflanzen gelernt hätten. Wir haben sie vielfältig weiterentwickelt.

133 **Oute gar hygiainomen to gnorizein ta poietika tes hygieias, alla to prospheresthai tois somasin.** (Aristoteles, Protreptikos, B52)

Es genügt nicht, die Arzneimttel bloß zu kennen,
wir müssen sie dem Körper zuführen.

So genügt es nicht im praktischen Leben, die Techniken der Handwerke bloß zu kennen. Wir müssen sie anwenden, um Häuser bauen und Tempel einrichten zu können.

134 **Alla to prattein eu, to gar eudaimonein alethos touto estin.** (Aristoteles, Protreptikos, B52)

Nur wenn wir das Gute tun, erfahren
wir das glückliche Leben.

Was das Gute ist, erkennen wir aus unseren ursprünglichen und natürlichen Bedürfnissen. Wenn wir einander diese hinreichend befriedigen, gewinnen wir ein glückliches Leben.

135 **Eti toinyn to men esti psyche ton en hemin to de soma, kai to men archei to de archetai.** (Aristoteles, Protreptikos, B59)

In unserem Körper ist die Seele, sie herrscht,
und der Körper wird von ihr gelenkt.

Auch Aristoteles glaubte wie sein Lehrer Platon an die unsichtbare Seelenkraft in jedem menschlichen Körper. Sie hat denkende und fühlende und Leben spendende Fähigkeiten.

136 **Oukoun psyche men somatos beltion archikoteron gar.** (Aristoteles, Protreptikos, B61)

Die Seele ist wertvoller als der Körper,
denn sie hat lenkende Funktion.

Es ist die Überzeugung der Philosophie, dass wir mit unseren denkenden und fühlenden Seelenkräften unseren Körper lenken und formen können.

137 **To phronein ara kai to theorein ergon tes psyches estin.** (Aristoteles, Protreptikos, B70)

Das Erkennen und das Denken sind
immer das Werk der Seele.

Mit unseren kognitiven Seelenkräften erkennen wir unsere Außenwelt, wir fügen unsere Erfahrungen zu Einheiten zusammen, schließlich reflektieren wir über unser Erkennen.

138 **Alla men to ge zen to aisthanesthai diakrinetai tou me zen.** (Aristoteles, Protreptikos, B74)

Durch die Wahrnehmung unterscheidet sich
das Leben vom Nichtlebendigen.

Nach Aristoteles sind auch die Pflanzen und die Tiere zur Wahrnehmung fähig, dies macht ihre Lebendigkeit aus. Mit ihnen teilen wir das Leben.

139 **Phainetai dittos legesthai to zen, to men kata dynamin to kai de kata energeian.** (Aristoteles, Protreptikos, B79)

Zweifach können wir vom Leben sprechen, nämlich
von seiner Möglichkeit und von seiner Wirklichkeit.

Diese Unterscheidung prägt die Philosophie dieses Denkers. Immer geht mögliches Leben in wirkliches Leben über, immer verwirklichen wir Menschen unsere Möglichkeiten.

140 **Kai to ge teleos zen tote kai toutois apodoteon, tois phronousi kai tois phronimois.** (Aristoteles, Protreptikos, B85)

Das vollkommene Leben gewinnen die
Erkennenden und die Denkenden.

Das fortschreitende Erkennen der Außenwelt und das Nachdenken über unser Erkennen führen uns zu einem gelingenden Leben. Nach beidem zielt die Philosophie.

141 **Hoste kai dia auto to chairein tas aletheis kai agathas hedonas philosopheteon estin tois noun echousin.** (Aristoteles, Protreptikos, B92)

Um die wahren und guten Freuden genießen zu können, müssen die Klugen nach der Weisheit streben.

Die Philosophen waren überzeugt, dass ihre Arbeit des Erkennens und des Denkens die Menschen allgemein glücklicher und zufriedener machen wird.

142 **Hosper oun to kamnein pheukton, houtos haireton hemin to hygiainein.** (Aristoteles, Protreptikos, B99)

Indem wir die Krankheit meiden, wählen wir schon die Gesundheit.

Es ist die Aufgabe des weisen Menschen, die Krankheiten der Seele und des Körpers zu vermeiden. Dazu hilft ihm die fortschreitende Erkenntnis der Außenwelt.

143 **To gar ton enypnion eidolon esti kai pseudos hapan.** (Aristoteles, Protreptikos, B101)

Denn alle Träume sind nur Bilder und Täuschungen.

Hier argumentiert der Philosoph gegen die Mantiker und Traumdeuter, die in den Träumen göttliche Botschaften erkennen wollten.

144 **Ho nous gar hemon ho theos.** (Aristoteles, Protreptikos, B110)

Der Geist ist der Gott in uns.

Der Philosoph verbindet die Welt des Geistes mit der Welt des Göttlichen. In unserem Erkennen und Denken zeigt sich uns Göttliches und Ewiges.

145 **Hoti ho thnetos aion meros echei theou tinos.** (Aristoteles, Protreptikos, B110)

Denn sterbliches Leben birgt göttlichen Anteil in sich.

Der Geist ist eine göttliche Kraft, die in unserem Erkennen und Denken wirkt. Deswegen muss unsere vernünftige Seelenkraft unsterblich sein.

146 **Dynatos de estin hekastos ara hos an poie an bouletai hotan bouletai.** (Platon, Hippias II, 366c)

Mächtig ist jeder, der das tun kann,
was er will, wenn er es will.

Dies trifft in der antiken Stadt auf alle freien Bürger zu, nicht auf die Sklaven. Doch wir Menschen können auch von zwanghaften Vorstellungen und Begierden versklavt werden.

147 **Choleia de podon ouchi peneria kai aschemosyne estin?** (Platon, Hippias II, 374d)

Kommt das Hinken von der Verunstaltung der Füße?

Auch unsere schlechten und bösen Taten kommen von der Verunstaltung unserer inneren Einstellungen und Wertungen. Doch diese können wir jederzeit korrigieren und heilen.

148 **Agathos aner ho ten agathen psychen echon, kakos de ho ten kaken.** (Platon, Hippias II, 376b)

Der gute Mensch hat eine gute Seele, der
böse Mensch lebt mit einer bösen Seele.

Immer sind es unsere inneren Einstellungen und Wertungen, die unser Handeln und Verhalten formen. Philosophie will zu positiven Einstellungen anleiten.

149 **Houto kai theoi ten peri ton erota spouden te kai areten malista timosin.** (Platon, Symposion, 179d)

So ehren die Götter den Eifer und die
Tüchtigkeit in der Liebe am meisten.

Liebe meint hier zum einen das erotische Leben, zum andern das verantwortliche Verhalten zu den Mitmenschen. Beides wird von der Philosophie hoch geschätzt.

150 **Theioteron gar erastes paidikon, entheos gar estin.** (Platon, Symposion, 180b)

Göttlicher als der Geliebte ist der Liebende, denn in ihm ist Gott.

Der aktiv liebende Mensch verwirklicht göttliche Dynamik, er wird in den göttlichen Lebensbereich hineingenommen. Das Göttliche aber ist das Größere und Stärkere.

151 **Houto kai hoi theioi kai hoi anthropoi pasan exousian pepoiekasi to eronti.** (Platon, Symposion, 183b)

So haben die Götter und die Menschen den Liebenden viel Freiheit geschenkt.

Die Liebe ist die intensivste Kraft unseres Lebens, sie braucht Freiräume der Selbstentfaltung. Sie erfasst die Götter und die Menschen und macht sie einander ähnlich.

152 **Houtos pantos ge kalon aretes heneka charizesthai.** (Platon, Symposion, 185b)

So ist es gänzlich schön, sich wegen der Liebe der Tugend hinzugeben.

Wenn wir das moralisch Gute tun, weil wir Mitmenschen lieben, dann erleben wir das Glück des Daseins. Denn die Liebe und die Tugend sind eng miteinander verflochten.

153 **Allos men oun ho epi hygieino eros, allos de epi to nosodei.** (Platon, Symposion, 186b)

Ein anderer Eros wirkt im gesunden Menschen, ein anderer im Kranken.

In unserem erotischen Liebesverhalten drücken wir sowohl körperliche als auch seelische Gesundheit aus. Liebe ist eine starke Motivation, um nach Gesundheit zu streben.

154 **He gar harmonia symphonia estin, symphonia de homologia tis.** (Platon, Symposion, 187b)

Der Einklang ist ein Zusammenfließen, die Symphonie ist ein Gleichklang.

In der Liebe und in der Freundschaft fließen unsere Gefühle und Bedürfnisse zusammen. Sie bilden eine Einheit und erschaffen Neues. Es ist, wie wenn Töne sich vereinigen.

155 **Ho theos etemne tous anthropous dicha, hosper hoi ta oa temnontes.** (Platon, Symposion, 190d)

Der Gott zerschnitt die Menschen in zwei Teile, so wie man Früchte zerteilt.

Der Mythos sagt, die beiden Geschlechter seien zuerst vereinigt gewesen, doch der Gott habe sie in zwei Teile getrennt. Seither sehnen sich beide nacheinander und nach der Liebe.

156 **Hekastos oun hemon estin anthropou symbolon, hate tetmemenos.** (Platon, Symposion, 191d)

Jeder von uns ist nur ein Teil des Menschen, weil wir zertrennt wurden.

Erst in der erotischen und sexuellen Liebe werden wir wieder ganz, wir nähern uns für kurze Zeit der ursprünglichen Einheit der Geschlechter.

157 **Phemi oun ego panthon theon eudaimonon onton Erota eudaimonestaton einai auton.** (Platon, Symposion, 195a)

Ich sage, dass der Gott Eros von allen Göttern der glücklichste sei.

Denn der wilde Gott der Liebe treibt die Geschlechter zur sinnlichen Liebe und zur körperlichen Vereinigung an. Aus ihnen kommt uns das größte Glück zu.

158 **Aschemosyne gar kai eroti pros allelous aei polemos.** (Platon, Symposion, 196a)

Das Übel und die Liebe sind immer im Krieg gegeneinander.

Liebende wollen einander nichts Böses tun. Doch wenn sie es tun, zerstören sie die Liebe. Immer müssen wir uns entscheiden, wem wir im Leben den Vorzug geben wollen.

159 **Eroti pan hyperetei.** (Platon, Symposion, 196c)

Dem Gott Eros dienen alle freiwillig.

Der Gott Eros herrscht über alle Lebewesen, doch wir Menschen haben das Gefühl, dass wir ihm freiwillig dienen. Denn immer suchen wir das Glück der Liebe.

160 **Kraton de hedonon kai epithymion ho Eros diapherontos an sophronoi.** (Platon, Symposion, 196c)

Wenn Eros über die Lüste und Begierden herrscht, dann ist er besonnen.

Das Gefühl der Liebe und der Hingabe kann alle sinnlichen Begierden lenken, dann verbindet sich körperliche Lust mit Weisheit und Besonnenheit. Denn Liebe ist die höchste Weisheit unseres Lebens.

161 **Ek tou eran ton kalon panta agatha gegone kai theois kai anthropois.** (Platon, Symposion, 197b)

Aus der Liebe zum Schönen ist bei den Göttern und bei den Menschen alles Gute geworden.

Weil uns das Schöne fasziniert, werden wir fähig, einander Schönes und Gutes zu tun. Weil wir geliebt werden wollen, beginnen wir zu lieben.

162 **He glossa oun hypescheto, he de phren ou.** (Platon, Symposion, 199a)

Die Zunge hat etwas versprochen, der Verstand aber nicht.

Wir können vieles mit Worten versprechen, was wir mit unserem Herzen und Verstand gar nicht wollen. Wir wollen den Mitmenschen gefallen und werden zu Lügnern.

163 **Allo ti estin ho Eros proton men tinon.** (Platon, Symposion, 200e)

Der Eros ist immer die Liebe zu etwas.

Unsere Liebe ist immer konkret, wir können nicht das Allgemeine lieben. Philosophen laufen Gefahr, in ihre Ideen und nicht in Mitmenschen verliebt zu sein.

164 **Kai gar estin to eraston to to onti kalon kai habron kai teleon kai makariston.** (Platon, Symposion, 204c)

Denn das Liebenswerte ist das Schöne, das Zarte, das Vollendete, das Selige.

Wir erleben alles, was wir lieben, als schön und wunderbar. Mit unseren emotionalen und mentalen Kräften verwandeln wir unseren Liebespartner zum größten Schatz.

165 **To de ge eron allen idean toiauten echon.** (Platon, Symposion, 204c)

Denn das Liebende hat ein anderes Wesen gewonnen.

Die Liebe verwandelt unser Selbstgefühl und unser Bewusstsein, wir werden kurzzeitig andere Menschen. Wir begegnen dem Größeren und Stärkeren, dem Göttlichen.

166 **He gar andros kai gynaikos synousia tokos estin.** (Platon, Symposion, 206c)

Die Verbindung der Männer und der Frauen zielt auf Zeugung und Geburt.

Aus der Vereinigung der Geschlechter soll neues Leben entstehen, in ihnen ist die Urkraft der Schöpfung wirksam. Sie verbindet sich mit Liebe und Hingabe.

167 **Thneton athanasias metechei.** (Platon, Symposion, 208b)

Das Sterbliche hat an der Unsterblichkeit einen Anteil.

In der Erfahrung der Liebe und in der Kraft unseres Denkens rühren wir an Unvergängliches. Dies können wir nicht beweisen, aber wir haben das starke Gefühl, dass dies so sein könnte.

168 **Athanasias gar charin panti aute he spoude kai ho eros hepetai.** (Platon, Symposion, 208b)

Wegen der Unsterblichkeit erleben wir
die Sehnsucht und die Liebe.

Platon glaubte, dass unsere Sehnsucht und Liebe auf die ewigen und göttlichen Ideen ausgerichtet seien. Weil diese unvergänglich sind, bleibt unsere Liebe bestehen.

169 **Dio de ego phemi, chrenai panta andra ton Erota timan.** (Platon, Symposion, 212b)

Daher sage ich, es soll jeder Mensch
den Eros ehren und fürchten.

Der Mythos vermutet hinter der Urkraft des Eros etwas Göttliches und Heiliges. Folglich soll unter uns Menschen erotische Liebe nie banal und beliebig werden.

170 **He toi tes dianoias opsis archetai oxy blepein, hotan he ton ommaton tes akmes legein epicheire.** (Platon, Symposion, 219a)

Das Auge des Geistes fängt erst dann scharf zu sehen
an, wenn das leibliche Auge an Sehkraft verliert.

Wir haben die Möglichkeit, im Alter an Lebensweisheit und Besonnenheit zu wachsen. Doch nur wenige Menschen machen davon Gebrauch.

171 **To dedienai ara kai deei andreioi eisin pantes plen hoi philosophoi.** (Platon, Phaidon, 68d)

Aus Furcht sind alle tapfer, außer denjenigen,
welche die Weisheit lieben.

Die nach Weisheit streben, üben sich in der Tapferkeit in allen Lebenssituationen. Denn sie wollen die Gerechtigkeit verteidigen und nicht ihre eigenen Besitzstände.

172 **Kaitoi kalousin ge akolasian to hypo ton hedonon archesthai.** (Platon, Phaidon, 69a)

Von den Lüsten beherrscht zu werden,
nennt man die Zügellosigkeit.

Philosophen streben danach, ihre sinnlichen Triebe und Bedürfnisse mit klarem Verstand zu lenken und immer die Folgen der sinnlichen Lust zu bedenken.

173 **Touto pepeisthai auton, hoti prin genesthai hemas en hemon he psyche.** (Platon, Phaidon, 77b)

Er ist davon überzeugt, dass die Seele
vor uns geboren wurde.

Wenn unsere Seelenkraft den Tod unseres Körpers überdauert, dann ist die Annahme sinnvoll, dass sie schon vor unserem Körper existiert hat und geschaffen wurde.

174 **Touton oun peiro metapeithein me dedienai ton thanaton hosper ta mormolykeia.** (Platon, Phaidon, 77c)

Ich will ihn überzeugen, dass wir den Tod
nicht wie ein Gespenst fürchten müssen.

Die Philosophie will dazu beitragen, dass die Menschen den Tod nicht fürchten, sondern ihn als ein Ereignis der Natur anzunehmen bereit werden. Dies ist die Kunst des guten Sterbens.

175 **Homoioteron ara psyche somatos esti to aeidei.** (Platon, Phaidon, 79c)

Die Seele ist dem Unsichtbaren ähnlicher als der Leib.

Platon ging von einer unsichtbaren Welt der ewigen Ideen aus, die vor allem Werdenden und Vergänglichen existierte. Allein die Seele weiß um diese Welt des Bleibenden.

176 **Gignetai de ek tou autou tropou misologia te kai misanthropia.** (Platon, Phaidon, 89d)

Die Lüge entsteht auf ähnliche Weise
wie die Menschenfeindlichkeit.

Immer sind es unsere inneren Einstellungen und Wertungen, die uns zur Lüge oder zum Menschenhass verführen. Beides können wir verändern, wenn wir wollen.

177 **Kai gar de kai poly meizon kindynos en te ton mathematon ede one e en te ton sition.** (Platon, Protagoras, 314a)

Größer ist die Gefahr beim Erwerb von
Wissen als beim Einkauf von Speisen.

Platon warnt vor philosophischen Lehrern, welche den Mitmenschen gegen Geld fast Beliebiges lehren, was sie gerne hören wollen. Dabei gibt es keine neue Erkenntnis und Einsicht.

178 **Epeide de ho anthropos theias metesche moiras.** (Platon, Protagoras, 322a)

Nun hatte der Mensch am göttlichen
Schicksal Anteil bekommen.

Durch die Denkkraft der Seele ist Göttliches in den Menschen gekommen, dieses aber ist unvergänglich. Für die Inhalte unseres Denkens tragen wir Verantwortung.

179 **Pas gar ho bios tou anthropou eurhythmias te kai euarmostias deitai.** (Platon, Protagoras, 326b)

Jeder Mensch braucht den rechten
Rhythmus und Gleichklang.

Die Philosophen wollen das gute Fließen des Lebens lernen, indem sie nach wahrer Erkenntnis und nach der gelebten Tugend streben.

180 **Ten areten phes didakton einai.** (Platon, Protagoras, 329b)

Du sagst, die Tugend sei lehrbar.

Schon der Lehrer Sokrates war der festen Überzeugung, dass alle Menschen das gute und verantwortliche Leben lernen können, wenn sie dazu angeleitet werden.

181 **Oukoun hen an eie he sophrosyne kai he sophia.** (Platon, Protagoras, 333b)

So sind wohl die Besonnenheit und die Weisheit eines.

Die Besonnenheit lernen wir, indem wir die Dinge des Lebens richtig erkennen und einschätzen. So können weise Menschen in allen Situationen bestehen.

182 **Houto de poikilon ti estin to agathon kai pantodapon.** (Platon, Protagoras, 334b)

So ist das Gute etwas Schillerndes, und es verwandelt sich immer.

Die Gegner Platons glaubten, das Gute wandle sich in jeder Lebenssituation, es sei nicht beständig. Doch dem widerspricht der Schüler des Sokrates heftig.

183 **Tes gar aretes emprosthen tous theous hidrota theinai.** (Platon, Protagoras, 340d)

Denn vor die Tugend haben die Götter den Schweiß gestellt.

Es ist harte Arbeit an sich selber und kostet viel Überwindung, die soziale Tugend der Gerechtigkeit und der Verantwortung zu lernen.

184 **O anthropoi, chalepon esthlon emmenai.** (Platon, Protagoras 344a)

O Menschen, es ist sehr schwer, tugendhaft zu leben.

Denn die soziale Tugend bedeutet, in allen Situationen die Gerechtigkeit zu suchen, die Schwächeren zu verteidigen, die Übeltäter zu bestrafen.

185 **Andra de ouk me ou kakon emmenai, hon an amechanos symphora kathele.** (Platon, Protagoras, 344c)

Dem Menschen ist es unmöglich, nicht böse zu sein,
wenn ihn ein schweres Schicksal niederwirft.

Viele Menschen in Notlagen versuchen mit allen Mitteln, ihre Not zu beenden. Dabei versuchen sie es oft mit Lüge und Gewalt, wenn sie dazu die Möglichkeit haben.

186 **Oukoun nosous poiounta anias poiei, kai penias poiounta anias poei.** (Platon, Protagoras, 353e)

Was die Krankheit uns bringt, erzeugt Unlust,
und was die Armut bringt, erzeugt Schmerz.

Sowohl die Krankheit als auch die Armut haben immer mit Leiden zu tun. Deswegen tun vernünftige Menschen alles, um sie zu vermeiden.

187 **Oukoun ten men hedonen diokete hos agathon on, ten de lypen pheugete hos kakon.** (Platon, Protagoras, 354c)

Ihr jagt nach der Lust als dem Guten und
flieht vor der Unlust als dem Bösen.

Für Platon ist das moralisch Gute viel mehr als das Erleben von sinnlicher Lust, es hat mit inneren Einstellungen und Wertungen, aber auch mit Erkenntnis zu tun.

188 **Ei pe echete allo ti phanai einai to agathon e ten hedonen, e to kakon allo ti e ten anian.** (Platon, Protagoras, 355a)

Ihr wisst, das Gute ist noch etwas anderes als Lust,
und das Böse ist noch etwas anderes als Unlust.

Eine rein hedonistische Ethik ist in keiner Stadt und Gesellschaft ausreichend, sie bliebe dem subjektiven Lustempfinden verbunden. Es gibt darüber hinaus bleibende moralische Werte.

189 **Hoti gignoskon ho anthropos ta kaka hoti kaka estin, homos auta poiei.** (Platon, Protagoras, 355c)

Der Mensch erkennt das Böse als böse und tut es trotzdem.

Die Erkenntnis des Bösen reicht noch nicht aus, es nicht zu tun. Es muss die innere Einstellung und Entscheidung dazukommen, das Böse unbedingt meiden zu wollen.

190 **Ean men gar hedea pros hedea histes, ta meizo aei kai pleio lyptea.** (Platon, Protagoras, 356b)

Wenn du das Lustvolle mit dem Lustvollen abwägst, musst du immer das Größere und Stärkere nehmen.

Nun bringt uns aber die stärkere Lust nicht immer den größeren Vorteil im Leben. Wir müssen unsere praktische Vernunft einsetzen, um das Gute zu erkennen.

191 **Epeide de hedones te kai lypes en orthe te hairesei ephane hemin he soteria tou biou ousa.** (Platon, Protagoras, 357a)

Es zeigt sich, dass das Glück des Lebens in der richtigen Auswahl von Lust und Unlust liegt.

Ich muss immer auch Unlust und Schmerz auf mich nehmen, um auch in Zukunft langfristig sinnliche Lust erleben zu können. Die Weisheit besteht in der richtigen Abwägung.

192 **Kai to kalon ergon agathon te kai ophelimon.** (Platon, Protagoras 358b)

Ist nicht jedes schöne Werk auch gut und nützlich?

Für Platon fallen das Gute und das Schöne im Bereich der ewigen Ideen zusammen. Jede gute und nützliche Tat hat an der ewigen Uridee des Guten ihren Anteil.

193 **To de kindyneusei, o andres, to onti ho theos sophos einai.** (Platon, Apologia, 23a)

Ihr Männer, es scheint mir der Gott weise zu sein.

Die höchste Weisheit liegt für die Schüler Platons in der göttlichen Welt, wo die ewigen und unwandelbaren Ideen existieren. Sie prägen unsere kleine Menschenweisheit.

194 **Heuriskousin pollen aphthonian oiomenon men eidenai ti anthropon, eidoton de oliga e ouden.** (Platon, Apologia, 23c)

Es glauben die meisten Menschen etwas zu wissen, und sie wissen doch nur wenig oder gar nichts.

Sokrates soll gelehrt haben, dass unser Streben nach dem Wissen erst mit der Erkenntnis unseres Nichtwissens beginnen könne. Wir bleiben immer hinter dem Möglichen zurück.

195 **Dokein gar eidenai estin ha ouk oiden.** (Platon, Apologia, 23c)

Es ist Täuschung, etwas zu wissen, was man nicht weiß.

Wir täuschen uns vielmals im Leben und fahren gut damit. Denn im Licht späterer Erkenntnis beruhten viele der alten Lebensorientierungen auf Fehlannahmen.

196 **Oide men gar oudeis ton thanaton, oude ei tynchanei to anthropo panton megiston on ton agathon.** (Platon, Apologia, 29a)

Niemand weiß, was der Tod ist und ob er für uns Menschen das größte aller Güter sei.

Der natürliche Tod des Körpers gehört zu unserem Lebensschicksal, folglich ist er nicht böse. Wir wissen nicht, was die Seele nach dem Tod erleben wird.

197 **Dediasi ton thanaton hos eu eidotes hoti megiston ton kakon estin.** (Platon, Apologia, 29b)

Viele fürchten den Tod, als ob sie sicher wüssten, dass er das größte Übel sei.

Es gehört zur Aufgabe der Philosophie, den Mitmenschen die Angst vor dem Sterben zu nehmen. Es ist durchaus möglich, den Tod nicht als ein Übel zu sehen.

198 **Ou gar epi touto kathetai ho dikasthes, epi to katacharizesthai ta dikaia, alla epi to krinein tauta.** (Platon, Apologia, 35c)

Nicht dazu ist der Richter eingesetzt, das Recht zu verschenken, er muss es beurteilen.

Richter der Stadt dürfen nicht bestechlich sein, denn das Recht ist eine feste Größe im Zusammenleben der Menschen. Nur durch Vernunft kann es gefunden werden.

199 **Ei de au hoion apodemesai estin ho thanatos enthende eis allon topon.** (Platon, Apologia, 40e)

So ist der Tod eine Auswanderung von hier zu einem anderen Ort.

Die Schüler der Weisheit glauben, dass beim Tod des Körpers die unsterbliche Seelenkraft an einen anderen Ort auswandert, wo sie glücklich weiterlebt.

200 **Touto dianoeisthai alethes hoti ouk estin andri agatho kakon ouden oute zonti oute teleutesanti.** (Platon, Apologia, 41d)

Es ist offensichtlich, dass es für den guten Menschen kein Übel gibt, weder im Leben, noch im Tod.

Der moralisch gute Mensch blickt auf die ewige Idee des Guten und Schönen und findet dort sein Lebensglück. Er ist im Ewigen verankert, Vergänglichkeit berührt ihn nicht mehr.

201 **Alla gar ede hora apienai, emoi men apothanoumeno, hymin de biosomenois.** (Platon, Apologia, 42a)

Jetzt ist es Zeit zum Gehen, für mich, um zu sterben, für euch, um zu leben.

Diese Worte soll Sokrates vor seinem Tod gesprochen haben, als er den Giftbecher trank. Die Schüler der Weisheit gehen auseinander, aber sie bleiben miteinander verbunden.

202 **Kai ton me peithomenon triche phamen adikein.** (Platon, Kriton, 51e)

Wer den Gesetzen nicht gehorcht, tut dreifaches Unrecht, sagt man.

Das Unrecht des Gesetzesbrechers richtet sich gegen die Mitmenschen, gegen sich selbst und gegen die Gottheit. Das Recht aber ist die Grundlage jeder Stadt.

203 **Ego de andreias men kai promethias pany tisis oligois homai meteinai.** (Platon, Laches, 197b)

Denn Tapferkeit und Weisheit finden sich nur bei wenigen vereinigt.

Tapferkeit ist die Tugend der Krieger und Wächter, Weisheit aber ist das Ziel der Philosophen. Beide aber kommen in der Stadt selten zusammen.

204 **Oukoun koina ge philon legetai.** (Platon, Lysis, 270c)

Man sagt, den Freunden sei alles gemeinsam.

Es gab in der Antike Freundeskreise und Philosophenschulen, die ihren Besitz gemeinsam verwalteten. Doch Freunde teilen vor allem ihre Gedanken und Gefühle miteinander.

205 **Pampollous ara soi despotas kai archontas hekon ho pater ephistesin.** (Platon, Lysis, 208d)

Gar viele Lenker und Herren gibt dir der Vater mit Bedacht.

Ein menschlicher wie ein göttlicher Vater geben ihren Kindern viele lenkende Personen mit auf den Weg. Zuletzt aber soll die aufrechte Vernunft unser Leben leiten.

206 **Ean men ara sophos gene, o pai, pantes soi philoi kai pantes soi oikeioi esontai.** (Platon, Lysis, 210d)

Wenn du weise bist, mein Kind, dann werden dir alle freundlich zugetan sein.

Hier wird vorausgesetzt, dass der weise Mensch mit allen Menschen gut auskommen kann. Dies ist aber dann nicht der Fall, wenn Übeltäter ihm böse nachstellen.

207 **Nyn de an me amphoteroi philosin, oudeteros philos.** (Platon, Lysis, 212d)

Wenn nicht beide lieben, ist keiner ein Freund.

Auch wir verstehen gut, dass Freundschaft immer eine wechselseitige Beziehung ist. Wenn einer immer nur nimmt und nichts gibt, ist das Glück nicht möglich.

208 **Ouk ara estin philon to philounti ouden me ouk antiphiloun.** (Platon, Lysis, 212d)

Der Liebende liebt keinen, der ihn nicht liebt.

Weise Menschen gehen mit ihrer Liebe sparsam um, sie achten darauf, ob auch sie geliebt werden. Denn jede einseitige Beziehung ist verletzend und gestört.

209 **Ho homoios to homoio katha hoson homoios philos.** (Platon, Lysis, 214e)

Das Ähnliche ist dem Ähnlichen ein Freund aufgrund der Ähnlichkeit.

Wir sagen, Gleiches ziehe Gleiches an und Ungleiches stoße sich ab. In der Freundschaft benötigen wir ähnliche Einstellungen und Wertungen.

210 **Ton gar peneta to plousio anankazesthai philon einai kai ton asthene to ischyro.** (Platon, Lysis, 215d)

Der Reiche sei des Armen Freund, der Gesunde sei dem Kranken nahe.

Dies ist ein guter Wunsch, der nur schwer zu verwirklichen ist. Doch wo dies tatsächlich gelingt, gibt es keine Armut, und Krankheit wird erträglich.

211 **Ou gar an pou to kako philon an ti genoito.** (Platon, Lysis, 216e)

Dem Bösen kann doch nichts ein Freund sein.

Es ist die Frage, ob Übeltäter und Verbrecher einander tatsächlich Freunde sein können. Denn Freunde tragen bewusst Verantwortung für das Leben ihrer Partner.

212 **Soma de ge pou kata to soma einai oute agathon oute kakon.** (Platon, Lysis, 217b)

Der Körper ist als Körper weder gut noch böse.

Das moralisch Gute oder Böse erzeugen wir erst mit den Kräften unserer Seele, mit unseren Gedanken, Wünschen, Entscheidungen und Taten. Tiere sind moralisch weder gut noch böse.

213 **Ho kamnon tou iatrou philos.** (Platon, Lysis, 218e)

Der Kranke ist dem Arzt ein Freund.

Der Spruch meint nur, dass die Ärzte von den Kranken leben. Freilich wäre es für diese ein Vorteil, wenn die Ärzte ihnen freundschaftlich zugetan wären. Doch dies ist kaum der Fall.

214 **Ei gar meden hemas eti blaptoi, ouden an oudemias ophelias deoimetha.** (Platon, Lysis, 220c)

Wenn uns nichts mehr schadet,
brauchen wir keine Hilfe mehr.

Wenn die kranken und schwachen Menschen ihre Lebenskraft wieder gewonnen haben, brauchen sie nicht die Hilfe des Arztes und anderer heilender Personen.

215 **Nosematos de me ontos ouden dei pharmakou.** (Platon, Lysis, 220d)

Wenn keine Krankheit mehr da ist,
brauchen wir keine Arznei.

Ein gesunder Mensch soll nicht zum Arzt gehen, wir können uns Kranksein auch einbilden. Ein starker Mensch soll nicht dauernd nach einem Helfer rufen.

216 **Ho gar adikos to adiko kai ho kakos to kako ouden etton philos estai e ho agathos to agatho.** (Platon, Lysis, 222d)

So ist der Ungerechte dem Ungerechten
und der Böse dem Bösen nicht weniger ein
Freund als es der Gute dem Guten ist.

Wir sagen, Gleiches geselle sich und halte zusammen. Doch wahre Freundschaft ist nur unter moralisch guten und aufrechten Menschen möglich. Übeltäter und Verbrecher bilden Zweckbündnisse.

217 **Hoti sophrosyne eie to ta heautou prattein.** (Platon, Charmides, 163a)

Besonnenheit besteht darin, dass jeder das Seine tut.

In der Gemeinschaft und im Staat muss jeder Bürger seine ihm zugeteilte Aufgabe erfüllen. Denn dann denkt er an das Ganze und Gemeinsame, nicht allein an sich selbst.

4

Weisheitssprüche der Vorsokratiker

Gemeint sind damit die frühen Philosophen, die vor Sokrates gelebt und gelehrt haben. Mit ihnen beginnt die griechische Philosophie historisch fassbar im 6. Jh. v. C. Diese Denker fragen zum einen nach den Anfängen der Welt, zum andern nach dem guten und glücklichen Leben. Sie wenden sich schrittweise von der mythischen Weltdeutung der Priester ab und fragen nach den natürlichen Ursachen und Zusammenhängen in der Welt. So glaubten die frühen Naturphilosophen, dass die Menschenwelt und der Kosmos aus einem oder aus mehreren Urstoffen geworden seien und dass sie durch unsichtbare Kräfte bewegt werden. Deutlich wird zwischen dem Vergänglichen und dem Bleibenden unterschieden, es wird über das eine Seiende nachgedacht. Diese Denker haben uns fragmentarisch wertvolle Einsichten in die frühe Naturerkenntnis und in die Moralphilosophie übermittelt. Einige der wichtigen Texte werden hier ausgewählt.

1 **Didonai gar auta diken kai tisin allelois tes adikias.** (Anaximander, Fragment)

Die Dinge zahlen einander Sühne und Wiedergutmachung.

Dieser älteste Satz der griechischen Philosophie ist schwer deutbar. Wahrscheinlich meint er, dass die Dinge und Lebewesen Schuld auf sich laden, weil sie einander aus dem Leben verdrängen.

2 **Panta rhei, panta chorei.** (Heraklit)

Alles fließt und alles ist in Bewegung.

So wie das Wasser im Bach immer in Bewegung ist, so sind alle Dinge, Lebewesen und Erscheinungen in der Welt immer in Veränderung begriffen. Nichts bleibt, wie es ist.

3 **Sophon estin hen panta einai.** (Heraklit)

Es ist weise zu sehen, dass alles eine Einheit bildet.

Für den frühen Naturbeobachter in Ephesos bildet der ganze Kosmos eine wunderbare Einheit. Die Menschen und die Erde sind von den Gestirnen abhängig.

4 **Ek panton hen kai ex henos panta.** (Heraklit)

Aus allen Dingen wird die Einheit, und aus der Einheit werden die vielen Dinge.

Der weise Lehrer aus Ephesos ist davon überzeugt, dass die Einheit und die Vielheit immer in einem Wechselverhältnis miteinander ringen. Er erinnert an den Mythos der Kultsänger.

5 **Ho theos hemere euphrone, cheimon theros, polemos eirene, koros limos.** (Heraklit)

Der Gott ist Tag und Nacht, Winter und Sommer, Krieg und Frieden, Sattheit und Hunger.

Es ist die eine Gottheit, die alle Gegensätze und Gegenkräfte unseres Lebens zu einer Einheit umschließt. In ihr fallen alle einander widerstrebenden Kräfte zusammen.

6 **Harmonin aphanes phaneres kreitton.** (Heraklit)

Eine unsichtbare Bindung ist stärker als ein sichtbares Band.

Heraklit glaubte an unsichtbare Kräfte und Wesen, an die wir Menschen gebunden sind. Ihnen können wir nicht entkommen, auch wenn menschliche Bindungen zerreißen.

7 **Physis kryptesthai philei.** (Heraklit)

Die Natur liebt es, sich zu verbergen.

Es ist für den Naturbeobachter sehr schwierig, die Gesetze der Natur zu erkunden, denn sie sind unserem Auge verborgen. Doch Neugier und Eifer öffnen uns langsam die Augen für das Versteckte.

8 **Eidenai chre ton polemon eonta xynon, kai oliken erin, kai ginomena panta kata erin kai chreon.** (Heraklit)

Wir wissen, dass der Kampf allgemein ist
wie das Recht und der Streit, denn alle Dinge
entstehen durch Streit und Notwendigkeit.

Der „dunkle" Philosoph aus Ephesos glaubte, dass alle Dinge, Körper und Lebewesen durch den Kampf der gegensätzlichen Kräfte entstehen und dann wieder vergehen.

9 **Polemos panton men pater estin.** (Heraklit)

Der Streit ist der Vater von allem.

Weil alle gegensätzlichen Kräfte miteinander ringen, bilden sie Neues nach den Gesetzen der Notwendigkeit. Ohne den Kampf kann nichts werden und entstehen.

10 **Polemos panton de basileus, kai tous men theous edeixe, tous de anthropous, tous men doulous epoiese, tous de eleutherous.** (Heraklit)

Der Streit macht die einen zu Königen, die
anderen zu Göttern, die einen zu Menschen,
die anderen zu Sklaven und zu Freien.

Der Krieg schuf die soziale Ordnung in der Stadt und im Staat, aus den Helden wurden Götter, die Sieger wurden Herrscher, die Verlierer zu Sklaven.

11 **Ta de panta oiakizei keraunos.** (Heraklit)

Alle Dinge werden vom Blitz gelenkt.

Der Blitz war für Heraklit die stärkste und umheimlichste Kraft in der Natur, die Mythenerzähler sahen im Blitzstrahl die Erscheinung des Göttlichen.

12 **Kosmon ton de ton auton hapanton oute tis theon oute anthropon epoiesen, all' en aei kai estin kai estai pyr aeizoon, haptomenon metra kai aposbennymenon metra.** (Heraklit)

Diese Weltordnung hat kein Gott, noch einer der Menschen geschaffen, sondern sie war immerdar und ist und wird sein ein ewiges Feuer, nach Maßen erglimmend und nach Maßen erlöschend.

Im Kosmos wird ein ewig brennendes Feuer angenommen, das den Gestirnen und der Erde die Form gibt und sie wieder auflöst. Wir erkennen Ansätze einer vernünftigen Kosmosdeutung.

13 **Pyros tropai proton thalassa, thalasses de to men hemisy ge to de hemisy prester.** (Heraklit)

Das Feuer verwandelt sich in das Meer, dieses wird halb zur Erde und halb zum Feuer.

Heraklit glaubte, dass die Urelemente des Kosmos ineinander übergehen können. Alles sei aus dem Feuer geworden und werde zu diesem zurückkehren.

14 **Helios ouch hyperbesetai metra.** (Heraklit)

Die Sonne überschreitet nie ihre Maße.

In den frühen Kulturen hatten die Menschen vor der Sonne Angst, denn sie konnte alles verbrennen. Heraklit will mit seiner Einsicht die Mitmenschen beruhigen.

15 **Hen to sophon epistasthai gnomen, hoke kybernatai panta dia panton.** (Heraklit)

Die Weisheit ist eine einzige, wir können erkennen, wie alles durch alles bewegt wird.

Im Kosmos gibt es ein einziges Weltgesetz, das wir Menschen erkennen können. Es gibt keine monokausale Bewegungskraft, denn alles wirkt aufeinander.

16 **Edizesamen hemeauton.** (Heraklit)

Ich habe mich selbst gesucht.

Der Philosoph will sich selbst besser verstehen und beginnt, die gesamte Natur genau zu beobachten und zu erforschen. Denn wir Menschen sind kleine Teile des gewaltigen Kosmos.

17 **Ethos anthropou daimon.** (Heraklit)

Der Charakter eines Menschen ist sein Daimon.

Im mythischen Weltbild ist der Daimon die unsichtbare Kraft, die in jedem Menschen wirkt. Er formt das Denken, die Gefühle und den Charakter eines Erdenbürgers.

18 **Hybrin chre sbennynai malla e pyrkaien.** (Heraklit)

Den Stolz musst du dringlicher löschen als den Feuerbrand.

Der Stolz der einzelnen Bewohner zerstört in der Stadt viel mehr, als ein Feuer verbrennen kann. Weise Menschen versuchen, die Überheblichkeit zu bezähmen.

19 **Machesthai chre ton demon hyper tou nomou hokosper teicheos.** (Heraklit)

Für seine Gesetze und Stadtmauern muss das Volk kämpfen.

Eine Stadt wird durch weise Gesetze und durch starke Mauern vor Feinden geschützt. Ohne gerechte Gesetze nützen die stärksten Mauern nichts.

20 **Poly mathein noon echei ou didaskei.** (Pythagoras)

Viele Dinge zu wissen, bedeutet noch nicht, sie zu verstehen.

Dieser Lehrer einer alten Schule der Lebensweisheit unterscheidet deutlich zwischen dem Wissen von Sachverhalten und dem Verstehen ihrer Gesetzmäßigkeiten.

21 **Hoti koina ta ton philon.** (Euripides)

Denn was Freunden gehört, ist allen gemeinsam.

In der Schule des Pythagoras hatten Schüler und Lehrer alles gemeinsam, sie waren durch das Band der Freundschaft miteinander verbunden. Auch Frauen waren daran beteiligt.

22 **Mede geusesthe hatta an entos tes trapezes katabese.** (Pythagoras)

Kostet nicht von dem, was in die Mitte des Tisches fällt.

Die Schule des Pythagoras überlieferte viele Sinnsprüche, deren Bedeutung nur den Mitgliedern zugänglich war. Daher können wir sie nicht eindeutig entschlüsseln.

23 **Me kardian esthien.** (Pythagoras)

Kein Herz essen.

Der Spruch könnte bedeuten, man soll sich nicht selbst betrügen und täuschen. Doch die Schüler dieses Lehrers aßen kein Fleisch, sie lebten vegetarisch.

24 **Mede epi choinikos kathezesthai.** (Pythagoras)

Nicht auf dem Getreideberg sitzen.

Der Spruch kann bedeuten, man solle sich nicht auf Veränderliches und Bewegliches verlassen. Denn das Bleibende in der ganzen Natur sind allein die Zahlen.

25 **Mede apodemounta epistrephesthai.** (Pythagoras)

Wenn du weg gehst, dann schau dich nicht mehr um.

Im mythischen Weltbild wurde durch das Umsehen ein böses Schicksal befürchtet. Für Pythagoras meinte der Spruch wohl, man solle nicht am Leben hängen, wenn es auf den Tod zugeht.

26 **Ti to sophoteron? Arithmos.** (Pythagoras)

Was ist die höchste Weisheit? Die Zahl.

Alles Wissen um die Natur, den Kosmos und das Leben fließt im Verhältnis der Zahlen zusammen. Sie sind das Grundgesetz des ganzen Kosmos und der Menschenwelt.

27 **Ti sophodaton tou para hemin? Iatrike.** (Pythagoras)

Was ist die höchste Weisheit in unseren Händen? Die Medizin.

Alles Wissen über die Natur, das wir uns aneignen, soll dazu dienen, die Schmerzen, die Krankheit und das Leiden zu verringern. Auch Medizin braucht die Zahlen.

28 **Ti kalliston? Harmonia.** (Pythagoras)

Was ist das Schönste? Der Gleichklang.

Damit wir Menschen Schönes erleben können, brauchen wir die Gemeinschaft von Freunden und den Gleichklang der Gefühle, der Gedanken und der Strebungen.

29 **Ti kratiston? Gnome.** (Pythagoras)

Was ist das Stärkste? Das Wissen.

Wissen bedeutet Macht über die Natur und über Mitmenschen. Daher strebte diese Schule zum einen nach vermehrtem Wissen, zum anderen nach der Kunst des glücklichen Lebens.

30 **Ti ariston? Eudaimonia.** (Pythagoras)

Was ist das Beste? Die Glückseligkeit.

Die Schüler der Weisheit streben das glückliche Leben an, sie wollen die Angst vor den Kräften der Natur verringern und überwinden, sie streben nach dem moralisch Guten.

31 **Ti de alethestaton? Hoti poneroi hoi anthropoi.** (Pythagoras)

Was ist das Wahrste? Dass alle Menschen mit Leid beladen sind.

Dies ist das Los aller Menschen, dass sie Schweres zu tragen haben. Die Philosophie will ihnen helfen, mit diesen Lasten besser zurechtzukommen und sie zu ertragen.

32 **Proton men hos athanaton einai phesin ten psychen.** (Pythagoras)

Sie sagen, dass die Seele unsterblich sei.

Wie die Orphiker glaubten auch die Pythagoräer an eine unsterbliche Seelenkraft in jedem Menschen, ja in jedem Lebewesen, die den Tod des Körpers überdauert.

33 **Eite metaballousan eis alla gene zoon.** (Pythagoras)

Die Seele verwandelt sich in andere Lebewesen.

Es wurde angenommen, dass die unsterbliche Seelenkraft eines Menschen nach dessen Tod in einem Tier oder in einer Pflanze wiedergeboren werden wird, je nach ihrer moralischen Vollkommenheit.

34 **Pros de toutois hoti kata periodous tinos ta genomena pote palin gigneta.** (Pythagoras)

Sie sagen, dass nach gewissen Zeitabschnitten das Gewesene wiederkehrt.

Nach dem mythischen Weltbild bewegt sich die Weltzeit im Kreis, weil der Kreis die vollkommenste Weise der Bewegung sei.

35 **Neon de ouden haplos estin kai panta ta ginomena empsycha homogena dei nomizein.** (Pythagoras)

Sie sagen, dass es nichts völlig Neues gibt und dass alle Lebewesen wieder geboren werden.

Wenn die kosmische Zeit sich im Kreis bewegt, geht kein Ereignis verloren, jedes Geschehen kehrt in einer neuen Gestalt wieder zurück.

36 **Chre to legein te noein te eon emmenai.** (Parmenides)

Was gesagt und gedacht werden kann,
das muss auch existieren.

Parmenides aus der Schule der Eleaten ging von der metaphysischen Annahme aus, dass wir nur Existierendes denken und aussprechen können.

37 **Estin gar einai, meden de ouk estin.** (Parmenides)

Das Seiende ist, das Nichtseiende ist nicht.

Die Metaphysiker erschaffen einen Sammelbegriff für alle existierenden Dinge und Wesen und sehen in ihm die letzte Wirklichkeit dargestellt.

38 **Ou gar mepote touto dame einai me eonta.** (Parmenides)

Niemals können wir Dinge denken, die nicht existieren.

Die Metaphysiker glaubten, dass wir mit unserem Denken die Wirklichkeit abbilden. Dass wir imaginäre Welten denken können, galt ihnen als unmöglich.

39 **Oude pote en oude estai, epei nyn estin homou pan, hen, syneches.** (Parmenides)

Niemals kann das Sein nicht sein, denn es
ist das Ganze und eines und ewig.

Der alles umfassende Begriff des Seins ist zwar inhaltlich völlig leer, doch Metaphysiker sehen in ihm die letzte Wirklichkeit dargestellt.

40 **En oude diaireton estin, epei pan estin homoion.** (Parmenides)

Das Sein ist nicht geteilt und es gleicht allen Dingen.

Alle Dinge und Lebewesen haben an dem einen Sein ihren Anteil, sofern sie existieren. Dieses verwirklicht sich in vielen Formen und Gestalten.

41 **Kai houtos apeira ta onta esti.** (Zenon von Elea)

Die Zahl der seienden Dinge ist unbegrenzt.

Alle seienden Dinge und Lebewesen, alle Formen und Gestalten, werden mit dem Begriff des Seins zusammengefasst. Dieses gilt als die letzte Urwirklichkeit des Kosmos.

42 **Tessara gar panton rhizomata proton akoue.** (Empedokles von Agrigent)

Höre, vier Wurzeln gibt es, aus denen
alle Dinge geworden sind.

Dieser Naturphilosoph war davon überzeugt, dass der ganze Kosmos aus den vier Urelementen Wasser, Feuer, Luft und Erde geworden sei.

43 **Physis oudenos estin hapanton thneton, oude tis oulemenou thanataio teleute.** (Empedokles von Agrigent)

Von allen Dingen gibt es keine Geburt
und keinen absoluten Tod.

Die vier Urelemente vermischen sich ständig neu, dadurch entstehen neue Körper und Lebewesen. Ein absolutes Vergehen oder Ende dieser Elemente gibt es nicht.

44 **Alla monon mixis te diallaxis te migneton estin.** (Empedokles)

Es gibt nur die Vermischung und die Entmischung aller Dinge.

Hier erkennen wir den Ansatz des naturwissenschaftlichen Denkens, nach dem sich alle Körper und Lebewesen aus Grundelementen vermischen und verbinden.

45 **Kai to kosmon homoios echein physin epi te tou neikous nyn kai proteron epi tes philias.** (Empedokles)

Jetzt steht die Welt unter der Herrschaft des Streites,
früher war sie unter der Herrschaft der Liebe.

Empedokles war überzeugt, dass die beiden kosmischen Kräfte Liebe und Hass die ganze Welt bewegen und formen. Wir haben es mit einer anthropomorphen Weltdeutung zu tun.

46 **En panti pantos moira enesti plen nou.** (Anaxagoras)

In allem ist notwendig alles enthalten, außer dem Geist.

Dieser frühe Naturphilosoph hält an der mythischen Weltdeutung fest, dass im Kosmos und in der Welt alles mit allem vermischt sei. Nur der Geist ist nicht in allen Dingen und Lebewesen.

47 **Esti hoisi de kai nous eni.** (Anaxagoras)

Und es gibt Dinge, in denen auch der Geist ist.

Der Geist hat eine ganz andere Qualität als die stofflichen Dinge. Es gibt Dinge und Körper, in denen der Geist ist, etwa der Mensch. Andere Dinge und Körper existieren geistlos.

48 **Alla hosper estin aei, houto kai to megethos apeiron aei chre einai.** (Melissos von Samos)

Wie das eine Sein ewig ist, so muss es
in seiner Größe unbegrenzt sein.

Für den metaphysischen Denker ist das eine Sein sowohl zeitlich als auch räumlich ohne Grenze. Folglich können ständig neue Dinge und Körper in das Sein eintreten.

49 **Archen te kai telos echon ouden oute aidion oute apeiron estin.** (Melissos)

Was einen Anfang und ein Ende hat, kann
nicht ewig und unbegrenzt sein.

Alle Dinge und Körper und Lebewesen haben Anfang und Ende, sie sind begrenzt. Allein das eine Sein ist ohne Grenze der Zeit und des Raumes.

50 **Aei en ho ti en kai aei estai.** (Melissos)

Das Sein war immer und wird immer sein.

Dieser metaphysische Denker war überzeugt, das Sein sei eine uranfängliche und unbegrenzte Kraft, die ständig Neues erzeugt bzw. in das Leben ruft.

51 **Etee de atoma kai kenon.** (Demokrit von Abdera)

Es existieren nur die Atome und der leere Raum.

Dieser Naturphilosoph kam zur Überzeugung, dass alle Körper und Dinge aus kleinsten und nicht mehr teilbaren Einheiten aufgebaut seien. Er gilt als Vordenker einer frühen Atomlehre.

52 **Etoi ouden einai alethes e hemin ge adelon.** (Demokrit)

Entweder sind die Dinge nicht wahr, oder sie sind uns unklar.

Wie die Dinge und Körper wirklich zusammengesetzt sind, können wir immer besser erkennen. Deswegen erforschen wir die Prozesse der Natur immer genauer.

53 **Hoti etee hoion hekaston gignoskein en aporo esti.** (Demokrit)

Denn wie die Dinge wirklich sind, das können wir nicht wissen.

Wir können die Zusammensetzung der Dinge und Körper immer besser erforschen, doch ihr Wesen bleibt uns unerkennbar. Trotzdem drängt es uns, sie besser zu erforschen.

53a **Einai de enious kosmous eremous zoon kai phyton kai pantos hygrou.** (Demokrit)

Es gibt noch andere Welten, aber ganz ohne Tiere, ohne Pflanzen und ohne Wasser.

Dieser Naturphilosoph kann sich außerhalb unseres Kosmos bereits andere Kosmen vorstellen. Diese könnten gänzlich ohne Lebewesen existieren.

54 **Atoma en allois de kouphon einai phesin haplos to lepton.** (Demokrit)

Sie sagen, die Atome seien lautlos, einfach und leicht.

Die kleinsten und unteilbaren Einheiten bewegen sich lautlos im leeren Raum, sie zeigen kaum Gewicht. Aus ihnen baut sich die ganze Welt der Dinge und Körper auf.

55 **Somata baros men ouk echein, kinesthai de kata allelo typian en to apeiro.** (Demokrit)

Die Atome haben kein Gewicht, sie bewegen sich durch den Stoß aneinander.

So wie Sandkörner oder Mehlteilchen aufeinander drücken und sich gegenseitig bewegen, so muss es auch mit den Atomen im leeren Raum sein.

56 **Hen genos kineseos to kata palmon apephainato.** (Demokrit)

Es gibt nur eine Art der Bewegung, nämlich durch den Stoß.

Alles, was sich in der Welt bewegt, muss einmal angestoßen worden sein. Die kleinen Sandkörner bewegen einander durch den Druck und den Stoß.

57 **Aera saphos legei to ex hou panta gignetai ta alla.** (Diogenes von Apollonia)

Die Luft ist es, aus der alle Dinge und Gegenstände werden.

Eine Schule der Naturphilosophen war überzeugt, dass alles in der Welt aus der Luft gebildet werde. Durch Zusammenpressen entstehen harte Körper, durch Verdünnung die weichen Dinge.

5

Volkstümliche Sprichwörter

(neugriechisch)

Die Sprüche der volkstümlichen Weisheit, die in neugriechischer Sprache verfasst sind, geben die Lebenserfahrungen des Volkes durch viele Jahrhunderte hin wieder. Es sind Erfahrungen, Weltdeutungen und Lebensregeln, die sich als nützlich und brauchbar bewährt haben; Erfahrungen von Hirten und Viehzüchtern, von Ackerbauern und Weingärtnern, von Fischern und Jägern, von Bewohnern der Dörfer und der Städte. Diese Sprüche wollen zu einem guten Zusammenleben und zu persönlichem Lebensglück anleiten.

Zur *Transskription* der neugriechischen Texte: Sie orientiert sich am *Langenscheidt-Taschenwörterbuch Neugriechisch-Deutsch, Deutsch-Neugriechisch* von Dr. Heinz F. Wendt, Berlin 2005.

Itha = i; Vita = v; Alpha plus Ypsilon = av; Epsilon plus Ypsilon = ev; Gamma plus Gamma = ng; Gamma plus Kappa = nk; Kappa plus Kappa = nk.

1 **O pseutis kai o klephtis ton proto chrono chairontai.**

Der Lügner und der Dieb freuen sich nur in der ersten Zeit.

Der Vorteil der Lügner und der Diebe ist zumeist nur kurzzeitig, weil ihre Tricks und Vergehen jederzeit aufgedeckt werden können. Nur ehrliche Menschen dürfen sich dauerhaft ihres Besitzes erfreuen.

2 **Apo mikro ki apo trelo mathaineis tin alitheia.**

Vom Kind und vom Verrückten erfährst du die Wahrheit.

Kinder und Narren sind zumeist nicht in der Lage, die komplexen Lügensysteme vieler Erwachsener durchzuhalten. Ihnen trauen wir am ehesten die Wahrheit zu.

3 **Katharos ouranos, astrapes den phovatai.**

Der klare Himmel hat keine Angst vor dem Blitz.

Wir beziehen das Bild auf unsere zwischenmenschlichen Beziehungen und meinen, wenn wir ein reines Gewissen haben, dann brauchen wir uns nicht zu fürchten.

4 **Eipa tin alitheia sto philo mou ki egine echthros mou.**

Ich sagte meinem Freund die Wahrheit,
und er ist mein Feind geworden.

Auch Freunde sagen einander nicht in allen Dingen die volle Wahrheit. Denn in vielen Fällen könnte diese das Ende einer Freundschaft bedeuten.

5 **To psema den zei gia na gerasei.**

Die Lüge lebt nicht, um alt zu werden.

Zumeist sind wir davon überzeugt, dass kleine und größere Lügen uns nur kurzzeitig Vorteile verschaffen. Und wir hoffen, dass sie später kein Gewicht mehr haben werden.

6 **I alitheia erchetai ki otan den tin zitise kaneis.**

Die Wahrheit kommt auch zum Vorschein,
wenn niemand sie sucht.

Dieser Spruch vertraut darauf, dass auf lange Sicht die Wahrheit der Sachverhalte ans Licht kommen wird, wenn die Strategien der Verdeckung nicht mehr greifen.

7 **I alitheia kai to ladi panta vgainoun apo pano.**

Die Wahrheit und das Olivenöl kommen
immer an die Oberfläche.

Auch diese alte Volksweisheit drückt das Vertrauen aus, dass nach langer Zeit die wahren Sachverhalte ans Licht kommen werden, wenn niemand sie mehr zudeckt.

8 **Korakas korakou mati den vgazei.**

Eine Krähe reißt der anderen Krähe kein Auge aus.

So wie die Krähen, so halten auch Berufskollegen zusammen, wenn sie übereinander urteilen sollen. Daher bleiben viele dieser Urteile mangelhaft und ungenügend.

9 **To ena cheri nivei to allo kai ta dyo to prosopo.**

Eine Hand wäscht die andere, und
beide waschen das Gesicht.

Es ist eine uralte Lebenserfahrung, dass viele Menschen bestechlich sind. Im Fall der Bestechung bemühen sich beide Seiten, ihr beschmutztes Gesicht reinzuwaschen.

10 **Dyo gaidaroi malonane se xeno achyrona.**

Nur zwei Esel streiten sich um eine fremde Scheune.

Es ist ziemlich töricht, sich um etwas zu streiten, was einem nicht gehört und vermutlich auch nie gehören wird. Doch manche Menschen streiten äußerst lustvoll.

11 **An den painepseis to spiti sou tha pesei na se plakosei.**

Wenn du deine Familie nicht lobst,
kommst du in die Bredouille.

Es ist nützlich und vernünftig, zur eigenen Familie und Sippe zu stehen und Kritik von außen abzuwehren. Denn wir alle brauchen unsere Bezugsgruppe.

12 **Alitheia choris psemata, phai choris alati.**

Die Wahrheit ohne die Lüge ist wie ein Essen ohne Salz.

Der Spruch sagt, dass wir die reine und volle Wahrheit kaum ertragen, ja, dass uns ein Körnchen Unwahrheit in jedem Diskurs gut tut.

13 **Akouge ta ola kai osa theleis pisteue.**

Wenn du alles hörst, dann wirst du
dieses glauben, was du willst.

Wenn wir in einem Streitfall alle Seiten gehört haben, müssen wir immer noch eine Auswahl treffen, was wir davon glauben wollen bzw. können.

14 **Alla ta matia tou lagou ki alla tis koukouvagias.**

Anders ist der Blick des Hasen, anders der Blick der Eule.

Friedvolle Menschen sehen dich anders an als aggressive Personen, die einem Raubtier gleichen. Wir können nicht umhin, auf Blicke der Mitmenschen genau zu achten.

15 **Min phytroneis ekei pou den se spernoun.**

Du sollst dort nicht wachsen, wo man dich nicht gesät hat.

Wir sollen uns dort nicht einmischen, wo man uns nicht gerufen hat; mischen wir uns nicht in fremde Angelegenheiten ein.

16 **Kylise o tentzeris kai vreke to kapaki.**

Der Kochtopf ist gerollt und hat den Deckel gefunden.

Die beiden Menschen passen zusammen wie der Kochtopf und sein Deckel.

17 **Leipei o gatos, choreuon ta pontikia.**

Fehlt der Kater, dann tanzen die Mäuse.

Wenn die Autoritätspersonen fehlen, dann geraten die Menschen außer Rand und Band.

18 **Lagos ti phteri eseie, kako tou kephaliou tou.**

Wenn der Hase das Farnkraut bewegt, fällt es dem Übeltäter auf den Kopf.

Wenn einer Böses anstellt, dann fällt es irgendwann auf ihn zurück.

19 **Kane to kalo kai richto sto gialo.**

Tu das Gute und streu es in das Meer.

Wenn wir unseren Mitmenschen Gutes tun, dann sollen wir nicht lauthals darüber berichten.

20 **Megalos aniphoros simainei kai megalos katiphoros.**

Ein steiler Aufstieg zeigt einen steilen Abstieg an.

Wer in der sozialen Rangordnung plötzlich nach oben kommt, muss aufpassen, dass er nicht sehr schnell wieder unten ankommt.

21 **Mechri na syrei to na podi, vromaei to allo.**

Bevor der das eine Bein bewegt, fängt das andere schon zu stinken an.

Der Spruch will sagen, dass manche Menschen in ihrem Leben viel zu langsam sind.

22 **Oute phoni, oute akroasi.**

Wo keine Stimme ist, dort sind auch keine Zuhörer.

Wenn wir im Leben von vielen Mitmenschen gehört werden wollen, dann müssen wir uns richtig in Szene setzen.

23 **Min richneis petres sto pigadi pou se drosise.**

Werft nicht Steine in den Brunnen, in dem ihr euch abgekühlt habt.

Viele Menschen beschädigen oder zerstören ihr eigenes Lebensfeld, aus dem sie ihre Kraft bezogen haben.

24 **Mono vouno me vouno den smigei.**

Eine einzige Menge darfst du nicht mit einer anderen Menge vermischen.

Der Spruch sagt, dass man Einzigartiges nicht mit Fremdem vermischen soll.

25 **Molis phygei o echthros, oloi gennaioi ginontai.**

Kaum flieht der Feind, und schon werden alle tapfer.

Wenn gefährliche Situationen zu Ende kommen, dann wollen viele nicht mehr zugeben, dass sie in Angst gelebt haben.

26 **Osoi einai exo apo to choro, polla tragoudia lene.**

Die nicht mittanzen, kennen alle Gesänge.

Die sich mit einer Sache gar nicht befassen, wollen alles besser wissen.

27 **O vregmenos ti vrochi den ti phobatai.**

Wer vom Regen schon nass geworden ist, der fürchtet ihn nicht mehr.

Wenn wir eine bittere Situation schon einmal erlebt haben, dann wird unsere Angst vor ihr geringer.

28 **Otan den paei to vouno ston Moameth, paei o Moameth sto vouno.**

Wenn der Berg nicht zu Muhammad geht, dann kommt Muhammad zum Berg.

Zwei, die zusammenkommen wollen, finden immer einen Weg, um ihr Ziel zu erreichen.

29 **Kathe empodio gia kalo.**

Jedes Hindernis führt zu etwas Schönem.

Indem wir lernen, Hindernisse zu überwinden, entdecken wir unsere wertvollsten Fähigkeiten im Leben.

30 **Opou physasei o anemos.**

Wo es ein Rauschen gibt, dort ist der Wind.

Wo sich in unserem Leben etwas bewegt, dort müssen schöpferische Kräfte am Werk sein.

31 **Poios tha vgalei ta kastana apo ti photia.**

Dieser holt die Kastanien aus dem Feuer.

Immer brauchen wir Mitmenschen, die sich auch an schwierige und gefährliche Aufgaben heranwagen.

32 **Otan chtypiountai dyo stamnia, ena apo ta dyo the na spasei.**

Wenn zwei Krüge zusammenstoßen, wird einer zerbrechen.

Wenn zwei starke Personen aufeinander treffen und sich streiten, wird einer von ihnen verlieren.

33 **O lykos ki an egerase ki epese to malli tou, mite tin gnomi allaxe mite tin orexi tou.**

Auch wenn dem Wolf schon die Haare ausfallen, so ändert er nicht seine Absicht und seinen Appetit.

Böse und feindselige Menschen geben ihr unsoziales Verhalten auch im Alter nicht auf.

34 **O skylos gavgizei ekei pou ton taizoune.**

Ein Hund bellt dort, wo ihn einer füttert.

Feindselige und aggressive Menschen richten ihren Zorn auch gegen Menschen, die ihnen helfen und sie ernähren.

35 **Mikri trypa vouliazei megalo karivi.**

Ein kleines Loch kann ein großes Schiff zum Sinken bringen.

Auch in der Familie, in einer Gemeinschaft oder im Staat können kleine Konflikte das Zusammenleben stören oder unmöglich machen, wenn sie nicht gelöst werden.

36 **Pnigike se mia koutalia nero.**

An einem einzigen Löffel Wasser ist er ertrunken.

Es war eine Kleinigkeit, die ihn zu Fall gebracht hat, er ist unfähig, etwas zu leisten.

37 **Peri orexeos oudeis logos.**

Über den Hunger kann man nicht diskutieren.

Über den Geschmack und den Hunger entscheidet nicht die vernünftige Rede.

38 **Ton perase genies dekatesseris.**

Er hat vierzehn Generationen über ihn hergezogen.

Er hat ihm kräftig die Leviten gelesen.

39 **O mousaphiris kai to psari, tin trite mera vromane.**

Der Gast und der Fisch beginnen am dritten Tag zu stinken.

Die Gastfreundschaft sollte nur kurze Zeit in Anspruch genommen werden, weil sie sonst zu Konflikten führen kann.

40 **Stous typhlous vasilias einai o monophthalmos.**

Unter den Blinden ist der Einäugige ein König.

Unter Menschen mit wenig Fleiß und Begabung liegt das Mittelmaß schon ganz oben.

41 **Mikra limni, megalo psari.**

Je kleiner der Teich, umso größer der Fisch.

In einem kleinen Land gelten schon mittelmäßige Personen als Stars und Helden.

42 **To aima nero den ginetai.**

Aus Blut wird niemals Wasser.

Die Echtheit eines Stoffes kannst du nicht in Frage stellen.

43 **Skylos pou gavgizei den dagkonei.**

Ein Hund, der bellt, wird nicht beißen.

Menschen, die ihren Zorn und Unmut offen äußern, sind für ihre Mitmenschen leichter berechenbar als hinterhältige Personen.

44 **Taxei logous me petracheilia.**

Der verspricht dem Hasen eine Stola.

Es gibt Menschen, die den anderen einfach zu viel versprechen.

45 **To giali ama ragisei den xanakollaei.**

Ein Glas, das schon Sprünge hat,
darfst du nicht mehr kleben.

Was nicht mehr zu retten ist, das müssen wir loslassen.

46 **To ginati vgazei mati.**

Die Sturheit geht ins Auge.

Seelisch und geistig unbewegliche Menschen neigen dazu, sich selbst zu schädigen.

47 **Tou mpikan psylloi sto avtia.**

Jemandem Flöhe in das Ohr setzen.

Wir können unseren Mitmenschen solche Botschaften geben, die sie dann nicht mehr zur Ruhe kommen lassen.

48 **Tria pragmata den kryvontai: o erotas, o vichas, ki o paras.**

Drei Dinge können wir nicht verstehen: die
Erotik, den Husten und das Geld.

Nicht alle unsere körperlichen Bedürfnisse können wir mit dem Verstand lenken.

49 **Ton arapi ki an ton pleneis, to sapouni sou chalas.**

Wenn du einen Neger weiß waschen
willst, zerstörst du die Seife.

Es ist sinnlos, den Charakter eines Mitmenschen völlig verändern zu wollen.

50 **Phoni voontos en ti erimo.**

Stimme eines Rufenden in der Wüste.

Wie der Täufer Johannes in der Wüste werden heute viele Warner vor Unheil nicht rechtzeitig gehört.

51 **Chynei krokodeilia dakrya.**

Er vergießt Tränen des Krokodils.

Wir können übermäßige Traurigkeit auch dann spielen, wenn wir einen Verlust gar nicht bedauern.

52 **Tou charizan gaidaro ki autos koitaze ta dontia tou.**

Er hat einen Esel geschenkt bekommen
und dessen Zähne untersucht.

Kleinliche Menschen überprüfen selbst ihre Geschenke auf das Genaueste.

53 **Ton sernei apo ti myti.**

Der zieht ihn an der Nase herum.

Manchen macht es Spaß, mit ihren Mitmenschen törichte Spielchen zu treiben und sie zu täuschen.

54 **To exypno pouli apo ti myti pianetai.**

Ein kluger Vogel geht niemals in die Falle.

Kritische Menschen lassen sich nicht täuschen.

55 **Phonazei o klephtis gia na phovithei o noikokyris.**

Der Dieb macht Lärm, damit der Hausherr sich fürchtet.

Manche wollen ihre Mitmenschen einschüchtern, um sie berauben zu können.

56 **To echei i koutra tou na katavazei pseires.**

Der hat einen Kopf, dass sogar die
Läuse heruntersteigen können.

Der hat einen Charakter, den du nicht ändern kannst.

57 **Phytronei ekei pou den ton spernoun.**

Der wächst auch dort, wo man ihn nicht gesät hat.

Der mischt sich in Dinge ein, die ihn gar nichts angehen.

58 **To agoi xypna ton agogiati.**

Der Auftrag hält den Fuhrmann wach.

Wenn einer Arbeit hat, dann wird er nicht die Zeit verschlafen.

59 **Psareuei se thola nera.**

Der fischt im trüben Wasser.

Manche lieben es, in undurchsichtigen Geschäften ihren Gewinn zu machen.

60 **Ton xero san kalpiki dekara.**

Den erkenne ich wie einen falschen Heller.

Kluge Menschen wissen genau, wem sie trauen können und wem nicht.

61 **To charti kai to melani ton kalo gampro ton kanei.**

Papier und Tinte machen einen schönen Bräutigam.

Gebildete und künstlerische Menschen passen in der Ehe zusammen.

62 **Emeine sto raphi.**

Sie ist sitzen geblieben.

Sie ist nicht zum Heiraten gekommen. Sowohl Frauen als auch Männer können unfreiwillig ohne Ehepartner bleiben.

63 **Pantreutikan i peina me ti dipsa.**

Hier hat der Hunger den Durst geheiratet.

Wenn arme Menschen heiraten, vermehrt sich nicht ihr äußerer Reichtum.

64 **O geros ki an stolizetai, ston aniphoro gnorizetai.**

Auch wenn ein Greis sich schmückt, beim Stiegensteigen erkennt man sein Alter.

Auch wenn wir lange jung bleiben wollen, unsere biologische Uhr können wir nicht zurückdrehen.

65 **Anthropos agrammatos, xylo apelekito.**

Ein ungebildeter Mensch ist wie ein unbehauenes Holz.

Wir streben nach Bildung, um unser Leben kultivieren zu können.

66 **Enthousiasmos choris gnoseis, einai san alogo choris chalinari.**

Begeisterung ohne Verstand ist wie ein Pferd ohne Zügel.

Dieser Spruch hat sich in vielen Diktaturen der letzten Zeit bewahrheitet.

67 **Konta sto nou ki i gnosi.**

Der Verstand und das Wissen stehen sich nahe.

Das ist doch alles klar und offensichtlich.

68 **Glossa papoutsi, alla myalo koukoutsi.**

Eine Zunge wie ein Schuh, aber ein Verstand wie ein Apfelkern.

Manche Menschen machen große und laute Worte, um ihr mäßiges Wissen zu verdecken.

69 **Den echei oute enos kokkorou gnosi.**

Er hat nicht einmal das Wissen eines Hahnes.

Dieser Kerl ist ziemlich dumm und beschränkt.

70 **Ta polla logia einai phtocheia.**

Zu viel reden bringt Armut.

Zuerst müssen wir handeln, um uns im Leben über Wasser halten zu können, reden allein hilft uns nicht.

71 **Me opoion daskalo kathiseis, tetoia grammata tha matheis.**

Bei welchem Lehrer du in die Schule gehst, entsprechend lernst du die Buchstaben.

Alles, was wir erlernen, ist relativ und hängt auch von den lehrenden Personen ab.

72 **O pilos an den darthei, keramidi den ginetai.**

Wenn der Lehm nicht geschlagen wird,
so wird aus ihm kein Ziegel.

Wenn wir nicht Mühe und Abhärtung auf uns nehmen, werden wir nicht lebenstüchtig.

73 **To kalo to palikari xerei ki allo monopati.**

Selbst der große Held kennt noch einen Ausweg.

Es ist klug und lebensweise, sich in jeder Situation einen Ausweg offen zu lassen.

74 **Ta adeiana varelia, piotero vrontoun.**

Je leerer die Fässer, umso mehr Lärm machen sie.

Tüchtige und tapfere Menschen müssen nicht mit großem Getöse auf sich aufmerksam machen.

75 **To megalo psari, troei to mikro.**

Der große Fisch frisst die kleinen Fische.

Wie im Meer, so ist es im Leben vieler Menschen, die Stärkeren bedienen sich an den Schwächeren.

76 **Opoios echei ta geneia, echei kai ta chtenia.**

Wer einen Bart hat, der hat auch einen Kamm.

Wer viele Güter besitzt, der hat auch viele Sorgen.

77 **Kinise gi kai ourano.**

Der bewegt die Erde und den Himmel.

Manche setzen in der Gesellschaft alle Institutionen in Bewegung, um ihre Ziele zu erreichen.

78 **O kalos o mylos te alethei ola.**

Eine gute Mühle mahlt alles.

Ein kluger und aufrechter Mensch kann alle Probleme seines Lebens lösen.

79 **Einai kratos en kratei.**

Er ist ein Staat im Staat.

Manche Menschen und Gruppen erheben einen monopolhaften Anspruch für ihre Lebensweise.

80 **Diairei kai vasileue.**

Teile und herrsche.

Dies ist die alte Weisheit der Stärkeren, ihre Gegner in Konkurrenzgruppen aufzusplittern.

81 **Apo exo koukla, apo mesa pouankla.**

Von außen eine Puppe, aber innen eine Seuche.

Manche Menschen können sich derart verstellen, dass ihre inneren Einstellungen nur schwer erkennbar sind.

82 **Den perna i mpogia tou.**

Seine Farbe hält nicht.

Manche Menschen übertreiben ihre Tarnung, sodass sie Misstrauen wecken.

83 **Eipe o gaidaros ton peteino kephala.**

Ein Esel beschimpft den Hahn wegen seines großen Kopfes.

Überhebliche Menschen kritisieren andere und erkennen nicht ihre eigenen und größeren Fehler und Mängel.

84 **Eide o gyphtos ti genia tou kai anagalliase i kardia tou.**

Wenn der Geizhals seinen Stammbaum sieht, dann jubelt sein Herz.

Geizige Menschen sind vor allem auf sich selbst und ihre Sippe konzentriert.

85 **San ti myga mes sto gala.**

Wie meine Fliege in der Milch.

Immer fallen uns Fliegen in die Milch und Haare in die Suppe, das ist unvermeidlich.

86 **I douleia ntropi den echei.**

Die Arbeit ist keine Schande.

Moderne Wirtschaften haben das Problem, dass es zu wenig bezahlte Arbeit gibt.

87 **I ananki technes ergazetai.**

Die Not macht erfinderisch.

Wir haben in uns die angeborene Fähigkeit, schwierige Situationen zu meistern.

88 **Nistiko arkoudi den choreuei.**

Ein hungriger Bär wird nicht tanzen.

Zuerst müssen wir dem Bären Futter geben, bevor er im Zirkus tanzen kann.

89 **Opoios den thelei na zymosei, deka meres koskinizei.**

Wenn du willst, dass etwas nicht gärt,
musst du es zehn Tage lang sieben.

Wenn man eine Arbeit nicht tun will, dann zieht man sie in die Länge.

90 **O ti spereis, tha theriseis.**

Was du aussäst, das wirst du auch ernten.

Wer in seinen Reden Hass und Neid predigt, der wird Krieg und Gewalt ernten.

91 **Skali skali anevainei stin koryphi.**

Stufe um Stufe steigt er zum Gipfel hinauf.

Manche Mitmenschen erklimmen mit großer Umsicht die Leiter der gesellschaftlichen Karriere.

92 **Dyo gaidaron achyra den mporeis na moiraseis.**

Du kannst nicht einmal für zwei Esel Stroh teilen.

Du bist unfähig, die Aufgaben zu lösen, die man dir stellt.

93 **O mylos den alethei dichos nero.**

Keine Mühle mahlt ohne Wasser.

Wir brauchen für alle unsere Handlungen eine Antriebskraft und eine innere Motivation.

94 **Mpike to nero sto avlaki.**

Das Wasser hat sich seine Rinne gesucht.

Das Leben nimmt seinen Lauf, wir können es nicht aufhalten.

95 **Trochos pou gyrizei, skouria den pianei.**

Wenn sich das Rad dreht, bleibt kein Rost an ihm hängen.

Wenn wir Menschen arbeiten, uns bewegen und uns mühen, schieben wir den natürlichen Alterungsprozess weit hinaus.

96 **Opou laloun polloi kokkoroi, argei na ximerosei.**

Wo viele Hähne krähen, dort wird es nur langsam Tag.

Wo viele Menschen sich gleichzeitig einmischen, da geht nichts voran.

97 **Opoios douleuei san doulos, koimatai san aphentis.**

Wer wie ein Knecht arbeitet, wird wie ein Herr schlafen.

Wenn wir unsere Aufgaben und sozialen Verpflichtungen gewissenhaft ausführen, werden wir im Leben voran kommen.

98 **Me ena smparo dyo trygonia.**

Zwei Vögel mit einem Schuss.

Wir sagen, dass wir zwei Fliegen mit einem Schlag erlegen können.

99 **Kathe katergaris ston panko tou.**

Jeder Bengel soll auf seinen Platz gehen.

Jeder soll im Leben dorthin gehen, wohin er gehört.

100 **Opoios koitazei ti douleia tou, kalozei ti phamelia tou.**

Wie du deinen Geschäften nachgehst,
so wird deine Familie leben.

Auch für uns heute hängt das wirtschaftliche Glück der Familie von der Effizienz unserer Arbeit ab.

101 **Megala karavia, megales phourtounes.**

Je größer das Schiff, umso größer die Wellen.

Gewichtige Menschen ziehen starke Auswirkungen und Folgen nach sich.

102 **I polli douleia troei ton aphenti.**

Zu viel Arbeit frisst ihren Herrn auf.

Wir sollen alles mit Maß tun, wenn wir daraus einen Gewinn ziehen wollen.

103 **Me ton idrota tou prosopou mou kerdizo to psomi mou.**

Ich verdiene mein Brot im Schweiß meines Gesichts.

Ich bin ein ehrlich arbeitender Mensch und betrüge keinen.

104 **Matia pou den vlepontai, grigora lismoniountai.**

Augen, die nicht gesehen werden, die werden schnell vergessen.

Wer sich nicht dauernd in der Öffentlichkeit zeigt, der wird dort wenig Wirksamkeit haben.

105 **Opoios skavei to lakko allounou, pephtei o idios mesa.**

Wer anderen Menschen eine Grube gräbt, der fällt selbst mitten in sie hinein.

Wenn wir unsere Mitmenschen schädigen wollen, dann schaden wir sehr oft damit auch uns selbst. Doch wir erkennen es zu spät.

106 **An itane i zileia psora, tha gemize oli i chora.**

Wenn der Neid als Schädling auftritt, erfasst er das ganze Land.

Wenn es uns nicht gelingt, in unserem Zusammenleben die Gefühle des Neides zu überwinden, werden wir alle Schaden nehmen.

107 **Kalytera na se zileuoun, para na se lypountai.**

Besser ist es, sie beneiden dich, als sie bedauern dich.

Beneidet werden zumeist die Erfolgreichen, nur selten die Erfolglosen. Wir alle brauchen Erfolge im Leben.

108 **Eide o vatrachos pou petalonan to alogo, sikose ki avtos to podi.**

Wenn der Frosch sieht, wie das Pferd beschlagen wird, hebt auch er sein Bein.

Wenn arme Menschen sehen, wie Reiche mit Gütern überhäuft werden, dann öffnen auch sie ihre leeren Hände.

109 **I kamila den vlepei tin kampoura tis.**

Auch das Kamel sieht nicht seinen eigenen Buckel.

Die eigenen Fehler und Schwächen erkennen wir am schwersten, wenn sie uns nicht von Mitmenschen angezeigt werden.

110 **Mprosta sou aplonei chalia, piso sou anoigei lakkous.**

Vor dir liegt der Teppich, aber hinter dir tun sich Gruben auf.

Viele Lügner schmeicheln ihren Mitmenschen mit schönen Worten, aber in Wirklichkeit wollen sie deren Verderben.

111 **Kalytera na sou vgei to mati para to onoma.**

Besser du verlierst dein Auge als deinen guten Namen.

Im Zusammenleben ist ein körperlicher Mangel schwerer zu ertragen als der Verlust der Ehre und des Anstands.

112 **Tis geitonissas ta avga einai panta ta pio megala.**

Die Eier der Nachbarin sind immer größer als die eigenen.

Oft neigen wir dazu, die Güter und Erfolge der Mitmenschen höher zu bewerten als unsere eigenen Errungenschaften.

113 **Asthenis kai odoiporos amartia ouk echei.**

Der Kranke und der Wanderer kennen keine Sünde.

Für Kranke und für Menschen auf Wanderschaft gelten nicht die kirchlichen Regeln des Fastens.

114 **O anamartitos protos ton litho valeto.**

Wer ohne Sünde ist, der möge den ersten Stein werfen.

Da wir immer selber Fehler machen, haben wir keinen Anlass, auf Mitmenschen mit Steinen zu werfen.

Absender

Name, Vorname

Straße, Nr.

Plz, Ort

Telefonnummer *

Faxnummer *

Email *

Unterschrift

* freiwillige Angabe

Für Ihre schnelle Anfrage:
info@marixverlag.de

Bitte
ausreichend
frankieren

Rückantwort

marixverlag GmbH
Römerweg 10
65187 Wiesbaden

115 **O theos agapaei ton klephti, alla agapaei kai ton noikokyri.**

Gott liebt den Dieb, er liebt aber auch den Hausbesitzer.

Der Spruch will sagen, dass der Diebstahl auf jeden Fall entdeckt werden wird.

116 **Poios eide to theo kai den ton phovithike.**

Wer auf Gott gesehen hat, der sieht
kein Angstgespenst mehr.

Religiöse Menschen, die sich bei Gott geborgen wissen, können viel an Lebensangst überwinden.

117 **Kai o agios phovera thelei.**

Auch der Heilige kennt die Drohung.

Auch moralisch gute Menschen müssen manchmal auf Mitmenschen Druck ausüben.

118 **Den echei oute iero oute osio.**

Er kennt nichts Heiliges oder Göttliches.

Viele religionslose Menschen anerkennen keine höchsten Werte im Leben, für sie wird unser Verhalten beliebig.

119 **Varia i kalogeriki.**

Schwer ist es, ein Mönch zu sein.

Wir Menschen sind von unserer Natur her soziale Wesen und nicht für die Einsamkeit oder Einsiedelei geschaffen worden.

120 **Den kanoun ta rasa ton papa.**

Eine Kutte macht noch keinen Popen.

Die äußere Kleidung verändert noch nicht die innere Einstellung oder Fähigkeit.

121 **Aporia psaltou, vix.**

Wer beim Singen nicht weiterkann, muss husten.

Wer beim Singen oder bei Geschäften des Lebens unsicher ist, der soll einfach aussteigen und aufhören.

122 **Trelos papas se vaphtise.**

Dich hat ein verrückter Pope getauft.

Wenn jemand in seinem Verhalten aus der Reihe tanzt, dann schreiben wir ihm Verrücktheit und Torheit zu.

123 **To poly kyrie eleison ki o papas to varietai.**

Zu viel Kyrie eleison langweilt selbst den Popen.

Wenn Menschen zu viel an Frömmigkeit öffentlich zur Schau stellen, hat selbst der Pope keine Freude daran.

124 **Kontos psalmos allilouia.**

Ein kurzer Psalm und damit Schluss.

Manche Dinge können wir nicht in die Länge ziehen, mit ihnen müssen wir einen kurzen Prozess machen.

125 **Min taxeis se agio keri kai se paidi paichnidi.**

Versprich nicht einem Heiligen Opfer
und einem Kind Spielzeug.

Sei vorsichtig mit deinen Versprechungen, denn du musst sie dann auch erfüllen.

126 **Allounou papa evangelio.**

Es ist das Evangelium von einem anderen Popen.

Der meint ja etwas ganz anderes mit seinen Sprüchen.

127 **Tora pou vrikame papa, na thapsoume kamia dekaria.**

Jetzt, wo wir einen Popen gefunden haben,
begraben wir gleich ein Dutzend.

Wenn man endlich den erwarteten Anführer gefunden hat, will man gleich alles auf einmal machen.

128 **Monachos oute ston paradeiso.**

Einsam nicht einmal im Paradies.

Manche Menschen können niemals allein sein.

129 **An eisai kai papas, me tin arada sou tha pas.**

Auch wenn du ein Pope bist, musst du dich an Regeln halten.

Auch für prominente Menschen gelten die Regeln des Gesetzes und des Anstands.

130 **Apo agkathi vgainei rodo, ki apo rodo vgainei agkathi.**

Aus einem Dorn kommt eine Rose, und aus einer Rose kommt ein Dorn.

Viele Dinge im Leben gehören einfach zusammen, so wie die Rose und die Dornen.

131 **Spiti mou, spitaki mou kai phtochokalyvaki mou.**

Mein Haus, mein Häuschen, meine ärmliche Hütte.

Auch wenn ein Haus einfach und ärmlich ist, es gibt uns Schutz und Geborgenheit.

132 **Chanei i mana to paidi kai to paidi ti mana.**

Einmal verliert die Mutter das Kind und das Kind die Mutter.

Irgendwann im Leben muss sich jedes Kind von seiner Mutter trennen und die Mutter vom Kind.

133 **To milo kato apo ti milia tha pesei.**

Der Apfel fällt nicht weit vom Apfelbaum.

Wir meinen damit, dass sich Kinder oft sehr ähnlich verhalten und gebärden wie ihre Eltern.

134 **Euchi goniou sou kai vouno aneva.**

Mit dem Segen der Eltern kann man auch Berge versetzen.

Die Zuneigung der Eltern gibt uns die innere Kraft, auch schwierige Dinge zu tun.

135 **An tous goneis den timas, poios tha timisei esena.**

Wenn du deine Eltern nicht ehrst, wer soll dich dann ehren?

Die Ehre der Eltern gehört zu den unaufgebbaren Gütern jeder menschlichen Kultur.

136 **Eisai i kolona tou spitiou.**

Du bist eine Stütze des Hauses.

Jeder Mensch hat in seiner Familie, in seiner Gruppe oder Gemeinschaft eine bestimmte Aufgabe zu erfüllen.

137 **An den klapsei to mikro, i mana tou den tou dinei na phaei.**

Wenn der Säugling nicht weint, gibt die Mutter ihm nichts zu essen.

Wir müssen auf uns aufmerksam machen, wenn wir Bedürfnisse haben.

138 **Amarties goneon paideuousi tekna.**

Die Sünden der Eltern bestrafen die Kinder.

Was die Eltern an den Kindern falsch machen, bekommen sie von diesen zurück.

139 **Pare geronton symvouli, kai paidemenon gnosi.**

Nimm den Rat der Alten und das Wissen der Gebildeten an.

Es bringt keinen Nutzen, alles allein und besser als andere wissen zu wollen.

140 **Mathimena ta vouna apo ta chionia.**

Die Berge sind den Schneesturm gewöhnt.

Wer abgehärtet ist, kann viele Stürme des Lebens bestehen.

141 **Otan esy pigaines, ego erchomoun.**

Als du gegangen bist, da bin ich bereits angekommen.

Du musst früher aufstehen, wenn du mich noch einholen willst.

142 **O kalos o kapitanios sti phourtouna phainetai.**

Ein guter Kapitän zeigt sich erst im Seesturm.

Auch in der Politik zeigen sich die guten Staatslenker erst, wenn sie nachhaltig Probleme vernünftig zu lösen verstehen.

143 **Stin anavrochia kalo kai to chalazi.**

In der Dürre tut auch der Hagelsturm gut.

Wenn wir nach Wasser lechzen, dann sind wir auch mit Eis und Schnee zufrieden.

144 **Den ginetai kapnos choris photia.**

Ohne Feuer entsteht kein Rauch.

Es muss etwas brennen, wenn wir Zeichen des Feuers sehen wollen.

145 **Ti gyreuei i alepou sto pazari?**

Was hat der Fuchs auf dem Marktplatz verloren?

Der hinterlistige Fuchs geht nicht an die Öffentlichkeit, er schleicht im Dunkeln.

146 **I exypnada axizei treis phores parapano apo ti dynami.**

Die Klugheit ist dreimal mehr wert als die Körperstärke.

Wir Menschen haben unseren Vorteil in der Evolution allein durch die Entfaltung der praktischen Vernunft erreicht.

147 **O exypnos kanei apo tin archi, auto pou o vlakas kanei sto telos.**

Der Kluge arbeitet vom Anfang an, der Törichte wird erst am Ende fleißig.

Heute erkennen wir, dass im Berufsleben der Anfang entscheidend sein kann für ein ganzes Leben.

148 **I idia i alepou den pephtei stin pagida dyo phores.**

Derselbe Fuchs geht nicht zweimal in die gleiche Falle.

Wir Menschen haben die Möglichkeit, aus Fehlern zu lernen, wir müssen nicht in die selbst oder von anderen gestellten Fallen tappen.

149 **Ton phronimon ta paidia, prin peinasoun mageireuoun.**

Die Kinder der Klugen kochen, bevor sie Hunger haben.

Unsere Wirtschaft beruht auf Vorrat, wir horten aber auch Güter, die wir nicht wirklich benötigen.

150 **Chilies phores kalytera na syzotas para na polemas.**

Tausendmal besser ist es zu verhandeln, statt zu kämpfen.

Vernünftige Menschen erkennen, dass der Streit und der Krieg viel mehr Kräfte kosten als die Versöhnung.

151 **To gala ama chythei den xanamazeuetai.**

Wenn die Milch ausgeschüttet wird,
kann man sie nicht sammeln.

Mit dem, was uns wertvoll ist, müssen wir vorsichtig umgehen.

152 **Aplone ta podia sou kata to paploma sou.**

Strecke deine Füße nach deiner Decke.

Wir müssen versuchen, aus jeder Situation das Beste zu machen.

153 **Polles phores paiei i stamna gia nero,
mia phora omos tha spasei.**

Viele Male geht der Krug zum Wasser,
doch einmal wird er zerbrechen.

Alle unsere Tätigkeiten sind begrenzt, auch unsere besten Kunststücke kommen einmal zu einem Ende.

154 **Opoios den echei myalo echei podia.**

Wer keinen Verstand hat, der hat Beine.

Was wir mit dem Verstand vergessen, das müssen unsere Beine nachholen.

155 **Me to mparouti dipla sti photia min plisiazeis.**

Lege das Schießpulver nicht zu nahe an das Feuer.

Wir erkennen, dass wir mit gefährlichen Worten oder Gedanken nicht spielen dürfen, sie können gefährliche Feuer des Hasses anzünden.

156 **Pigadi me velona den skaveis.**

Mit einer Nadel kannst du keinen Brunnen graben.

Wir brauchen für alle Unternehmungen im Leben die richtigen Werkzeuge.

157 **Opoios gyreuei ta polla, chanei kai ta liga.**

Wer vieles sucht, der wird auch das Wenige verlieren.

Wir müssen uns in allen unseren Bestrebungen auf ein Ziel konzentrieren.

158 **Opos stroseis tha koimiheis.**

Wie du dich bettest, so wirst du schlafen.

Wir müssen unsere Lebensverhältnisse so gestalten, dass wir uns darin wohl fühlen können.

159 **Megali mpoukia phae, megalo logo mi les.**

Iss einen großen Bissen, aber sprich keine großen Worte.

Es ist nützlicher, Großes zu tun, als es nur anzukündigen.

160 **Logariazeis choris ton xenodocho.**

Du machst die Rechnung ohne den Hotelwirt.

Oft bedenken wir bei unserer Planung nicht, wer dabei alles mitzureden hat.

161 **Kalytera simera ena avgo, para avrio mia kota.**

Besser heute ein Ei als erst morgen die Henne.

Es ist sinnvoll, eine kleine Chance schnell zu ergreifen, als auf größere Gewinne in unbestimmter Zukunft zu warten.

162 **Kallio gaidourodene, para gaidourogyreue.**

Besser einen Esel anbinden, als einen Esel suchen.

Wenn man will, dass der Esel nicht wegläuft, muss man ihn anbinden.

163 **Avtos pou den vlepei pou patei, laspes kai skata tha vrei.**

Wer nicht schaut, wo er hinsteigt, wird in Schlamm und Mist treten.

Wir haben die Fähigkeit, genau darauf zu achten, in welchem sozialen Umfeld wir uns bewegen wollen.

164 **O ypnos trephei ta paidia kai o ilios ta moscharia.**

Der Schlaf stärkt die Kinder, die Sonne stärkt die Kälber.

Wir müssen darauf achten, wann wir den Schlaf und wann wir die Sonne brauchen.

165 **Pote o Giannes den mporei, pote o kolos tou ponei.**

Was Hänschen nicht lernt, muss sein Gesäß später büßen.

Wenn wir notwendige Tätigkeiten nicht rechtzeitig erlernen, müssen wir sie uns später mühsam und schmerzvoll aneignen.

166 **Tempelis neos, phtochos geros.**

Ein fauler Junge ist ein armer Greis.

Wer in seiner Jugend nicht rechtzeitig klug zu arbeiten beginnt, kann im Alter mit leeren Händen dastehen.

167 **Opoios spernei tempelia, therizei peina.**

Wer Faulheit aussät, wird den Hunger ernten.

Wer sein Leben nur genießen möchte, muss zusehen, wie lange seine Vorräte und Besitzstände ausreichen.

168 **An echeis tychi diavaine kai riziko perpatei.**

Wenn dein Glück vorübergeht, dann vergeht auch dein Schicksal.

Wir müssen erkennen, dass unser Lebensglück nicht ewig dauern kann.

169 **Echase tin kota me ta chrysa avga.**

Er hat die Henne mit den goldenen Eiern verloren.

Jetzt ist seine Geldquelle versiegt, nun muss er arbeiten.

170 **Sothike apo to stoma tou lykou.**

Er wurde aus dem Rachen des Wolfes gerettet.

Wir sagen, ein Mensch wurde rechtzeitig aus den Fängen eines Lügners und Gauners befreit.

171 **Ena milo tin imera, ton giatro ton kanei pera.**

Ein Apfel am Tag kann den Arzt fern halten.

Auch wir preisen heute das gesunde Leben und die notwendigen Vitamine im frischen Obst.

172 **Kallio phtochos kai ygiis para plousios kai asthenis.**

Besser sind Armut und Gesundheit, als Reichtum und Krankheit.

Kranke Menschen können ihren Reichtum oft gar nicht genießen, freilich können sie viele Formen der Heilung bezahlen.

173 **O arrostos thelei giatro, ki o pethamenos klapsa.**

Der Kranke will den Arzt, der Verstorbene braucht die Totenklage.

Wir müssen rechtzeitig erkennen, was ein Mitmensch von uns braucht und was nicht.

174 **I arrostia kavala erchetai kai pezi pheugei.**

Die Krankheit kommt mit dem Pferd, aber zu Fuß schleicht sie weg.

Jede Krankheit kommt für unser Empfinden viel schneller als sie wieder geheilt wird.

175 **Parigoria ston arrosto, ospou na vgei i psychi tou.**

Der Kranke braucht Trost, bis seine Seele weggeht.

Auch wir begreifen heute, dass wir Sterbende bis zu ihrem Ende begleiten müssen.

176 **Echei kai tou pouliou to gala.**

Er hat alles, sogar Milch von Vögeln.

Er ist ein Angeber mit lebhafter Fantasie.

177 **Thelei kai tin pita olakeri kai ton skylo chortato.**

Das Fladenbrot soll ganz bleiben und
der Hund soll satt werden?

Wenn wir einem Haustier oder einem Mitmenschen ein Bedürfnis erfüllen wollen, dann müssen wir von uns etwas hergeben.

178 **Kainourgio koskinaki mou kai pou na se kremaso.**

Er hat ein neues Sieb, aber nichts zum Aufhängen.

Wenn wir neue Geräte erwerben, brauchen wir auch die entsprechende Wartung.

179 **O kavgas itan gia to paploma.**

Der Streit begann wegen der Steppdecke.

Oft ist es eine Kleinigkeit, die Streit auslöst, denn wir alle wollen ein Stück Geborgenheit und Wärme haben.

180 **O ti lampei den einai chrysos.**

Nicht alles, was glänzt, ist Gold.

Im Lauf unseres Lebens lernen wir den äußeren Glanz und den inneren Wert eines Mitmenschen unterscheiden.

181 **Opou akous polla kerasia, krata kai mikro kalathi.**

Wenn du von vielen Kirschen hörst, dann
nimm einen kleinen Korb mit.

Wo von vielen schönen Dingen erzählt wird, da gibt es meist nicht viel zum Holen.

182 **O nistikos karvelia oneireuetai.**

Der Hungrige träumt vom Brotlaib.

In unseren Wünschen und Träumen schauen wir allzu oft auf das Unerreichbare.

183 **Megalose o gaidaros, mikryne to samari.**

Wenn der Esel größer wird, wird dein Sattel immer kleiner.

Unsere Maßstäbe sind relativ, wir müssen sie immer dem Leben anpassen.

184 **Opou phtochos ki i moira tou.**

Wo immer der Arme ist, immer begleitet ihn sein Schicksal.

Auch wir müssen erkennen, dass arme Menschen und Not leidende Völker ihrem schweren Schicksal nur kaum entkommen können.

185 **Opoios echei poly piperi, vazei kai sta lachana.**

Wer viel Pfeffer hat, streut ihn auch ins Gemüse.

Wer in der Gesellschaft viel Macht und Einfluss hat, macht davon auch reichlich Gebrauch.

186 **Papoutsi apo ton topo sou ki as einai kai mpalomeno.**

Ein Schuh von deiner Heimat, auch wenn er geflickt ist.

Wir hängen emotional an den Orten unserer Herkunft und Kindheit, auch wenn sie ärmlich sind.

187 **Pige gia malli kai vgike kouremenos.**

Er geht, um Wolle zu holen, und kommt mit geschorenem Kopf zurück.

Oftmals im Leben müssen wir selbst Federn lassen, wenn wir Wertvolles gewinnen wollen.

188 **Oi kaloi logariasmoi kanoun tous kalous philous.**

Gute Rechnungen machen gute Freunde.

Wer sich klar von anderen abgrenzt, kann ihnen ein Freund bleiben.

189 **O philos o kalos stin anagki phainetai.**

Ein guter Freund zeigt sich erst in der Not.

Freundschaft können wir erst dann voll bewähren, wenn ein Mitmensch unsere Hilfe braucht.

190 **Agapage ton philo sou me ta elattomata tou.**

Liebe deinen Freund, aber nicht seine Fehler.

Freundschaft kann bedeuten, die Fehler des Mitmenschen zu benennen und zu korrigieren versuchen.

191 **Opoios echei philo eklekto, echei megalo thesauro.**

Wer einen erwählten Freund hat, hütet einen großen Schatz.

Auch für uns bedeutet Freundschaft den größten Schatz im Leben und in Notsituationen.

192 **Phagame mazi psomi ki alati.**

Brot und Salz zusammen essen.

Auch im Leben müssen wir Weiches und Herbes zugleich ertragen und erleben.

193 **To phidi philos den ginetai.**

Die Schlange wird nie zum Freund.

Ein verlogener Mensch kann einem anderen nie ein guter Freund sein.

194 **Chilioi kaloi, pantou chorane.**

Tausend gute Menschen finden überall Platz.

Soziale Menschen können überall zusammenleben.

195 **To nero me ti photia, philoi den ginontai.**

Das Wasser und das Feuer können niemals Freunde werden.

Wenn zwei Menschen in ihren Grundeinstellungen zu weit auseinanderliegen, können sie nicht zusammengehen.

196 **Vrike o Philippos ton Nathanael.**

Philippos hat den Nathanael getroffen.

Hier sind zwei zusammengekommen, die völlig übereinstimmen.

197 **Deixe mou ton philo sou na sou po poios einai.**

Zeige mir deinen Freund, und ich weiß, wer du bist.

Wir wählen uns unsere Freunde nach unseren inneren Einstellungen und Werten aus.

198 **Etrephe phidi ston korpho tou.**

Er nährt eine Schlange an seiner Brust.

Oft bemerken wir selber gar nicht, dass wir feindliche Mitmenschen um uns haben und unterstützen.

199 **San vregmeni gata.**

Wie eine nasse Katze.

Oft stehen wir da wie eine begossene Katze.

200 **O phovos phylaei ta erima.**

Die Angst bewacht die Waisenkinder.

Hilflose Menschen werden von ihrer ständigen Angst geschützt.

201 **Giannes kerna kai Giannes pinei.**

Hänschen schenkt ein und Hänschen trinkt.

Ein egoistischer Junge lebt selbstsüchtig, ohne mit anderen zu teilen.

202 **Stalagmatia stalagmatia gemizei i stamna i platia.**

Tropfen für Tropfen füllen den Krug und den Eimer.

Auch kleine Mengen an Gütern können über lange Zeit zu Reichtum führen.

203 **To chrima polloi emisisan, ti doxa oudeis.**

Das Geld hat schon vielen geschadet,
die Ehre aber noch keinem.

Wichtiger im Leben ist es, nach Ehre und Ansehen in der Gemeinschaft zu streben, als nach großem Reichtum.

204 **Phasouli to phasouli gemizei to sakouli.**

Bohne um Bohne füllt sich der Sack.

Wer mit Geduld kleine Güter des Lebens sammelt, kann auch zu Reichtum kommen.

205 **Kallio pente kai sto cheri, para deka kai karterei.**

Lieber fünf Stück in der Hand, als
zehn Stück in der Hoffnung.

Mit der Spekulation auf zukünftigen Gewinn allein können wir nicht leben.

206 **I phtocheia troei ton para.**

Die Armut frisst das Geld.

Wer schon arm ist, wird immer noch ärmer.

207 **Plirosame ta mallia tis kephalis mas.**

Wir haben unendlich viel bezahlt.

Manche Dinge im Leben sind uns sehr teuer zu stehen gekommen.

208 **Plirose ton kouko aidoni.**

Er hat den Kuckuck für eine Nachtigall bezahlt.

Er hat für ein wertloses Ding viel zu viel ausgegeben.

209 **Vgazei apo ti myga xynki.**

Er holt auch aus der Fliege noch Fett heraus.

Der kann auch dort noch etwas holen, wo nichts mehr zu holen ist.

210 **Echase kai ta avga kai ta kalathia.**

Er verlor die Eier und den Korb.

Oft kommt ein Unglück nicht allein, es bringt noch mehrere andere mit.

211 **Erixe kanoni.**

Er ist bankrott.

Der hat alle seine Kanonen verschossen.

212 **To gorgon kai charin echei.**

Das Schnelle hat auch seinen Reiz.

Oft ist es gut, wenn manche Ereignisse schnell vorbeigehen.

213 **Kallio arga, para pote.**

Besser langsam als gar nicht.

Zumeist fällt es uns schwer, mit langsamen Mitmenschen zurechtzukommen.

214 **Kathe persi kai kalytera.**

Je älter, umso besser.

Die Vergangenheit ist immer besser als die Gegenwart.

215 **Osa phernei i ora, den ta phernei o chronos olos.**

Was eine Stunde bringt, das bringt die ganze Zeit nicht.

Was in einer Stunde nicht erledigt werden kann, das kann auch in längerer Zeiteinheit nicht getan werden.

216 **To kako mantato erchetai trechato.**

Die böse Nachricht kommt im Laufschritt daher.

Immer erreichen uns Nachrichten über unangenehme Ereignisse viel zu früh.

217 **Agali agali ginetai i agourida meli.**

Langsam, langsam wird die saure Traube süß.

Die natürlichen Entwicklungen im Leben können wir nicht beschleunigen, wir brauchen Geduld.

218 **Kathe pragma ston kairo tou.**

Jede Sache zu ihrer Zeit.

Wir sollen nichts zur Unzeit tun.

219 **Den einai kathe mera Pascha.**

Es kann nicht jeder Tag Ostern sein.

Wir können nicht jeden Tag große Feste feiern, es gibt auch den Alltag harter Arbeit.

220 **Ena chelidoni den phernei tin anoixi.**

Eine Schwalbe bringt noch keinen Frühling.

Ein Zeichen der Hoffnung genügt noch nicht, damit das Erwartete wirklich eintrifft.

221 **I kali i mera apo to proi phainetai.**

Ob ein Tag schön wird, zeigt sich schon am Morgen.

Ob ein Leben gelingen kann, wird schon in der Kindheit grundgelegt.

222 **Kata phoni ki o gaidaros.**

Wenn man von der Sonne spricht, dann erscheint sie.

Auch der Esel kommt oft, wenn man von ihm spricht.

223 **To mina pou den echei Sabbato.**

Der Monat, der keinen Sabbat hat.

Der Monat als Zeiteinheit kennt keinen Ruhetag.

224 **Apo ton kairo tou Noe.**

Aus der Zeit des Noe.

Ein Gerät oder eine Weisheit können aus uralter Zeit stammen.

225 **Enas koukos den phernei tin anoixi.**

Ein Kuckuck bringt noch keinen Frühling.

Wir müssen auf mehrere Zeichen warten, bis wir an das Erwartete glauben können.

226 **Gelaiei kalytera, opoios gelaei televtaios.**

Der lacht am besten, der zuletzt lacht.

Der erste Gewinn bei einem Spiel entscheidet noch nicht über seinen Ausgang.

227 **Anapse to lychnari sou protou se vrei i nychta.**

Zünde die Laterne an, bevor die Nacht über dich kommt.

Immer müssen wir Vorsorge treffen, damit uns ein Unglück nicht plötzlich überfallen kann.

228 **Opoios viazetai, skontaphtei.**

Wer etwas überstürzt, wird über die Schwelle stolpern.

Wenn wir ein Ziel erreichen wollen, müssen wir es mit Vorsicht und Geduld anstreben.

229 **Kathetai se anammena karvouna.**

Er sitzt auf glühenden Kohlen.

Wer im Geheimen Unrecht getan hat, muss Angst haben, dass seine Untat aufgedeckt wird.

230 **Kapoio lakko echei i phava.**

Etwas Böses liegt in der Luft.

Oft ahnen wir intuitiv, dass uns Gefahr droht.

231 **Kane to kalo kai richto sto gialo.**

Wenn du etwas Gutes tust, dann prahle nicht damit.

Vergiss die gute Tat und zeige sie nicht auf dem Marktplatz.

232 **Ki oi toichoi echoun avtia.**

Auch die Wände haben Ohren.

Es gibt Situationen im Leben, in denen unsere Reden nicht geheim bleiben können.

233 **I stravos einai o gialos i strava armenizoume.**

Entweder ist das Ufer krumm, oder wir segeln nicht gerade.

Oft wissen wir nicht genau, ob wir mit unseren Handlungen richtig liegen.

234 **Den tou kanei oute kryo, oute zesti.**

Es passt ihm gar nichts, weder Kaltes noch Warmes.

Manche Menschen sind mit allen Lebenssituationen unzufrieden.

235 **Den milane gia skoini sto spiti tou kremasmenou.**

Man spricht nicht über den Strick im Haus des Erhängten.

Den Überlebenden einer Katastrophe müssen wir mit Mitgefühl begegnen.

236 **Graphei sto nero kai spernei sti limni.**

Er schreibt im Wasser und sät im See Gras.

Manche Menschen tun viele unnütze und sinnlose Dinge.

237 **Giname koulouvachata.**

Es entstand ein Schlamassel.

In manchen Situationen ist es schwer, eine Ordnung zu finden.

238 **Gia chari tou vasilikou potizetai ki i glastra.**

Dem Basilikum zuliebe wird auch der Topf bewässert.

Wenn wir Blumen gießen, wird auch der Blumentopf nass.

239 **Phagane to vodi olo kai stin oura stamatisan.**

Wir haben den ganzen Ochsen gegessen
und hören beim Schwanz auf.

Oft gelingt es uns nicht, eine Arbeit bis zum Ende durchzuführen.

240 **I trela den paei sta vouna.**

Die Dummheit geht nicht auf die Berge.

Dumme Menschen streben im Leben nicht hoch hinaus, sie bleiben in den Niederungen.

241 **Ephtase o kompos sto chteni.**

Der Kamm hat den Knoten erreicht.

Jetzt geht es nicht mehr weiter.

242 **Epese apo ta synnepha.**

Er fiel aus den Wolken.

Wenn wir auf Situationen nicht gefasst sind, ist die Überraschung groß.

243 **Einai o televtaios trochos tis amaxis.**

Das letzte Rad am Wagen sein.

Manche Menschen fühlen sich in der Gruppe abgewertet und ausgegrenzt.

244 **Echasa to mpousoula.**

Er hat die Orientierung verloren.

In manchen Situationen wissen wir nicht aus oder ein.

245 **Vrike to mastora tou.**

Er hat seinen Meister gefunden.

Er wurde von einem Besseren eingeholt.

246 **An i petra chtypisei to avgo, alimono sto avgo.**

Wenn ein Stein auf das Ei schlägt, zerbricht das Ei.

Wenn wir zarte Dinge mit Gewalt anfassen, zerstören wir sie.

247 **Psachneis velona sto achyra.**

Du suchst die Nadel im Stroh.

In manchen Situationen ist es unmöglich, das Gesuchte zu finden.

248 **Ti einai o kavouras, ti einai to zoumi tou.**

Was ist der Krebs und was ist sein Saft?

Oft können wir bei einem Ereignis die Ursache und die Wirkung nicht unterscheiden.

249 **Ton ephage i marmanka.**

Den hat das Unglück aufgefressen.

Im Leben mancher Menschen ballt sich unvorstellbares Unglück zusammen.

250 **Ton chtypise san chtapodi.**

Er schlägt ihn wie einen Tintenfisch.

Gewalttätige Menschen gehen mit Mitmenschen um wie mit Meerestieren.

251 **Se ena kazani vrazoun oloi.**

Alle kochen in einem Kessel.

In manchen Situationen wollen zu viele Menschen gleichzeitig dasselbe tun.

252 **Ta liga logia zachari kai ta katholou meli.**

Wenige Worte sind Zucker und Schweigen ist Honig.

In manchen Situationen sollen wir wenig oder gar nichts reden.

253 **Poios tha vgalei to phidi apo tin trypa?**

Wer wird die Schlange aus dem Loch ziehen?

Wer macht bei einer schwierigen Arbeit den Anfang?

254 **Poios tha vgalei ta kastana apo ti photia?**

Wer wird die Kastanien aus dem Feuer holen?

Es gibt Menschen, die für andere schwierige Aufgaben erledigen.

255 **Chorio pou phainetai, kolaouzo den thelei.**

Ein sichtbares Dorf braucht keine Erklärung.

Nur das Versteckte und Geheime müssen wir erläutern und rechtfertigen.

256 **To psari vromaei apo to kephali.**

Der Fisch stinkt vom Kopf her.

Auch im Staat kommen die Unmoral und die Unordnung von den führenden Schichten.

257 **Paei petaxe to poulaki.**

Der Vogel ist ausgeflogen.

Der Kerl ist weg und nicht auffindbar.

258 **Poios stravos den thelei to phos tou.**

Welcher Blinde will nicht wieder sehen?

Wir alle streben danach, das Verlorene wieder zu finden.

259 **Konta sta xera koigontai kai ta chlora.**

Nahe bei der Steppe verbrennt auch das grüne Gras.

Wenn gute Menschen mit unmoralischen Zeitgenossen leben, verfallen leicht ihre Sitten.

260 **Ta vrike mpastounia.**

Er ist auf unlösbare Probleme gestoßen.

Irgendwann hört jedes Können auf.

261 **Tou phtochou to kerato sto koutelo kai tou archonta sto gonato.**

Das Horn des Armen auf der Stirn, aber den Herrn im Knie.

Manche Menschen spielen den Armen, sind aber wie Herren zu ihren Mitmenschen.

262 **Gata pou koimatai, pontikous den pianei.**

Wo die Katze schläft, dort fängt sie keine Mäuse.

Wenn die Aufsicht im Staat oder in der Familie fehlt, droht die Unordnung.

263 **Allou ta kakarismata ki allou gennoun oi kotes.**

Woanders groß gackern, woanders die Eier legen.

Manche Menschen machen dort ein großes Geschrei, wo sie nichts geleistet haben.

264 **Mpros nkremos kai piso rhema.**

Vorne der Abgrund und hinten der Fluss.

Manchmal geraten wir in ausweglose Situationen, die uns keine Wahl mehr lassen.

265 **Den yparchon triantaphylla choris ankathia.**

Es gibt keinen Rosenstock ohne Dornen.

Im Leben müssen wir immer auch mit schwierigen und leidvollen Situationen fertig werden.

266 **Ktizei kastra stin ammo.**

Er baut Burgen im Sand.

Manche Menschen neigen dazu, solche Pläne zu schmieden, die sich nicht verwirklichen lassen.

267 **Ooi polloi oi mageiroi chaloun ti soupa.**

Die vielen Köche verderben die Suppe.

Bei entscheidenden Tätigkeiten im Leben dürfen nicht zu viele mitwirken.

268 **Esmixe o ouranos me ti gi.**

Der Himmel vermischt sich mit der Erde.

Die Starken verbinden sich mit den Schwachen.

269 **Anemo pou den se vlaptei, astone na physaei.**

Wo der Wind dir nicht schadet, dort lass ihn nur weiterblasen.

Wir sollen nicht allen Schwierigkeiten aus dem Weg gehen.

270 **Echase sti Venetia veloni.**

Er hat in Venedig eine Nadel verloren.

Er sucht einen Grund, um in die Ferne reisen zu können.

271 **Stala stala to nero, trypaei to lithari.**

Tropfen für Tropfen des Wassers durchbohrt den Stein.

Das weichste und schwächste Element ist auf Dauer stärker als das Harte und Starke.

272 **Epiase ton phalakro apo ta mallia.**

Er fasst den Kahlkopf an den Haaren.

Manche versuchen, dort noch etwas zu holen, wo gar nichts mehr zu holen ist.

273 **Gelane kai to avtia sou.**

Bei dem lachen sogar seine Ohren.

Übermäßiges Lachen erfasst den ganzen Körper.

274 **Tha nkremisei kanenas phournos.**

Der wird einen Backofen zerstören.

Manche Menschen neigen dazu, sich ihre Lebensgrundlage selbst zu zerschlagen.

275 **Voskei o gaidaros ekei pou ton denoune.**

Der Esel weidet dort, wo wir ihn anbinden.

Jedes Tier und jeder Mensch brauchen ihren Lebensraum.

276 **Oloi oi dromoi odigoun sti Romi.**

Alle Wege führen nach Rom.

An der zentralen Herrschaft im Staat oder in der Region führt kein Weg vorbei.

277 **Echo rhammata gia ti gouna sou.**

Ich habe Zwirn für dein Fell.

Ich habe die Möglichkeit und Fähigkeit, an deinem Fell zu flicken.

278 **Gynaika thymomeni, thalassa agriemeni.**

Eine zornige Frau ist wie ein brausendes Meer.

Frauen drücken ihre Emotionen zumeist direkter und wilder aus, als Männer dies gelernt haben.

279 **O aeras kai i gynaika den kleidonontai.**

Den Wind und eine Frau kann man nicht einsperren.

Aus der Sicht der Männer können Frauen nichts für sich geheim halten.

280 **Oso mikroteros o peirasmos, toso megalyteri i amartia.**

Je kleiner die Versuchung, umso größer die Sünde.

Wer einer kleinen Versuchung nicht widerstehen kann, zeigt damit eine schwache Selbstbeherrschung.

281 **I gynaika einai limni, ki o antras potami.**

Die Frau ist wie ein See, der Mann gleicht dem Fluss.

Damit wird das Weibliche als ruhend beschrieben, das Männliche als fließend und reißend.

282 **Kalomeleta ki erchetai.**

Zeige Zuversicht und er kommt.

Mit einer positiven Einstellung zur Zukunft erreichen wir mehr als mit einer pessimistischen Sicht der Dinge.

283 **San to skylo me ti gata.**

Wie Hund und Katze.

Menschen können so unverträglich leben wie konkurrierende Raubtiere.

284 **To dis examartein ouk andros sophou.**

Wer zweimal die gleiche Sünde begeht,
ist kein Mann mit Weisheit.

Leider machen wir oftmals denselben Fehler, wenn wir ihn nicht rechtzeitig korrigieren.

285 **Ta kala kopois ktontai.**

Das Schöne wird nur mit Mühen aufgebaut.

Wir müssen uns anstrengen, um die schönen Dinge des Lebens mit Maß genießen zu können.

286 **Archi imisy tou pantos.**

Der Anfang ist schon die Hälfte des Ganzen.

Am schwierigsten ist es, eine Sache oder Aufgabe zu beginnen, da müssen innere Widerstände überwunden werden.

287 **I meli epi glottis i argyrion en cheri.**

Entweder Honig auf der Zunge oder Geld in der Hand.

Mit süßen und betörenden Worten können manche Menschen großen Gewinn erzielen.

288 **En oida, oti ouden oida.**

Das eine weiß ich, dass ich nichts weiß.

Das eigene Nichtwissen zu erkennen, sei der Anfang der Weisheit, sagen die Philosophen.

289 **Midena pro tou telous makarize.**

Du sollst keinen vor seinem Ende selig preisen.

Eine Lebensgeschichte wird erst abgeschlossen, wenn es zum Sterben geht, erst dann können die Überlebenden sie bewerten.

290 **Syn Athina kai cheira kinei.**

Nicht nur zu Athena beten, sondern auch die Hände bewegen.

Beten allein nützt nicht, wir müssen auch fleißig arbeiten.

291 **Damokleios spathi.**

Das Schwert des Damokles.

Der sizilianische Kriegsheld Damokles hängte ein scharfes Schwert mit einem Pferdehaar über seinem Kopf auf und lebte in dauernder Gefahr.

292 **Den echei pou tin kephalin klinai.**

Er hat nichts, wohin er seinen Kopf legen könnte.

Dieser Spruch wird Jesus aus Nazaret zugeschrieben, er zeigt die Armut des Wanderpredigers an.

293 **To terpnon meta tou ophelimou.**

Das Angenehme kommt nach dem Nützlichen.

Zuerst müssen wir das zum Leben Notwendige besorgen, um Schönes erleben zu können.

294 **Mideni dikin dikaseis prin amphois mythous akouseis.**

Du kannst über keinen Recht sprechen, wenn du nicht die Meinungen beider Seiten gehört hast.

Bei Gericht sagen die Gegner immer Wahres und Falsches, der Richter muss beide Seiten hören und bewerten.

295 **En ti enosei i ischys.**

In der Vereinigung liegt die Stärke.

Schon früh haben die Menschen verstanden, dass sie nur gemeinsam überleben können.

296 **Gela de o moros, kan ti mi geloion i.**

Der Dumme lacht auch dann, wenn es gar nichts zum Lachen gibt.

Manche Menschen können über böse Situationen und über sich selbst lachen.

297 **Makarioi oi ptochoi to pneumati, oti antamoiphthesontai.**

Selig sind die Armen im Geist, denn sie werden belohnt werden.

Auch dieser Spruch stammt von Jesus, er preist die einfachen und demütigen Menschen.

298 **Ouk an laveis para tou mi echontos.**

Von dem kannst du nichts nehmen, der nichts hat.

Dies ist die bittere Wahrheit der armen Menschen, dass sie wenig zum Gemeinwohl beitragen können.

299 **Ananka kai theoi peithontai.**

In der Not werden auch die Götter nachgeben.

In Notlagen verzichten selbst die Götter auf die Opfer der Menschen.

300 **Allai men voulai anthropon, alla de theos keleuei.**

Das eine sind die Wünsche der Menschen,
das andere die Pläne Gottes.

Was immer wir anstreben, wir werden von höheren Mächten gelenkt und bestimmt.

301 **Phobou tous Danaous kai dora pherontes.**

Fürchte die Danaer, auch wenn sie Geschenke überbringen

Dies ist der Spruch des trojanischen Sehers über die feindlichen Griechen, als diese Geschenke überbrachten. Immer ist Vorsicht angebracht.

302 **Dryos pesousis pas anir xyleuetai.**

Eine umgefallene Eiche kann jeder abholzen.

Das Schwierige ist, eine große Eiche mit einfachen Werkzeugen zu fällen oder mit wenig Mitteln wichtige Taten zu vollbringen.

303 **Ta tou Kaisaros, to Kaisari.**

Dem Kaiser, was dem Kaiser gehört.

Auch dieser Spruch Jesu sagt, dass wir der Obrigkeit die für die Gemeinschaft nötigen Abgaben zahlen müssen.

304 **Ta en oiko mi en dimo.**

Was im Haus zu regeln ist, gehört nicht in
die Versammlung der Gemeinde.

Was in den kleinen Gruppen zu regeln ist, soll nicht von großen Organisationen entschieden werden. Wir sprechen vom Prinzip der Subsidiarität.

305 **Girasko aei didaskomenos.**

Ich werde alt und lerne immer noch.

In der modernen Wissensgesellschaft hört das Lernen nie auf.

6

Allgemeine Lebensweisheiten

(neugriechisch)

Dies sind Texte von Philosophen, Dichtern und Wissenschaftlern aus aller Welt, wie sie in der griechischen Sprache rezipiert worden sind. Sie befassen sich mit Fragen der Wissenschaft, der Weltdeutung, der Moral, des Lebensglücks, der Liebe, der Erziehung, des Lebens und des Sterbens, des Glücks und des Unglücks. Sie wollen den Leser zum Nachdenken anregen und zu einem Lernprozess bewegen. Deutlich erkennen wir den Bezug zum praktischen Leben und zu den Grundfragen unseres Daseins, am Rande werden auch Fragen der Religion berührt.

1 **O thymos oson agapoun alithina diarkei elachista.**

Der Zorn der wirklich sich Liebenden dauert nur kurz.

Auch Liebende geraten in Streit, doch ihre Liebe ist stärker als die Verletzung.

2 **Echei i agapi axioprepeia.**

Wahrt die Liebe den Anstand?

Oft sind die emotionalen Kräfte der Liebe stärker als unsere Regeln des guten Benehmens.

3 **Einai krima pou yparchoun polloi anthropoi pou simera agapoun kai avrio misoun.**

Es ist ein Fehler, wenn viele Menschen heute lieben und morgen hassen.

Es sind unsere inneren Einstellungen, die uns zu Mitgefühl oder zur Absonderung drängen.

4 **Xero na moirasto mono tin agapin, ochi to misos.**

Ich weiß, dass ich nur die Liebe teilen kann, nicht aber den Hass.

Wenn wir unsere negativen Einstellungen zu Mitmenschen teilen, geraten wir in die Spirale der Zerstörung.

5 **Ena glyko vasano einai i agapi, aphou ta martyria tis ta hypopheroume prothyma.**

Eine süße Qual ist die Liebe, denn ihr Leiden ist bereitwillig und erträglich.

Wer die Liebe zu Mitmenschen lebt, muss dafür auch Leiden und Widerstände auf sich nehmen.

6 **Agapas ekeino pou psachneis na vreis.**

Du liebst das, was du ersehnst.

Immer treibt uns die Sehnsucht nach Zuwendung zu anderen Menschen.

7 **To psema einai kako kai katakriteo kai i alitheia kali kai axiepaini.**

Die Lüge ist schlecht und zu verurteilen, die
Wahrheit aber ist gut und lobenswert.

Die Lüge zerstört die Grundlagen unseres sozialen Lebens und unsere Orientierung im Dasein.

8 **Einai atimotiko gia ton eleuthero anthropo otan ton theoroun pseuti.**

Es ist für einen freien Menschen entwürdigend,
wenn man ihn für einen Lügner hält.

Wir alle leben davon, dass es Menschen gibt, die um Wahrhaftigkeit ringen.

9 **I alitheia einai mia vasilissa pou o thronos tis den klonizetai pote.**

Die Wahrheit ist eine Königin, deren
Thron niemals erschüttert wird.

Wenn die Menschen die Wahrheit konsequent auslöschen wollen, dann zerstören sie sich selbst.

10 **I physi echei kanei tin alitheia kai tin dikaiosyni pio dynantes apo to psema kei tin adikia.**

Die Natur hat es so eingerichtet, dass die Wahrheit und die
Gerechtigkeit stärker sind als die Lüge und das Unrecht.

Wir können vermuten, dass Gruppen und Gesellschaften auf der Basis von Lüge und Unrecht nicht überleben konnten.

11 **Me ton chrono vgainei panta i alitheia.**

Die ganze Wahrheit zeigt sich im Lauf der Zeit.

Historiker bringen wichtige Wahrheiten unseres sozialen Lebens nachträglich ans Licht, an die ganze Wahrheit kommen sie kaum heran.

12 **O adelphos pou voithaei ton adelpho tou moiaze me poli ochyromeni kai aprospelasti.**

Wo Brüder einander helfen und Güter teilen, dort wird die Stadt sicher und uneinnehmbar sein.

Kluge Menschen erkennen rechtzeitig, dass ihnen die Kooperation mehr Vorteile bringt als die Konfrontation.

13 **Otan voithas ton adelpho sou, voithas ton eauto sou.**

Wenn du dem Bruder hilfst, dann hilfst du dir selbst.

Wenn wir einander in Not helfen, dürfen wir mit Recht hoffen, dass auch uns in Notlagen wirkungsvoll geholfen wird.

14 **Dyo monoiasmena adelphia einai pio dynata apo tin petra.**

Wenn zwei Geschwister sich vertragen, sind sie stärker als der Stein.

Gerade Geschwister haben es durch Konkurrenzsituationen oft schwer, effektiv zusammenzuarbeiten.

15 **Me tin aisiodoxia, to avrio tha einai isos kalytero.**

Der Optimist glaubt, dass es morgen besser sein wird als heute.

Eine optimistische Lebenseinstellung gibt uns ungleich mehr an Lebenskraft als negative Bewertungen des Daseins.

16 **To dexi cheri tis zois einai i adelphosyni.**

Geschwisterlichkeit ist die rechte Hand des Lebens.

Durch Zusammenarbeit in der Familie, der Sippe und im Staat kann sich Leben vielfältig entfalten.

17 **I amartia echei mono archi, den teleionei pote.**

Die Sünde hat nur den Anfang, sie kommt nie zu Ende.

Die Schuld und Verfehlung erzeugen immer von Neuem Schuld und Verfehlung.

18 **I amphivolia einai syngemis tis apognosis.**

Der Zweifel ist der Bruder der Verzweiflung.

Wenn wir an allem zu zweifeln beginnen, dann hat unser Leben keinen Ausweg mehr.

19 **Oso yparchoun anthropoi yparchei kai sigouro propyrgio.**

Solange es Menschen gibt, wird es auch sichere Befestigungen geben.

Weil es unter uns aggressive und zerstörende Menschen gibt, brauchen wir starke Absicherungen unserer Lebenswelten.

20 **Xereis na mou gnoriseis enan anthropo.**

Kannst du mir einen Menschen zeigen?

Wenn wir einen Mitmenschen verstehen, dann ahnen wir, was Menschsein heißt.

21 **O anthropos pou i dynami tou einai isi me to pathos tou einai to agriotero thirio.**

Der Mensch ist voller Kraft, doch die Leidenschaft macht ihn zu einem wilden Tier.

Wenn wir unser emotionales Erleben nicht mit Vernunft und Verstand steuern, können wir unsere zerstörenden Kräfte nicht unter Kontrolle halten.

22 **An xerame ta vasana ton allon, tha hypopherame prothyma ta dika mas.**

Würden wir die Plagen der Mitmenschen kennen, dann würden wir gerne die eigenen ertragen.

Im Blick auf das Leiden anderer wird das eigene Leiden oft sehr gering.

23 **I areti einai i hygeia kai omorphia tis psychis.**

Die Tugend ist die Gesundheit und Schönheit der Seele.

Die Tugend aber besteht in der positiven Einstellung zu den Mitmenschen und in der jederzeitigen Hilfsbereitschaft.

24 **I kakia antitheta i arrosteia kai i ntropi tis psychis.**

Die Bosheit ist die Krankheit und Hässlichkeit der Seele.

Wenn wir anderen Menschen Böses antun, dann zerstören wir unser eigenes Mitgefühl mit fremdem Leben.

25 **O anthropos pou den einai enaretos, den mporei na echei tipota kalo.**

Ein Mensch ohne die Tugend vermag nichts und hat nichts Gutes an sich.

Wer den Mitmenschen Mitgefühl und Hilfe verweigert, zerstört seine sozialen Fähigkeiten.

26 **To megalytero apo ta proterimata ton anthropon einai i areti.**

Der größte aller menschlichen Vorzüge ist die Tugend.

Wenn wir uns sozial und kooperativ zu Mitmenschen verhalten, verwirklichen wir unsere optimalen Fähigkeiten.

27 **O kalyteros tropos na zoume einai na eimasthe enaretoi akoma kai otan pethainoume.**

Die schönste Weise zu leben scheint mir die Tugend zu sein, auch wenn wir für sie sterben müssen.

Es hat in allen Kulturen Menschen gegeben, die eher den Tod auf sich genommen haben, als ein schweres Unrecht an Mitmenschen zu tun.

28 **Areti einai i pragmatiki evgeneia.**

Die Tugend ist die wahre Höflichkeit.

Wenn wir die authentischen Bedürfnisse unserer Mitmenschen zu befriedigen trachten, dann haben wir den Sinn des menschlichen Daseins verstanden.

29 **To kalytero vivlio einai ekeino pou anoigoume me lachtara kai kleinoume me kerdos.**

Das beste Buch ist dieses, welches die
Sehnsucht weckt und Gewinn verspricht.

Aus vielen Büchern lernen wir stückweise die Weisheit unseres Daseins, die uns Glück verspricht.

30 **Stin aphoriti monaxia o exypnos anthropos strephetai ston pio pisto tou syntropho to vivlio.**

In der unerträglichen Einsamkeit wendet sich der kluge
Mensch seinem treuesten Gefährten zu, nämlich dem Buch.

Bücher speichern die Erkenntnisse und Erfahrungen anderer Menschen, die unserem eigenen Leben nützlich sein können.

31 **To pio entono spor, meta ton erota, einai i syllogi vivlion.**

Der interessanteste Sport nach der Erotik
ist das Sammeln von Büchern.

Gewiss sammeln wir nur solche Bücher, die uns einen persönlichen Nutzen bringen oder versprechen.

32 **Ta vivlia moiazoun me tous anthropous, mesa sta polla, ta liga paizount ton spoudaio rolo.**

Bücher sind wie Menschen, in der Fülle spielen
nur die wenigen eine wichtige Rolle.

Die Kunst des guten Buches besteht darin, das Wichtigste in zentrierter Form zu sagen.

33 **Stin machi epizei o gennaios, eno o deilos skotonetai.**

In der Schlacht überlebt der Tapfere,
während der Ängstliche umkommt.

Dieser Spruch galt nur in frühen Zeiten, wo der Tapfere sich besser verteidigte als der Schwache.

34 **I gennaiotita einai panta sta oria tis eugeneias.**

Die Tapferkeit bewegt sich innerhalb der Grenze der edlen Gesinnung.

Hier wird die Tapferkeit nicht auf den Kampf, sondern auf das Ringen um Gerechtigkeit bezogen.

35 **Spanizei poly mia gennaia psychi.**

Eine tapfere Seele findest du selten.

Zur Tapferkeit der Seele gehört, dass sie bereit wird, jedes Schicksal zu ertragen.

36 **Gennaiotita den einai na ypotimas ton kindyno, alla isosti ektimisi kai katanikisi tou.**

Tapferkeit ist nicht die Unterschätzung der Gefahr, sondern ihre richtige Einschätzung und Bewältigung.

Der Spruch wendet sich gegen eine blinde und unvernünftige Form der Tapferkeit.

37 **Ta geramata moiazoun me mia deuteri vrephiki ilikia.**

Das Greisenalter ist einem zweiten Säuglingsalter ähnlich.

Oft müssen alte Menschen von Jüngeren wie kleine Kinder gepflegt werden.

38 **Ta gerateia einai enas tyrannos, pou apagoreuei oles tis apolauseis tis niotis.**

Das Alter ist ein Tyrann, der alles verbietet, was die Jugend genießen kann.

Heute sind wir in der Lage, den Alterungsprozess unseres Körpers weit hinauszuschieben.

39 **I zoi einai glykia kai kathenas thelei na zisei poly, ma kanenas na ginei geros.**

Das Leben ist süß, und jeder will viel erleben, aber keiner will ein Greis werden.

Wir haben heute viele Möglichkeiten, das Greisenalter erträglich zu gestalten.

40 **Geros einai ochi ekeinos pou echei aspra mallia alla mavre kardia.**

Alt ist nicht, wer weiße Haare hat, sondern
wer ein düsteres Herz hat.

Es sind unsere inneren Einstellungen zum Leben, die den Alterungsprozess vorantreiben.

41 **I gnosi tis agnosias einai i archi tis sophias.**

Die Erkenntnis der eigenen Unwissenheit
ist der Anfang der Weisheit.

Dieser Satz wird dem Philosophen Sokrates zugesprochen, Platon hat ihn überliefert.

42 **Ena gnorizo, oti den gnorizo tipota.**

Das eine weiß ich, dass ich nichts weiß.

Im Blick auf das Wissbare und Erkennbare bleibt unser Erkennen immer winzig klein.

43 **Kalytera na mi xerei kaneis tipota, para na xerei kati kai na min einai sosto.**

Es ist besser, nichts zu wissen, als Falsches zu lernen.

Oft ist es sehr schwierig, dass wir uns von falschen Lerninhalten trennen, wenn wir sie als solche erkannt haben.

44 **I gnosi choris dikaiosyni einai panourgia, ochi exypnada.**

Wissen ohne Gerechtigkeit ist
Verschlagenheit, aber nicht Weisheit.

Auch wir wissen, dass wir wissenschaftliche Erkenntnis jederzeit mit sozialer Ungerechtigkeit verbinden können.

45 **Otan akouei kaneis mono tin mia apopsi apo tis dyo, mathainei ti misi mono alitheia.**

Wenn einer nur eine von zwei Ansichten hört,
erfährt er nur die halbe Wahrheit.

Jeden Sachverhalt können und müssen wir von mehreren Seiten betrachten, dann kommen wir der Wahrheit näher.

46 **Avtos pou echei gnoseis kai to xerei, einai sophos, akolouthise ton.**

Wer Erkenntnis hat und sie versteht, der ist weise, dem kannst du folgen.

Auch wir streben danach, das Gelernte zu verstehen und an andere weiterzugeben.

47 **Avtos pou echei gnoseis kai den to xerei, koimatai xypnise ton.**

Wer Wissen hat, es aber nicht versteht, den musst du vom Schlaf aufwecken.

Ständig geben wir ein Wissen weiter, das wir nicht ganz verstehen, aber wir können um mehr Verständnis ringen.

48 **Avtos pou den gnorize tipota kai den to katalavainei, einai anoitos, prepei na ton apophygeis.**

Wer nichts weiß und nichts versteht, ist ein Tor, von ihm sollst du dich fernhalten.

Törichte Menschen geben vor, vieles zu wissen und zu verstehen, doch sie schaden ihren Mitmenschen.

49 **Avtos pou den gnorizei tipota kai to echei syneiditopoiisei, einai aploikos, prepei na to didaxeis.**

Wer nichts weiß, aber gewissenhaft lebt, ist einfältig, aber ihn kannst du belehren.

Wer moralisch aufrecht lebt und nach Wissen strebt, kann sich viel Erkenntnis aneignen.

50 **Ti gynaika mi ti chtypas, oute me louloudi.**

Eine Frau darfst du nicht schlagen, nicht einmal mit einer Blume.

Dies ist eine wichtige Einsicht für Männer in einer patriarchalischen Kultur und Gesellschaft.

51 **Opoios kratei ton aeto apo tin oura kai ti gynaika apo ton logo tis, den krataei tipota.**

Wer einen Adler am Schwanz und eine Frau mit dem Verstand lenken will, wird nichts ausrichten.

Der Spruch sagt, dass Frauen mehr als Männer ihren Gefühlen folgen und den Verstand relativieren.

52 **Stin gynaika den mporeis pote na xereis pou teleionei o angelos kai pou archizei o diavolos.**

Bei einer Frau weißt du nie, wo der Engel aufhört und der Teufel anfängt.

Für viele Männer sind Frauen in ihren wechselnden Gefühlen unberechenbar; das macht das Zusammenleben der Geschlechter schwierig.

53 **Otan katigoreis tis gynaikes synolika, oles diamartyrontai. Otan tis kategoreis mia mia oles symphonoun.**

Wenn du alle Frauen anklagst, werden alle protestieren. Wenn du sie einzeln anklagst, werden sie dir zustimmen.

Dieser Spruch drückt die grundsätzliche Solidarität der Frauen aus, die aber im Einzelfall sehr schnell zu Ende kommt.

54 **Kalytera na zei kaneis se ena mikro domatio para se ena palati me nkriniara gynaika.**

Besser du wohnst in einem kleinen Haus als in einem Palast mit einer nörgelnden Frau.

Das Gleiche gilt natürlich auch umgekehrt für das Zusammenleben mit einem unzufriedenen Mann.

55 **Gnorisa tis gynaikes apo tis gynaikes.**

Du lernst die Frauen durch die Frauen kennen.

Immer lernen wir das andere Geschlecht durch den lebendigen Umgang mit ihm kennen.

56 **Stin archi kathe aristourgimatos yparchei panta mia gynaika.**

Am Anfang jedes Menschenwesens gibt es die Frau.

Dieser Spruch bezieht sich auf den alten Mythos, dass alles Leben von einer göttlichen Urmutter geboren worden sei.

57 **I gynaika choris antra kai i elpida choris pono den mporei na gennisei kati kalo.**

Eine Frau ohne Mann und eine Hoffnung ohne Leiden können nichts Schönes erzeugen.

Der Spruch will sagen, dass erst durch das Zusammenwirken beider Geschlechter das Leben glücklich werden kann.

58 **I gynaika zei apo to synaisthima, ekei opou o antras zei apo ti drasi.**

Die Frau lebt vom Gefühl her, der Mann aber von seinen Taten.

Die innere Orientierung der Geschlechter ist tatsächlich verschieden, sie kann sich aber ergänzen.

59 **Oii gynaikes einai adymanes giati stirizontai mono sti kardia tous.**

Die Frauen sind schwach, weil sie sich allein auf das Herz verlassen.

Dieser männliche Spruch will erklären, warum Frauen zuerst ihren Gefühlen folgen.

60 **Den yparchei gria gynaika, kathe gynaika, se kathe ilikia, an agapaei charizei ston antra tis stigmes tis evtychias.**

Es gibt keine alte Frau; jede Frau in jedem Alter schenkt dem Mann Momente des Glücks, wenn er sie liebt.

Dies gilt für beide Geschlechter: Solange wir geliebt werden, fühlen wir uns nicht alt oder wertlos.

61 **Opos ta kymata etsi kai oi gynaikes, eno phainontai idies den moiazei pote i mia me tin alli.**

Die Frauen sind wie Meereswellen, sie erscheinen einzigartig und keine gleicht der anderen.

Im Grunde ist jeder Mensch einzigartig in seiner Lebensgeschichte und mit keinem zweiten zu vergleichen.

62 **O kosmos itan mountos, o kipos maramenos kai o anthropos anastenaze mechri pou i gynaika chamogelase.**

Die Welt war trüb, der Garten war trocken und der Mann seufzte, bis die Frau zu lächeln begann.

Dieser Spruch bezieht sich auf die Geschichte der ersten Menschen im Paradies; er spricht den Frauen das erste Lächeln zu.

63 **Otan oi gynaikes mimountai tous antres, apoktoun ta elattomata tous kai pote tis aretes tous.**

Wenn die Frauen die Männer nachahmen, dann nehmen sie deren Fehler an, nie aber deren Tugenden.

Dies wird von Frauen in der Wirtschaft oder der Politik behauptet, es dürfte aber auch von den Männern gelten.

64 **Mia omorphi gynaika pou aresei gia ta matia tis einai ena stolidi.**

Eine schöne Frau, die wegen ihres Blickes gefällt, ist ein Schmuck.

Der Blick drückt bei beiden Geschlechtern innere Lebenskraft und seelische Dynamik aus.

65 **Mia kali gynaika pou aresei gia tin kardia tis einai enas thisauros.**

Eine gute Frau, die wegen ihres Herzens gefällt, ist ein Schatz.

Mit dem Herzen meinen wir unsere inneren Einstellungen, Gefühle und Wertungen.

66 **Oi gynaikes paizoun me tin omorphia tous san ta paidia me to machairi tous; sto telos panta pligonontai.**

Die Frauen spielen mit ihrer Schönheit wie Kinder
mit Messern, am Ende sind alle verletzt.

Wenn Frauen ihre weiblichen Reize gegeneinander ausspielen, geben sie ihre Solidarität auf und verletzen einander.

67 **Opos den thelo na eimai sklavos, den thelo na eimai kai kyriarchos kapoiou allou.**

Weil ich kein Sklave sein möchte, deswegen
möchte ich auch über niemanden herrschen.

Dies ist eine wichtige Einsicht unseres Zusammenlebens, denn durch Herrschaft werten wir einander fundamental ab.

68 **Sti dimokratia oloi oi anthropoi echoun ta idia dikaiomata kai tis idies ypochreoseis.**

In der Demokratie haben alle Menschen ihre
gleichen Rechte und Verpflichtungen.

Dies ist der Grundsatz des demokratischen Lebens, dass alle Menschen denselben Wert haben.

69 **Den mporei na einai kapoios eleutheros, an oloi gyro tou den einai eleutheroi.**

Die Freiheit nützt dem Einzelnen wenig,
wenn alle um ihn herum unfrei sind.

Viele Menschen können diese Einsicht nicht verstehen, sie glauben auch weiterhin, über andere herrschen zu müssen.

70 **Dimokratia einai mia ateleioti prospatheia kai poreia pros tin proodo.**

Die Demokratie ist der unvollendete Versuch
und der Vorlauf zum Fortschritt.

Wir erkennen, dass uns die offene Demokratie die größten Lernprozesse unserer Kultur ermöglicht und offen hält.

71 **Dikaiosyni einai to dikaioma tou adynatou kai phtochou.**

Gerechtigkeit ist das Recht der Schwachen und der Armen.

Erst die Demokratie macht es möglich, dass auch die sozial Schwächeren ihre natürlichen Rechte leben können.

72 **Dikaiosyni choris dynami den ginetai, giati panta yparchoun oi kakoi.**

Die Gerechtigkeit ohne Macht gibt es nicht,
denn die Übeltäter sind immer sehr stark.

Im Staat können die Übeltäter nur mit Gewalt zur Einhaltung der Gesetze gezwungen werden.

73 **Mia kritiki viastiki einai sychna adiki.**

Eine voreilige Kritik ist häufig ungerecht.

Wir müssen immer auf Fehler der anderen genau hinsehen, bevor wir sie ansprechen und zu bessern versuchen.

74 **I apodosi dikaiosynis einai i pio oraia leitourgia tis anthropotitas.**

Das Walten der Gerechtigkeit ist die
schönste Form der Menschlichkeit.

Allein die soziale Gerechtigkeit ermöglicht es allen Menschen, ihre Fähigkeiten zu verwirklichen.

75 **Mi xechnate, yparchei kai to mati tis dikaiosynis pou ta vlepei ola.**

Vergesst nicht, es gibt das Auge der
Gerechtigkeit, das alles sieht.

In der Religion wird das Auge der Gerechtigkeit der Gottheit zugeordnet, vor dem sich kein Mensch verbergen kann.

76 **Akona kai oi listes kai klephtes pherontai dikaia metaxy tous, giati diaphoretika den mporoun na petychoun tipote.**

Sogar die Diebe und Räuber sind zueinander gerecht, weil sie sonst nichts erreichen können.

Unsoziale Menschen suchen ihre Vorteile immer auf Kosten anderer, sie leben von der Anständigkeit der Gerechten.

77 **Kalytera na eisai televtaios apo ta liontaria, para protos apo tis alepoudes.**

Es ist besser, der Letzte der Löwen zu sein als der Erste der Füchse.

Für viele ist es besser, zu den Stärkeren zu gehören, statt zu den Schlaueren.

78 **O pothos tis doxas einai to televtaio roucho pou vgazei akoma kai o pio sophos.**

Das Verlangen nach Ehre vollendet sich in der Kleidung, wo sich auch der Klügere zeigt.

Dieser Spruch gilt in einer libertinistischen Gesellschaft nur mehr marginal, denn viele drücken in ihrer Kleidung ihr Lebensgefühl aus.

79 **O enaretos kai sophos anthropos den echei ananki apo ti doxa.**

Der aufrechte und der weise Mensch hat kein Verlangen nach großer Ehre.

Der soziale Status ist dem weisen Menschen keine starke Motivation, um nach Erkenntnis und Gerechtigkeit zu streben.

80 **Opos opoios perpata kato apo ton ilio ton akolouthei i skia, esti kai opoios perpata me ti doxa ton akolouthei o phthonos.**

Wer unter der Sonne lebt, hat als Begleiter den Schatten, und wer hoch geehrt wird, den begleitet der Neid.

Unser Leben hat nicht nur Lichtseiten, auch die weisen und begabten Menschen werden von vielen Zeitgenossen beneidet.

81 **I doxa moiazei me ton kyklo pou ginetai sto nero, otan pephtei mesa kapoia petra, kai den stamataei pote aplonetai.**

Die Ehre ist wie ein Kreis im Wasser, wenn ein Stein hineinfällt, er hört nicht auf, sich auszubreiten.

Für viele Zeitgenossen sind Ruhm und Ansehen wichtig, sie tun alles, um sie zu vermehren und zu verbreiten.

82 **Kamia douleia den einai ntropi, para mono i timpelia.**

Arbeit ist niemals eine Schande, wohl aber die Faulheit.

Viele empfinden heute die Arbeitslosigkeit als soziale Schande, auch wenn sie völlig schuldlos in sie geraten sind.

83 **Outos kapnizei os kopronas, kai avtovromei os kopronas.**

Dieser raucht wie ein Misthaufen, und er stinkt wie ein Misthaufen.

Dieser bäuerliche Spruch drückt das Missfallen der Nichtraucher über die Raucher aus.

84 **I chara einai kori tis ergasias.**

Die Freude ist die Tochter des Fleißes.

Wenn wir unsere Erfüllung in einer sinnvollen Arbeit finden, dann erleben wir tiefe Lebensfreude und Befriedigung.

85 **I douleia den einai pote tapeinotiki gia ton anthropo.**

Die Arbeit ist für keinen Menschen erniedrigend.

In der feudalen Gesellschaft wurde die manuelle Arbeit von den Herrschenden gering geachtet.

86 **Dystychos o anthropos polles phores tin douleian tapeinonei.**

Leider erniedrigt oft der Mensch die Arbeit.

Gewiss gibt es auch unter uns Menschen, die jede Form von Arbeit scheuen. Sie leben mit einer unsozialen Einstellung in der Gemeinschaft.

87 **Choris kopo kai douleia kanenas den mporei na evtychisei.**

Ohne Mühe und Arbeit kann kein Mensch glücklich werden.

Es gehört zu unserem biologischen Erbe, dass wir uns im Leben anstrengen und mühen wollen und müssen.

88 **Den yparchei megalyteri evcharistisi apo auti pou dinei i demiourgia.**

Die höchste Zufriedenheit erreichen wir durch eine schöpferische Tätigkeit.

Es gehört zu unserem kulturellen Erbe, dass wir etwas Neues entdecken und schaffen wollen.

89 **Me ton idrota tou prosopou sou na vgazeis to psomi sou.**

Im Schweiß deines Angesichts sollst du dein Brot verdienen.

Dieser Spruch aus der jüdischen Bibel zeigt die harten Lebensbedingungen der frühen Ackerbauern an.

90 **I douleia einai phos, zoi, skepsi.**

Die Arbeit bedeutet Licht und Leben und Überlegung.

Jede Form von Arbeit nützt in irgendeiner Weise der Gemeinschaft, sie gibt unserem Leben einen Sinn und einen bleibenden Wert.

91 **I syneidisi einai to spiti tis dikaiosynis.**

Das Gewissen ist das Haus der Gerechtigkeit.

In uns allen ist die Fähigkeit zur sozialen Sensibilität, die wir Gewissen nennen.

92 **O egoismos dilitiriazei ti philia.**

Der Egoismus vergiftet die Freundschaft.

Viele egozentrische Menschen kreisen um sich selbst und sind zu sozialen Beziehungen gar nicht fähig.

93 **O egoismos einai toso megalos pou kai olos o kosmos den mporei na ton choresei.**

Der Egoismus ist so stark, dass ihn die ganze Welt nicht auslöschen kann.

Immer leben egozentrische neben sozialen Menschen, wenn alle Egoisten wären, könnten sie gar nicht überleben.

94 **Den yparchei alithi evtychia mesa ston egoismo.**

Mitten im Egoismus kann das wahre Glück nicht gedeihen.

Dies können egozentrische Menschen gar nicht begreifen, dass sie sich mit ihrer unsozialen Grundeinstellung selber schädigen.

95 **Opos to nero apo to potami kylaei kai chanetai mesa sti thalassa, etsi kai oi aretes chanontai mesa ston egoismo kai to sympheron.**

Wie das Wasser in den Flüssen fließt und sich im Meer verliert, so verlieren sich die Tugendhaften zwischen dem Egoismus und dem Eigennutz.

Auch die sozialen Menschen denken an ihren eigenen Nutzen, aber gleichzeitig oder zuerst wollen sie ihren Mitmenschen nützlich und hilfreich sein.

96 **O papas prota ta geneia tou evlogei.**

Der Pope lobt zuerst seinen eigenen Bart.

Wir neigen dazu, zuerst unsere eigenen Vorzüge zu sehen und darauf stolz zu sein.

97 **Den gnorizo kanenan kalo polemo i kaki eirini.**

Ich kenne keinen guten Krieg und keinen schlechten Frieden.

Selbst ein unfairer Friede ist für die Gemeinschaft noch besser als die sinnlose Zerstörung des Krieges.

98 **Polemos einai i epistimi tis katastrophis.**

Der Krieg ist die innere Logik der Vernichtung.

In jedem Krieg geht es um Vernichtung von Leben, doch um die Kriege der Verteidigung kommen wir nicht herum.

99 **O didaskalos prepei na mathainei sto paidi na agapaei tin eirini kai ti douleia kai na misei ton polemo.**

Der Lehrer muss das Kind lehren, den Frieden und die Arbeit zu lieben und den Krieg zu hassen.

Wir können durch kritische Erziehung die Jugend dazu anleiten, die negativen Folgen und Wirkungen eines Krieges realistisch einzuschätzen.

100 **Gia na kerdiseis enan polemo prepei na eisai kai alepou kai liontari.**

Wenn du einen Krieg gewinnen willst, dann musst du zugleich ein Fuchs und ein Löwe sein.

Dieser alte Spruch sagt, dass siegreiche Feldherren immer mit List und Brutalität über ihre Gegner herfallen.

101 **Me tin eirini o georgos vgazei to psomi tou akoma ki an vrisketai anamesa sta vrachia.**

Im Frieden baut der Bauer sein Getreide und Brot noch zwischen den Steinen.

Wenn Frieden ist, kann der Bauer noch auf kargen Böden ernten, doch im Krieg ist jede Ernte zerstört.

102 **O polemos einai phovero pragma, otan omos o agonas einai gia to dikaio, to mparouti echei glykeia myrodia.**

Der Krieg ist ein gefährliches Werk, aber sobald der Kampf gerecht erscheint, bekommt das Schießpulver einen süßen Geruch.

Der Kampf löst bei vielen zerstörenden Menschen fanatische Begeisterung aus, die oft auf Selbstzerstörung abzielt.

103 **Ston polemo ginontai lathi kai apo tous dyo antipalous. Nikitis einai panta ekeinos pou kanei ta ligotera.**

Im Krieg machen beide Gegner Fehler. Sieger wird der sein, der die geringeren Fehler macht.

Dieser alte Spruch der Militärs hat auch in modernen Kampfsituationen seine Gültigkeit.

104 **Oi polemoi den mporei para na gennisoun allous ateleiotous polemous.**

Die Kriege bewirken gar nichts außer andere endlose Kriege.

Wenn Kriege nicht durch vernünftige Beschlüsse der Gegner beendet werden, führen sie in eine Spirale der Zerstörung.

105 **O polemos einai ergo vavbaron anthropon pou epidiokoun me auton na ypodoulosoun allous anthropous.**

Der Krieg ist das Werk barbarischer Menschen, wo die einen versuchen, die anderen zu unterjochen.

Oft genügen in einem Staat Minderheiten von zerstörenden Menschen, die ihre Mitbürger in einen Krieg hineinreißen können.

106 **Opoios kanei ton polemo epangelma, den mporei para na einai kakos kai mochthiros.**

Wer den Krieg zum Beruf hat, kann nur böse und grausam sein.

Umgekehrt gilt auch, dass boshafte und zerstörende Menschen immerzu den Streit, den Kampf und den Krieg suchen.

107 **Ho polemos demiourgei tous klephtes kai i eirini tous vazei phylaki.**

Der Krieg erschafft die Diebe, der Friede aber setzt die Wächter ein.

Im Krieg verrohen viele Menschen in ihren Gefühlen und Gedanken, allein im Frieden kann unsere Menschlichkeit wachsen.

108 **I ekdikisi einai ena phagito pou trogetai kryo.**

Die Rache ist wie ein Gastmahl, bei dem kalt gegessen wird.

Gemeint ist mit diesem Sprach, dass bei der Rache alle positiven und sozialen Gefühle abgetötet werden.

109 **Oi anthropoi pio evkola antapodidoun to kako, para to kalo pou tous ekanen.**

Die Menschen vergelten einander viel eher das Böse als das Gute.

Die Rache basiert auf einem archaischen Programm, der erlittene Schmerz wird mit aller Gewalt zurückgegeben.

110 **I ekdikisi akoma kai tou echthrou sou, einai kako. To na men ekdikeisai kanenan einai anoterotita.**

Die Rache am Feind ist böse, der Verzicht auf Rache ist das Bessere.

Wir brauchen eine starke Motivation und ein positives Selbstbild, um auf Rache verzichten zu können.

111 **I ekdikisi einai mia protogoni dikaiosyni tin opoia o nomos prepei na prospathei ne xerizosei.**

Die Rache ist eine frühe Form der Gerechtigkeit, die durch das Gesetz überwunden werden soll.

Das archaische Gesetz der Rache wird durch vernünftige Gesetze überwunden, der Übeltäter wird auf andere Weise bestraft.

112 **Perissotero stoichizei na ekdikitheis ena kako pou sou ekanan, para na to ypophereis.**

Die Rache einer bösen Tat kostet dich mehr, als sie zu verzeihen.

Die Gemeinschaft hat mehr Vorteile, wenn böse Taten nicht auf direkte Weise zurückgegeben werden.

113 **I agrammatosyni einai mitera olon ton kakon.**

Die Ungebildetheit ist die Mutter aller Übeltaten.

Heute wissen wir, dass viele Übeltaten aus Unwissenheit getan werden, doch zu ihr kommt noch eine negative Einstellung zum Leben und zu den Mitmenschen.

114 **Einai toso megali i diaphora morphomenon, kai amorphoton, oso ekeinon pou vlepoun teleia me tous typhlous.**

Der Unterschied zwischen den Gebildeten
und den Ungebildeten ist wie zwischen
dem Sehenden und dem Blinden.

Gewiss lernen gebildete Menschen, soziale und seelische Zusammenhänge zu sehen, die Ungebildeten nicht zugänglich sind.

115 **I ekpaideusi echei ti megali dynami na therapeuei tin psychi.**

Die Bildung hat die größte Kraft, und sie heilt die Seele.

Freilich gilt das nicht von jeder Form der Bildung, es gilt vor allem von der moralischen Formung eines Menschen.

116 **I paideia, i areti kai i gnosi einai ta pio oraia pragmata sti zoi ton anthropon.**

Die Bildung, die Tugend und die Einsicht sind die
schönsten Dinge im Leben des Menschen.

Die moralische Formung, das gerechte Leben und die Vermehrung des Wissens sind die Ziele einer umfassenden Bildung.

117 **I agrammatosyni einai mikrotero kako para i kaki ekpaideusi.**

Die Unwissenheit ist das kleinere Übel
als die schlechte Erziehung.

Das Wissen über das Leben und die Welt allein macht noch keinen moralisch guten und wertvollen Menschen.

118 **I politeia pou den echei san protarchiko melima tin paideia, einai san ena oikodomima pano stin ammo etoimo na katarrheusei.**

Ein Staat, der für die Erziehung der Jugend nicht Sorge trägt,
ist wie ein Haus, das auf Sand gebaut ist und zusammenfällt.

Es ist die moralische Bildung mit dem Erlernen der Grundwerte des Zusammenlebens, die einen Staat trägt und gedeihen lässt.

119 **To paidi den prepei oute na einai avtarchiko, oute na ypokouei choris skepsi adiakopa.**

Ein Kind soll nicht herrschsüchtig sein,
aber auch nicht blind gehorsam.

Die moderne Erziehung legt darauf Wert, dass die jungen Menschen frühzeitig selbstständig denken und urteilen lernen.

120 **Ta karphia oso perissotero ta chtypas, toso pio vatheia chonontai. To idio kai oi idees.**

Die Nägel werden durch ständiges Klopfen in die Tiefe getrieben; so ist es auch mit unseren Vorstellungen.

Durch ständiges Wiederholen von Lerninhalten werden diese in unserem Gedächtnis gespeichert und jederzeit abrufbar.

121 **Me to machairi kai ti photia kaneis den mporese na exaphanisei ta erga tou pneumatos.**

Die Werke des Geistes kannst du nicht mit dem Schwert und dem Feuer auslöschen.

Ideen und Werte, die sich als richtig erweisen, können in der menschlichen Kultur nicht mit Gewalt unterdrückt werden.

122 **Elevtheria einai to dikaioma na kaneis o, ti den enochlei tous allelous.**

Die Freiheit ist das Recht jedes Menschen, das die Mitmenschen nicht beeinträchtigt.

Die Grenze der eigenen Freiheit liegt immer dort, wo die legitime Freiheit des Mitmenschen beginnt.

123 **O anthropos einai elevtheros otan choris phovo mporei na skephtetai o, to thelei.**

Ein Mensch ist dann frei, wenn er ohne Furcht das anstrebt, was er wirklich will.

Der weise Mensch aber strebt nur das an, was ihm selbst und seinen Mitmenschen gut tut.

124 **I elevtheria anikei se olou tous anthropous.**

Die Freiheit gehört zur Gänze allen Menschen.

Auch wir begreifen heute, dass die Freiheit unteilbar ist und jedem Menschen innerhalb bestimmter Grenzen offen steht.

125 **O anthropos gennietai elevtheros alla se oli ti gi einai alysodemenos.**

Der Mensch wird frei geboren, doch die ganze Erde ist in Ketten gelegt.

Dieser Spruch wird Jean-Jacques Rousseau zugeschrieben, der jedem Menschen seine natürliche und ursprüngliche Freiheit zurückgeben wollte.

126 **Tous sklavous den tous endiapherei an i alysida tous tha einai apo sidero i apo chrysapi.**

Bei den Sklaven kannst du nicht unterscheiden, ob ihre Kette aus Eisen oder aus Gold ist.

Es gibt auch Menschen, die von goldenen Ketten des Reichtums versklavt werden. Für sie ist die Freiheit schwer zu erreichen.

127 **Kalytera mias oras elevtheri zoi, para saranta chronia sklavia kai phylaki.**

Besser ist es, eine Stunde in Freiheit zu leben als vierzig Jahre in Sklaverei und Gefängnis zu verbringen.

Der Spruch betont den Leben spendenden Wert der inneren Freiheit, die intensiv erlebt werden will.

128 **Alithini elevtheria einai na sevesai ta dikaiomata ton allon kai na min kaneis o, ti sou aresei.**

Die wahre Freiheit besteht darin, dass du die Rechte der anderen achtest und nicht einfach tust, was dir gefällt.

Diese Freiheit ist eine Folge der philosophischen Einsicht, dass wir alle von der Natur her dieselben Bedürfnisse und Rechte haben.

129 **Oloi oi laoi kerdizoun me to idrota tous to dikaioma stin elevtheria.**

Nur mit Schweiß verdienen die Menschen
das Recht in der Freiheit.

Tatsächlich wurden die gleichen Rechte für alle Menschen in den demokratischen Gesellschaften nur mit viel Blutvergießen durchgesetzt.

130 **O erotas an anametrithei me tin ntropi, tha vgei panta kerdismenos.**

Die Erotik überwindet die Scham und schöpft allen Gewinn.

Für viele Menschen ist die Erotik das schönste Geschenk der Natur oder des göttlichen Schöpfers.

131 **Ston erota i siopi leei polla perissotera apo oles tis lexeis.**

In der Erotik sagt das Schweigen viel mehr als viele Worte.

Im Erleben der Erotik verstummen meist unsere Worte, und unsere Körper sprechen auf direkte Weise.

132 **Apo ta matia pianetai, sta cheili katavainei, kai apo ta cheili stin kardia rhizonei kai den vgainei.**

Vom Blick wird die Liebe erfasst, sie steigt
zur Lippe hinab und von dort zum Herzen,
wo sie wurzelt und nichts zurückhält.

Die erotische und emotionale Liebe erfasst unseren ganzen Körper, sie drückt die erlebten Gefühle auf direkte Weise aus.

133 **O erotas moiazei ligo me tin anapnoi. Den mporeis oute mono na eispneeis oute mono na ekpneeis.**

Liebe ist ein wenig dem Atmen ähnlich. Du kannst
nicht nur einatmen und nicht nur ausatmen.

Die Erfahrung der Liebe ist ein Geben und Nehmen, ein dynamisches Wechselspiel zwischen zwei Menschen.

134 **Ston erota i gynaika archizei choris na dosei tipote kai siga siga ta dinei ola.**

In der Liebe beginnt die Frau ohne Geschenke
und gibt dann leise, leise alles.

Ob nun Männer oder Frauen das Liebesspiel beginnen, beide wollen sich dem Partner hingeben, wenn sie keine inneren Verbote haben.

135 **Sti philia yparchei poly perissoteros erotas apo o, ti yparchei philia ston erota.**

In der Liebe blüht mehr Erotik in dem, der
die Erotik mit der Liebe verbindet.

Erst das tiefe Gefühl der seelischen Liebe und Hingabe gibt dem körperlichen Erleben seine volle Tiefe.

136 **O evgenikos anthropos diathetei axioprepeia kai auti phainetai se oles tou tis praxeis.**

Ein höflicher Mensch verfügt über Würde und
zeigt sie in allen seinen Tätigkeiten.

Höflichkeit und Anstand sind zwei wesentliche Ziele der Erziehung, sie erleichtern unser Zusammenleben.

137 **I evgeneia mporei na anoixei oles tis portes.**

Die Höflichkeit vermag alle Türen zu öffnen.

Wir alle haben das Bedürfnis, von den Mitmenschen freundlich und höflich behandelt zu werden.

138 **Midena pro tou telous makarize.**

Preise keinen Menschen vor seinem Ende selig.

Der Wert einer Lebensgeschichte zeigt sich erst mit ihrem Abschluss.

139 **Kanenan min theoreis evtychismeno prin na deis to telos sou.**

Du siehst keinen glücklichen Menschen,
bevor du nicht sein Ende siehst.

Diesen Spruch sehen wir heute anders, denn wir können in jedem kurzen Augenblick intensives Glück erleben.

140 **Me tin evgeneia kai tin omorphia mporoume na kataktisoume olous tous anthropous akoma kai tous pio varvarous.**

Die Höflichkeit und die Schönheit können alle Menschen erobern, auch die wildesten.

Auch dieser Spruch trifft bei Weitem nicht immer zu, doch er motiviert uns zu gegenseitigem Wohlwollen.

141 **Ta na antimetopizeis irema, choris thymo kai phones tous kakous tropous ton allon, auto simainei alithina evgeneia.**

Wer in bösen Situationen den anderen in Ruhe und ohne Zorn und Geschrei gegenübertritt, der zeigt wahre Höflichkeit.

Es ist sehr schwierig, in aufgeregten Situationen die Ruhe der Gefühle zu bewahren und mit Besonnenheit zu handeln.

142 **Evtychia einai na katapher eis na gnoriseis ta oria sou kai na mporeseis na prosarmosteis se avta.**

Das Glück besteht darin, dass du deine Grenzen absteckst und erkennst und dich ihnen anpasst.

Es ist weise, nur das im Leben anzustreben, was wir mit eigenen Kräften erreichen können.

143 **Min xechnas pote pos den sou chreiazontai polla pragmata gia na kaneis evtychismeni ti zoi sou.**

Vergiss nicht, dass es vieler Dinge bedarf, damit dein Leben glücklich wird.

Das Wichtigste im Leben ist die Befriedigung unserer ursprünglichen Bedürfnisse.

144 **Pote kaneis den einai toso dystychismenos i toso evtychismenos oso nomizei.**

Keiner kann so unglücklich oder so glücklich sein, wie er selber glaubt.

Gemessen an objektiven Tatbeständen ist unser subjektives Erleben immer übertrieben.

145 **Den yparchei evtychismeni zoi, yparchoun mono evtychismenes meres.**

Es gibt kein glückliches Leben, sondern nur glückliche Lebensabschnitte.

In jedem Leben gibt es auch leidvolle Zeiten, doch unsere Erinnerung speichert stärker das Schöne und Gute.

146 **Oso pio gemato me nero einai ena poteri, toso pio evkola chynetai.**

Je voller das Glas mit Wasser ist, umso schneller kann es überfließen.

Je intensiver das Glück im Leben erfahren wird, umso schneller kann es zu Ende sein.

147 **Proorismos tis zois einai to na zoume kala kai ochi, to na zoume poly.**

Die Bestimmung des Lebens ist sein schöner Kern, nicht sein großer Kern.

Nicht die großen Taten machen ein Leben wertvoll, sondern die guten Taten und die schönen Erlebnisse.

148 **Skeptomai, ara yparcho.**

Ich denke, also bin ich.

Dieser Spruch des René Descartes sagt, dass ich zuerst existieren muss, um denken zu können.

149 **Amphiballo, ara yparcho.**

Ich zweifle, also bin ich.

Aurelius Augustinus meint mit diesem Satz, dass ich zuerst wirklich leben muss, um zweifeln zu können.

150 **Pascho, ara yparcho.**

Ich leide, also existiere ich.

Auch dieser Satz will beweisen, dass wir wirklich existieren und uns über unser Leben nicht täuschen, weil wir leidende Wesen sind.

151 **Oi perissoteroi anthropoi chrisimopoioun ti misi zoi tous gia na dyskolepsoun tin ypoleipi misi.**

Die meisten Menschen verbringen ihr halbes Leben damit, die andere Hälfte noch zu erschweren.

Viele Menschen haben von ihrer Kindheit her keine volle Erlaubnis bekommen, ein glückliches Leben zu haben.

152 **I zoi opos ki an einai, den pavei pote na nai omorphi.**

Wie immer das Leben sein mag, seine Schönheit hört nie auf.

Dieser Satz gilt wohl für gesunde Menschen, für Kranke sieht das subjektive Erleben gewiss anders aus.

153 **Sti zoi paleuoume anamesa se dyo portes;**
i mia porta graphei:
poly noris; kai i alli: poly arga.

Im Leben rennst du zwischen zwei Türen; auf der einen steht: zu früh; auf der anderen steht: zu spät.

Manche Menschen versäumen den richtigen Zeitpunkt, um ihr Lebensglück entfalten zu können.

154 **Otan skephteis pos i zoi sou kapote tha teleiosei den prepei na phovetheis.**

Wenn du denkst, wie dein Leben zu Ende gehen wird, dann ziemt sich keine Furcht.

Gewiss streben wir danach, möglichst ohne Furcht auf den Tod zuzugehen, doch ob es uns gelingt, bleibt unsicher.

155 **Axizei na zoun monacha avtoi pou den phovountai to thanato.**

Das Leben ist nur für diejenigen wertvoll, die den Tod nicht fürchten.

Die Philosophen wollten von den Anfängen an dazu beitragen, den Mitmenschen die Angst vor dem Tod zu nehmen.

156 **Avto pou axizei den einai to na zisoume poly, alla to na zisoume kala.**

Das Leben wird nicht wertvoll, wenn wir vieles erleben, sondern wenn wir Schönes erfahren.

Viele Zeitgenossen hasten heute nach dem möglichst Vielen und gehen an dem Schönen am Weg vorbei.

157 **O thanatos phovizei tous anthropous giati pisteuoun pos meta apo avton den yparchei tipote, oute kalo oute kako.**

Der Tod erschreckt die Menschen, weil sie glauben, dass mit ihm nichts mehr bleibt, weder das Gute noch das Böse.

Es gehört zur Überzeugung vieler Religionen, dass unsere guten oder bösen Taten durch den Tod nicht ausgelöscht werden.

158 **Oloi mas pethainoume mono mia phora, alla avto dystychos diarkei gia panta.**

Wir alle sterben nur einmal, aber unglücklicherweise für immer.

Wir können nicht auf Probe sterben, auch kommt kein Toter in das Leben zurück.

159 **Gia ton anthropo pou echei zesei mia zoi gemati agonia kai pono, o thanatos einai lytrosi.**

Für den Menschen, der ein Leben voller Leiden und Bedrängnis zu tragen hat, ist der Tod eine Erlösung.

Schwer kranke und leidende Menschen ersehnen den Tod, weil ihnen das Leben unerträglich wird.

160 **Ola osa zoun tha pethanoun kai tha perasoun etsi stin aioniotita.**

Alle Lebewesen sterben und vollenden sich in der Ewigkeit.

Es gibt Menschen, die davon überzeugt sind, dass kein Lebewesen aus dem kosmischen Gedächtnis völlig ausgelöscht wird.

161 **Me ton pono tou thanatou den mporei na synkrithei kanenas ponos tis zois oso vathys ki an einai.**

Der Schmerz des Todes bedeutet nichts im Vergleich zu den Leiden des Lebens, wie tief er auch sein mag.

Wenn wir die vielen Leiden des Lebens zusammenzählen, dann könnte der Schmerz des Todes doch geringer sein, doch wir wissen es nicht.

162 **Gia tous mikrous anthropous o thanatos einai to telos, eno antitheta gia tous megalous einai mono i archi.**

Für die klein denkenden Menschen ist der Tod das Ende, für die groß Denkenden ist er erst der Anfang.

Die Menschen aller Kulturen geben die Hoffnung weiter, dass ein Teil des Lebens den Tod überdauern möge.

163 **O anthropos pou tremei mprosta stin idea tou thanatou, echei idi chasei kathe philodoxia sti zoi tou.**

Wer vor dem Gedanken an den Tod zittert, dem fehlt es an Ehrgeiz im Leben.

Der Spruch unterstellt, dass durch ehrgeiziges Streben die Todesfurcht überwunden werden könne.

164 **O theos tous parakolouthei olous, kai den tou xephevgon oute oi kakoi outhe aseveis.**

Der Gott beobachtet alle, keiner kann ihm entfliehen, weder die Bösen noch die Frommen.

Es ist die Lehre der Priester, dass Gott alle guten und bösen Taten der Menschen sieht, beurteilt und speichert.

165 **Den yparchei tipota pio archaio apo to theo, giati avton den ton dimiourgise kaneis.**

Es gibt nichts Früheres als Gott, denn
ihn hat niemand erschaffen.

Dies ist die Lehre vieler Philosophen, dass der Ursprung des Kosmosprozesses im Göttlichen liege.

166 **Den yparchei tipota pio oraio apo ton kosmo giati avton ton dimioursise o theos.**

Es gibt nichts Schöneres als die Welt,
die der Gott erschaffen hat.

Die meisten religiösen Menschen sind überzeugt, dass sie in der schönsten und besten aller möglichen Welten leben.

167 **Me ti lexi theos ennoume to on pou mporei kai ta vlepei ola eno einai aorato apo olous.**

Das Wort Gottes bezeichnet das Sein, das
alles sieht, auch das Unsichtbare.

Philosophen und Theologen denken ein höchstes göttliches Sein, das uns Menschen unsichtbar bleibt.

168 **To vlemma tou theou mporei me anesi na phtasei ekei pou den phtanei to vlemma tou anthropou.**

Der Blick Gottes fällt auch auf das, was der
Blick der Menschen nicht mehr erreicht.

Nach der Lehre der Theologen und Priester sieht der höchste Gott alles Verborgene und Unsichtbare im Kosmos.

169 **Mono hosoi zoun de elevtheri chora mporoun na grapsoun dikaia tin istoria.**

Nur die in einem freien Land leben, können
die wahre Geschichte aufschreiben.

Die erlebte Geschichte hat immer mit unseren Deutungen zu tun, diese müssen auf freie Weise zustande kommen.

170 **O istorikos einai enas prophitis tou parelthontos.**

Der Historiker ist ein Prophet des Vergangenen.

Der Spruch meint, dass der Historiker die vergangene Lebensgeschichte immer in einem bestimmten Sinn deutet und interpretiert.

171 **I istoria mas didaskei pos ola ta gegononta echoun tis aities tous kai pos tipote den opheiletai stin tychi.**

Die Geschichte lehrt uns die Ursachen des Geschehenen, aber sie nützt nicht unserem Glück.

Unser Lebensglück müssen wir selber schmieden, indem wir aus den Ursachen des Geschehens etwas lernen.

172 **I istoria opheilei panta na kynigaei to psema kai na phernei sto phos tin alitheia.**

Die Geschichte nützt allen, denn sie jagt die Lüge und bringt das Licht der Wahrheit.

Wenn das Geschehene frei erforscht werden darf, dann können viele Lügen der politisch Handelnden nachträglich aufgedeckt werden.

173 **Oi syngrapheis tis istorias prepei na einai adekastoi, na min phovountai na poun tin alitheia.**

Diejenigen, die Geschichte schreiben, müssen unbestechlich sein und dürfen die Wahrheit nicht fürchten.

Wir können niemals auf objektive Weise Geschichte schreiben, aber wir können uns um Sachlichkeit und Ehrlichkeit bemühen.

174 **Pote ma pote den kataphere enas kakos anthropos ne ginei sophos.**

Solange du nicht einen bösen Menschen bekehrt hast, bist du nicht weise.

Hier wird angenommen, dass die Philosophie durch Einsicht in das Gute Übeltäter von bösen Taten abbringen kann.

175 **Oi mochthiroi kai kakoi anthropoi einai synecheia ypodouloi sta pathi tous.**

Die bösen und grausamen Menschen sind die Folge davon, weil sie ihren Leidenschaften frönen.

Der Spruch meint, dass die Bezähmung der emotionalen Leidenschaften durch die Vernunft Menschen von bösen Taten abhalten kann.

176 **To na paleveis tin kakia me alli kakia einai kako.**

Wenn du das Böse mit dem Bösen bekämpfst, dann bist du selbst böse.

Die aufrechte Vernunft sagt uns, dass wir böse Taten nicht durch Rache aus der Welt schaffen können.

177 **O laos anypsoni avtous pou ton phovountai kai phovatai autous pou ton periphronoun.**

Das Volk erhöht diejenigen, vor denen es sich fürchtet, und es hat vor jenen Angst, die es verachten.

In nicht demokratischen Kulturen muss das Volk immer vor den Herrschern zittern, auch wenn es diese zutiefst verachtet.

178 **Oi ischyroi laoi plironoun me tin acharistia tous megalous antres tis patridas tous.**

Die Reichen und Starken überhäufen die großen Männer des Vaterlands mit Undank.

Dies tun sie deswegen, weil die großen Politiker in jedem Staat die Macht der Reichen und Starken zugunsten des Volkes begrenzt haben.

179 **Den yparchei allos kyriarchos se ma chora apo ton idio to lao.**

Kein Herrscher vermag etwas im Land ohne sein Volk.

Der gute Herrscher überzeugt das Volk von seinen vernünftigen Absichten, der schlechte Herrscher zwingt es zu unvernünftigen Taten.

180 **Opoios anoigei ena scholeio, kleinei mia phylaki.**

Wer eine Schule eröffnet, kann eine Kaserne schließen.

Wenn die Menschen im Staat die vernünftigen Gesetze des Zusammenlebens lernen, dann braucht der Staat weniger Soldaten und Wächter.

181 **Kathe anthropos apo ti physi tou echei tin epithymia tis mathisis.**

Jeder Mensch hat von Natur aus den Drang zum Lernen.

Dieser Drang, Neues zu entdecken, ist uns angeboren, doch viele Menschen können ihn aufgrund ungünstiger Lebensumstände nicht entfalten.

182 **I mathisi einai stolidi gia tous tycherous kai kataphygio gia tous atychous.**

Das Wissen ist ein Schmuck der Glücklichen
und eine Zuflucht der Unglücklichen.

Wenn wir uns Wissen über die Grundbedingungen des Lebens aneignen, kann es zur Vermehrung unseres Glücks beitragen.

183 **Mono me thysies kai kopous mporoume na apoktisoume ti mathisi.**

Nur mit Opfer und Mühen können wir Wissen erwerben.

Dies gilt vor allem für die unteren sozialen Schichten, die nur mit vielen Entbehrungen umfassendes Wissen erwerben können.

184 **I idiophyia kai i exypnada choris ti mathisi einai typhli, alla kai i mathisi choris exypnada einai misi.**

Begabung und Intelligenz ohne Lernen sind blind,
doch Lernen ohne Intelligenz gelingt nur halb.

Immer müssen wir unsere rationale Begabung mit dem Eifer des Lernens verbinden, sonst bleiben unsere Wissensbestände gering.

185 **I megalophyia den metrietai me tin posotita, alla tin poiotita.**

Die Genialität wird nicht nach der Quantität, sondern nach der Qualität gemessen.

Wir nennen solche Menschen Genies des Wissens, die neue Sichtweisen der Dinge, der Welt und des Kosmos entdecken.

186 **Megalophyia onomazoume mia koryphi pou exechei mesa sto apeiro.**

Genialität nennen wir den Gipfel, der aus dem Unbegrenzten herausragt.

Unser Wissen ist gewiss begrenzt, doch den göttlichen Urgrund des Kosmos können wir als unbegrenzt ansehen.

187 **I megalophyia einai ena tois ekato empnevsi kai eneninta ennia tois ekato prospatheia.**

Genialität ist ein Prozent Eingebung und neunundneunzig Prozent harte Arbeit.

Auch Genies in der Kunst oder Wissenschaft müssen hart arbeiten, um Spitzenerfolge zu erzielen.

188 **I megalophyia zei kai anapneei mono mesa stin elevtheria.**

Die Genialität lebt und atmet nur in der Freiheit.

In geschlossenen und totalitären Systemen können sich geniale Menschen nicht optimal entfalten, zum Schaden für die Gesellschaft.

189 **Akoma ki an to talento enkataleipsei enan anthropo, i megalophyia den ton aphinei pote.**

Wenn das Talent einen Menschen verlässt, dann kann auch die Genialität nichts mehr ausrichten.

Denn das praktische Talent ist nötig, um geniale Ideen in Kunstwerke oder Geräte umzusetzen.

190 **O megalophyis anthropos einai tromeros, an einai echthros sou.**

Der geniale Mensch ist schrecklich, wenn er dein Feind ist.

Es ist offensichtlich, dass geniale Menschen unheimliche Potenziale der Zerstörung auslösen können, wenn sie auf Rache sinnen.

191 **I kardia kathe miteras kryvei se kathe gonia tis ti syngnomi.**

Das Herz einer Mutter verbirgt immer ein Stück Verzeihung.

Wenn ein Kind zu einem Übeltäter geworden ist, so wird eine Mutter nicht aufhören, es zu lieben.

192 **Mia kali mitera axizei oso chilioi daskaloi.**

Eine gute Mutter ist so viel wert wie tausend Lehrer.

Die wichtigsten Einsichten unseres Lebens lernen wir von unseren frühen Bezugspersonen, zumeist von den Müttern.

193 **Kai avto pou einai, kai ola osa elpize na gino sto mellon, ta chrosto ola sti mitera mou.**

Was ich bin, was ich erhoffe und was ich verbessern will, verdanke ich meiner Mutter.

Für die meisten Menschen, aber nicht für alle, ist die Mutter die primäre Bezugsperson und Lehrmeisterin.

194 **Gia ta paidia i mitera einai o theos tous.**

Für die Kinder ist die Mutter so etwas wie ein Gott.

In nicht patriarchalischen Familien bekommt die Mutter wieder die höchste Autorität in der Lebensgestaltung zurück.

195 **O theos ephtiaxe ti mitera giati den mporei na vrisketai pantou o idios.**

Gott erschuf die Mutter, denn er konnte nichts Besseres erfinden.

Religiöse Menschen sehen in der Gottheit selbst das Urbild der mütterlichen Liebe.

196 **Gia kathe mitera ta paidia tis einai to pan, eno gia ta paidia i mitera tous den einai para enas krikos stin alysida tis zois.**

Für die Mutter sind die Kinder alles, während die Mutter für die Kinder nur ein Glied in der Kette des Lebens ist.

Die Kinder haben neben der Mutter noch andere Bezugspersonen, von denen sie geprägt und geformt werden.

197 **Poios tha me parigorisei gia xechaso ti stenochoria mou, i mana.**

Die mich tröstet und meinen Kummer vergessen macht, ist die Mutter.

Die meisten Mütter, aber nicht alle, sind auf Grund ihrer Lebensgeschichte in der Lage, den Kindern Trost und Schutz zu geben.

198 **To misos einai i kakia pou echoun oi mikroi anthropoi.**

Der Hass ist die Bosheit, die klein denkende Menschen in sich tragen.

Tatsächlich schnürt der Hass unser Leben eng zusammen, er lässt unseren positiven Kräften keinen Raum zur Entfaltung.

199 **Misoume ochi mono osous lene kati pou den mas aresei, alla kai autous pou tous akoune.**

Wir hassen nicht nur, was uns nicht gefällt, sondern auch das, was wir nicht kennen.

Für viele Menschen ist das Fremde und Neue bedrohlich, deswegen weisen sie es mit Entschiedenheit von sich.

200 **To misos einai timoria gia ton idio mas ton eauto.**

Der Hass ist eine Strafe für das eigene Selbst.

Menschen, die sich vom blinden Hass leiten lassen, schädigen sich selbst.

201 **To misos den ypochorei sto misos, para mono stin agapi.**
Der Hass weicht niemals dem Hass, sondern nur der Liebe.

Aber es ist ungemein schwierig, hassenden Menschen mit Liebe und Zuwendung zu begegnen.

202 **Einai protimotero na zeis monos sou, para na echeis kaki parea.**
Es ist besser, du lebst allein als in schlechter Gesellschaft.

Menschen mit negativen Einstellungen zum Leben können unsere Lebensform prägen, wenn wir uns ihnen längere Zeit aussetzen.

203 **Akoma kai to aperanto plithos mporei na einai monaxia, an den echeis ton anthropo sou.**
Auch die große Menge kann Einsamkeit bedeuten, wenn du darin keinen Menschen kennst.

Einsamkeit entsteht dann, wenn wir uns keinem Mitmenschen wirklich öffnen und keinen nahe an uns heranlassen.

204 **Mono avtoi pou gnorisan to apaisio prosopo tis monaxias, einai se thesi na katalavoun kai na ektimisoun ti chara tis philias.**
Nur wer das schreckliche Antlitz der Einsamkeit kennt, ist in der Lage, die Freude der Freundschaft zu verstehen und zu schätzen.

Viele, die vor ihren Mitmenschen latente Angst haben, neigen zur Vereinsamung, die sie als bedrückend erleben.

205 **I monaxia einai o dikigoros tou diavolou.**
Die Einsamkeit ist der Rechtsanwalt des Teufels.

Der Spruch meint, dass viele Verbrechen und Übeltaten aus dem Gefühl der Einsamkeit und der Minderwertigkeit begangen werden.

206 **Oi agraphoi nomoi einai idioi se oles tis chores.**

Die ungeschriebenen Gesetze sind in allen Ländern die gleichen.

Zu den ungeschriebenen Gesetzen gehören unsere ursprünglichen und natürlichen Lebensbedürfnisse.

207 **Oi nomoi miazoun me ton isto tis arachnis. Ta mikra entoma pianontai alla ta megala kataphernoun ne xephygoun.**

Die Gesetze gleichen dem Netz einer Spinne, die kleinen bilden Kerben, die großen halten es zusammen und festigen es.

Es sind die vernünftigen Gesetze, die unser Zusammenleben im Staat erst möglich machen.

208 **I zoi mas moiazei me ti zoe ton therion sti zounkla, otan katapountai oi nomoi kai o katenas mas kanei o, ti thelei.**

Unser Leben gleicht dem Leben der Tiere im Dschungel. Wenn die Gesetze zusammenbrechen, tut jeder, was er will.

Dass dies so sein kann, sehen wir in Situationen des Krieges, wenn die staatliche Ordnung nicht mehr aufrecht erhalten werden kann.

209 **I psychi tis polietias einai oi nomoi.**

Die Seele des Staates sind die Gesetze.

Es müssen vernünftige und gerechte Gesetze sein, auf denen ein Staat aufbauen kann.

210 **Opos to soma ama chasei tin psychi pethainei, etsi kai i politeia, ama leipsoun hi nomoi dialyetai.**

Wie der Körper beim Verlust der Seele stirbt, so löst sich der Staat beim Verlust der Gesetze auf.

Wenn in einem Staat die Gesetze nicht mehr durchgesetzt werden können, dann löst er sich in einem Chaos auf.

211 **O nomos einai o vasilias kai ton thniton kai ton athanaton.**

Das Gesetz ist der König der Sterblichen und der Unsterblichen.

Der Spruch nimmt an, dass auch die göttlichen Wesen bestimmten Gesetzen folgen müssen, um existieren zu können.

212 **I sotiria kathe politeias, vrisketai stous nomous.**

Die Rettung des Staates findet sich in den Gesetzen.

Ein Staat kann nur dann aufgebaut werden, wenn es gelingt, vernünftige und gerechte Gesetze allgemein mit Gewalt durchzusetzen.

213 **Den prepei o anthropos na perimenei na timorithei prota gia na mathei tous nomous.**

Es ziemt sich nicht für den Menschen, auf die Strafe zu warten, bevor er die Gesetze lernt.

Erst müssen wir die Gebote und Verbote unseres Verhaltens lernen, bevor wir bestraft werden können.

214 **O kalyteros tropos gia na katargithei enas nomos einai na epivlethei i avstiri tou epharmogi.**

Besser als ein Gesetz abzuschaffen ist es, auf seine strenge Anwendung zu achten.

Dies kann natürlich nur für gerechte und vernünftige Gesetze gelten, die anderen müssen wir dauernd verändern.

215 **Opoios kataphernei ne vrsikei isychia sto spiti tou einai evtychismenos eite einai plousios eite phtochos.**

Wer in seinem Haus Ruhe schaffen und finden will, muss entweder glücklich oder reich oder arm sein.

Die Ruhe zieht auch im Haus des Armen ein, wenn er nichts mehr erstrebt, im Haus des Reichen findet sie sich selten.

216 **Sosti oikogeneia einai ekeini pou apokta tin perousia tis choris adikia kai tin xodeuei choris na metanoionei.**

Eine richtige Familie ist die, welche das Vermögen ohne Unrecht erworben hat und die es ohne Reue ausgibt.

Es gehört zur Weisheit unseres Lebens, mit dem wirtschaftlichen Vermögen sparsam umzugehen, um nicht eines Tages arm dazustehen.

217 **Merikoi anthropoi einai tosa pleonektes oste nomizoun pos tha zisoun gia panta.**

Einige Menschen sind so habgierig, dass sie glauben, alles besitzen zu können.

Manche Menschen haben von ihrer Kindheit her panische Angst, dass ihnen zu wenig zum Leben bleiben könnte.

218 **I spatali gennaei ti phtocheia. I phtocheia gennaei tin arrosteia. I arrosteia phernei to thanato.**

Die Verschwendung gebiert die Armut, diese hat die Krankheit zur Folge, und sie führt in den Tod.

Es ist auch in modernen Gesellschaften so, dass arme Menschen weniger Möglichkeiten zu einem gesunden Leben haben.

219 **Den prepei na agorazoume o, ti mas airesei, alla mono o, ti chreiazomaste.**

Man soll nicht das kaufen, was einem gefällt, sondern nur das, was man wirklich braucht.

Die moderne Wirtschaft des Überflusses lebt allerdings davon, dass wir auch viel Nutzloses und Unbrauchbares kaufen.

220 **Ta exoda enos anthropou pou kanei oikonomia prepei na einai ta misa apo ta esoda tou.**

Die Ausgaben eines wirtschaftlich klugen Menschen sollen nur halb so groß sein wie seine Einnahmen.

Diese Faustregel mag in Zeiten der Not richtig sein, in Zeiten des Überflusses hat sie nur für wenige Geltung.

221 **O anthropos pou den xerei ti tha pei oikonomia, tha zisei me tin agonia tis phtocheias.**

Ein Mensch, der von der Wirtschaft nichts versteht, sucht den Kampf gegen die Armut.

Wer in seinem Leben ständig zu viel ausgibt, lebt in der akuten Gefahr, zu verarmen.

222 **Ta exoda mas prepei pantote na einai ligotera apo ta esoda.**

Die Ausgaben müssen immer geringer sein als die Einnahmen.

Diese Regel war in den alten Kulturen selbstverständlich, doch heute wollen viele Menschen sie nicht mehr akzeptieren, sie verlassen sich auf den Sozialstaat.

223 **Kaneis den mporei mantepsei tis skepseis enos paidiou.**

Wenn du ein Kind siehst, kannst du nie etwas voraussagen.

Wir wissen niemals genau, wie sich ein Kind in seiner Lebensgeschichte entwickeln wird, weil wir seine Entwicklungsfaktoren nie vollständig kennen.

224 **Prin symvoulevteis ti phantasia sou gia na agoraseis kati, einai phronimotero na symvoulevteis to portopholi sou.**

Bevor du deine Fantasie befragst, was du kaufen sollst, frage deinen Geldbeutel.

Sehr oft sind unsere Kaufwünsche viel größer als unsere wirtschaftlichen Möglichkeiten.

225 **Ne pheresai stous goneis sou, opos tha itheles na pheronta ta paidia sou se sena.**

Behandle deine Kinder so, wie du später von ihnen behandelt werden möchtest.

Dies ist eine uralte Einsicht in allen Kulturen, dass die Kinder den Erwachsenen das zurückgeben werden, was sie von ihnen bekommen haben.

226 **Ta acharista paidia einai san ta pharmakera phidia.**

Undankbare Kinder sind wie giftige Schlangen.

Oft werden Kinder dann undankbar, wenn sie von den Erwachsenen zu wenig an Zuwendung erfahren haben.

227 **O epainoseinai i kalyteri antamoivi gia ta paidia.**

Das Lob ist die beste Anerkennung der Kinder.

Heute wissen wir, dass wir viel positive Bestätigung brauchen, um Neues und Richtiges lernen zu können.

228 **Ta paidia einai gia kathe spiti, chara kai eirini.**

Kinder gehören in jedes Haus, dazu die Freude und der Friede.

Dieser alte Spruch wird heute von vielen jungen Menschen nicht mehr verstanden und nicht akzeptiert, angeblich wegen der eigenen Karriere.

229 **Osa pio polla dakrya stoichise ena paidi sta matia tis miteras tou, toso perissotero to agapaei.**

Je mehr Tränen ein Kind dem Auge der Mutter kostet, umso mehr liebt sie das Kind.

Leidvolle Augenblicke der Krankheit oder der Gefahr binden Mutter und Kind besonders eng zusammen.

230 **O sigouros tropos gia na kaneis dystychismeno to paidi sou, einai na tou ikanopoieis oles tou tis epithymies.**

Der sicherste Weg, dein Kind unglücklich zu machen, ist der, wenn du ihm alle Wünsche erfüllst.

Kinder müssen schon früh im Leben lernen, dass ihr Leben Grenzen hat, die sie nicht übersteigen können.

231 **Ta paidia antilamvanontai amesos kai xechorizoun grigora tin adikia.**

Kinder begreifen sofort und trennen sich vom Unrecht.

Wir Erwachsene sind genötigt, den Kindern die klaren Grenzen zwischen guten und bösen Taten zu zeigen, denn sonst schädigen wir uns selbst.

232 **Oi morphomenoi anthropoi einai pio evkolo na petychoun sti zoi, apo oti oi plousioi.**

Die gebildeten Menschen kommen besser mit dem Leben zurecht als die Reichen.

Freilich können auch reiche Menschen moralisch und wissenschaftlich sehr gebildet sein, um gut zu leben.

233 **Otan epainoume kai agapoume ena paidi, agapoume kai epainoume, ochi ekeino pou einai, alla ekeino pou elpizoume pos tha ginei.**

Wenn du ein Kind lobst und liebst, dann blickst du nicht auf die gegenwärtige Situation, sondern auf das Ziel, von dem du hoffst, dass dein Kind es erreichen wird.

Wenn wir einem Kind Zuwendung und Liebe geben, rüsten wir es für alle zukünftigen Lebenslagen gut aus.

234 **O pateras apotamieuei egkaira gia ta paidia tou katheti pou pisteuei pos tha tous phanei chrisimo sti darkeia tis zois tous.**

Ein Vater spart alles rechtzeitig für seine Kinder, von dem er glaubt, dass es später für ihr Leben nützlich sein wird.

Heute sind viele Kinder wirtschaftlich gut versorgt, aber viele von ihnen leiden an fehlender Zuwendung und geteilter Zeit.

235 **Sophos einai o pateras pou kataphernei kai katalavei to paidi tou.**

Ein weiser Vater versteht und berät sein Kind.

Für viele Eltern ist es schwer, ihre Kinder in ihren Gefühlen und Bedürfnissen wirklich zu verstehen.

236 **Gia kathe anthropo ystera apo to theo erchetai o pateras tou.**

Für jeden Menschen kommt gleich nach Gott der Vater.

Dies gilt nur für religiöse und patriarchalisch geprägte Menschen, bei Weitem nicht mehr für alle in unserer Gesellschaft.

237 **To pio omorpho stolpidi gia kathe paidi einai i doxa tou patera tou.**

Der schönste Schmuck eines Kindes ist der Ruhm des Vaters.

Heute sagen wir, dass das positive Selbstwertgefühl der Eltern sich auf ein Kind überträgt.

238 **I epistimi den echei patrida alla oi epistimones echoun.**

Die Wissenschaft hat kein Vaterland, nur die Wissenschaftler haben eines.

Längst ist die Wissenschaft international und interkulturell geworden, doch Forscher haben ihren kulturellen Hintergrund.

239 **To pio omorpho doro kathe patera einai i timiotita ton paidion tou.**

Das schönste Geschenk für den Vater ist die Rechtschaffenheit seiner Kinder.

Die meisten Eltern und Bezugspersonen bemühen sich, die Kinder zu Gesetzestreue zu erziehen.

240 **O thanatos gia tin patrida einai glykos kai timimenos.**

Der Tod für das Vaterland ist süß und ehrenvoll.

Dieser Spruch wird nur noch in kriegerischen Kulturen als sinnvoll akzeptiert.

241 **Polles phores i agapi mas gia tin patrida xepernaei ti logiki.**

Auf viele Weise überflügelt die Liebe zum Vaterland die eigene Vernunft.

Dieser Spruch hatte für begeisterte Nationalisten seine Gültigkeit, in demokratischen Gesellschaften ist er sehr problematisch.

242 **Agapo tin patrida mou perissotero akoma ki apo ta paidia mou.**

Ich liebe mein Vaterland mehr als meine Kinder.

Heute erkennen wir, dass die enge Liebe zum eigenen Vaterland viele Kriege gegen andere Vaterländer ausgelöst hat.

243 **Kathe gi kai patris.**

Jedes Land kann Vaterland sein.

Dieser demokratische Spruch überwindet die enge Sichtweise der Nationalisten in jeder Kultur.

244 **Hopou zoume kala ekei einai i patrida mas.**

Wo wir das Gute erleben, dort ist unser Vaterland.

Wir alle müssen unseren Beitrag dazu leisten, dass viele Menschen im Staat Gutes und Schönes erleben können.

245 **Mesa se kathe anthropo katoikei mia dynami pou an tin anakalypsei kai tin chrisimopoiisei katalilla tha mporesei na pragmatopoiisei ola tou ta oneira kai tis epithymies. I dynami avti legetai pisti.**

In jedem Menschen wohnt eine Kraft, die sich zeigt und geeignet ist, alles zu verwirklichen, was er erträumt und ersehnt. Diese Kraft heißt der Glaube.

Auch wir erkennen, dass wir mit der mentalen und emotionalen Kraft des Glaubens vieles erreichen können, was wir rational gar nicht erklären können.

246 **Ekeinos pou dinei ti zoi tou gia tin alitheia axizei megalyteres times apo ekeinon tou pethainei gia patrida tou.**

Wer sein Leben für die Wahrheit einsetzt, verdient viel mehr Ehre als der, der für sein Vaterland stirbt.

Auch diese Einsicht haben wir erst nach den großen nationalen Kriegen des 20. Jahrhunderts gelernt, einige zweifeln noch immer daran.

247 **I pisti einai i dynami tis zois.**

Der Glaube ist die Kraft des Lebens.

Wir staunen, was wir mit unseren mentalen Kräften im Leben erreichen können, etwa im modernen Sport.

248 **I pisti choris erga einai nekri.**

Ein Glaube ohne Taten ist tot.

Dieser Satz stammt aus einem christlichen Brief des Apostels Jakobus, er hat bis heute seine volle Gültigkeit.

249 **Den mporei na ginei kanenas iroas an den einai iroas prota stin pisti.**

Nichts kann ein Held erreichen, wenn er nicht vorher daran glaubt.

Auch wir wissen, dass wir an unsere angestrebten Ziele unbedingt glauben müssen, wenn wir sie erreichen wollen.

250 **I pisti einai anoteri apo ti logiki.**

Der Glaube steht über der Vernunft.

Vor allem religiöse Menschen neigen dazu, ihre Glaubensüberzeugungen über die Einsichten der kritischen Vernunft zu stellen.

251 **Kathe anthropos pisteuei pio evkola avto pou elpizei.**

Jeder Mensch glaubt leichter an das, was er erhofft.

Glaube und Hoffnung sind eng verflochten, beide sind für unser Leben wichtig.

252 **I syneidisi einai chilia spathia.**

Das Gewissen ersetzt tausend Schwerter.

Wer seinem sozialen Gewissen folgt, braucht gegen Mitmenschen keine Kriege zu führen.

253 **Oi typseis einai ta vasanisterio pou kanei ti zoi kolasti.**

Die Gewissensbisse sind das Folterinstrument für ein schändliches Leben.

Dies gilt aber nur für Menschen, die ein sozial sensibles Gewissen haben, viele Verbrecher haben keines.

254 **An mporo akoma na meno monos mou me ti syneidisi mou, avto simainei pos tacho akoma kala mazi tis.**

Wenn ich noch kann, verbleibt mir mein Gewissen,
dieses zeigt mir, wie schnell ich noch Gutes tun kann.

Das soziale Gewissen zeigt uns an, was unsere konkreten Mitmenschen um uns herum von uns brauchen.

255 **Syneidisi einai i esoterika phoni pou leei se kathe anthropo: Men kaneis pote o, ti den tha itheles na sou kanoun oi alloi.**

Das Gewissen ist eine innere Stimme, die
jedem Menschen sagt: Tu nichts, von dem du
nicht willst, dass andere es dir antun.

Diesen Kernsatz unseres Zusammenlebens erkennen wir aus unserer kritischen Vernunft, wie aus unserem tiefen Lebensgefühl.

256 **I ergatikotita einai i mitera tis kalis tychis.**

Die Freude an der Arbeit ist die Mutter des schönen Glücks.

Im Grunde wollen alle Menschen etwas Nützliches tun und schaffen, doch heute haben viele keine bezahlte Arbeit mehr.

257 **Oi gennaioi anthropoi phtiachnoun tin psychi tous monoi tous.**

Die Tapferen schaffen sich ihr Glück ganz allein.

Dieser Spruch hat bei genauerem Hinsehen kaum noch Gültigkeit, auch die Stärksten sind auf Mitmenschen angewiesen.

258 **I tychi voethaei avtous pou prospathoun kai monoi tous na voithisoun ton eauto tous.**

Das Glück hilft jenen, die sich bemühen, denn
nur sie werden die Ehre erreichen.

Wir müssen uns unser ganzes Leben lang mühen, die Voraussetzun gen für unser Lebensglück zu schaffen und zu erhalten.

259 **Tin psychi mas ti phtiachnoume monoi mas kai meta tin onomazoume moira.**

Das Glück erreichen nur diejenigen, denen es das Schicksal benannt hat.

Der Spruch will sagen, dass immer auch höhere Mächte im Spiel sind in unserem Leben, über die wir nicht verfügen können.

260 **Otan to kephali kai ta podia einai zesta, to ypoloipo kormi den diatrechei ton kindyno na pathei tipote.**

Wenn der Kopf und die Füße warm sind, läuft der übrige Körper keine Gefahr der Erkrankung.

Dieser alte Spruch der Bauern und Fischer warnt vor der Erkältung der Füße und des Kopfes in der freien Natur.

261 **Monoi ekeinoi pou den echoun tin ygeia tous mporoun na ektimisoun tin axia tis.**

Nur die Kranken können die Gesundheit wirklich schätzen.

Tatsächlich begreifen wir den Wert der Gesundheit erst dann, wenn sie uns genommen wird.

262 **Ola ta agatha tou kosmou mas einai achrista an leipei i ygeia.**

Alle Güter der Welt sind nutzlos ohne die Gesundheit.

Kranke Menschen können ihren Wohlstand und Reichtum an Gütern kaum genießen.

263 **I ygeia tou laou einai to stathero themelio, pano sto opoio chtizetai i evtychia kai i dynami kathe kratous.**

Die Gesundheit des Volkes ist der feste Grund, auf dem das Glück und die Kraft des Staates aufbauen.

Heute bemüht sich eine vernünftige Politik, die Gesundheit möglichst vieler Menschen aufrechtzuerhalten und zu verbessern.

264 **To mellon anikei se osous xeroun na perimenoun.**

Die Zukunft gehört den Wissenden und den Ausdauernden.

Heute streben wir nach immer mehr nützlichem Wissen; um es im Leben anzuwenden, brauchen wir viel Ausdauer und Geduld.

265 **Me tin ypomoni kai to perasma tou chronou katorthonoume perissotera apo o, ti me ti dynami kai to pathos.**

Geduld und Ausdauer in der Zeit erreichen
viel mehr als Kraft und Leidenschaft.

Prozesse des Lebens können wir mit Gewalt und Ungeduld beschleunigen, sie brauchen ihre Zeit, um zu reifen.

266 **Den yparchei tipote sophotero apo to chrono; me to chrono ola kerdinzontai.**

Es gibt nichts Weiseres als die Zeit,
denn sie wird alles gewinnen.

Auch wir müssen einsehen, dass wir gegen die fortschreitende kosmische Zeit nichts unternehmen oder gewinnen können.

267 **Kanenas dromos den einai makrys gia avton pou perpataei arga kai ypomonetika.**

Kein Weg ist lang, wenn er langsam
und geduldig gegangen wird.

Heute fällt es uns sehr schwer, in einer hektischen Lebenswelt die langsamen Prozesse des Lebens zu verstehen und uns von ihnen leiten zu lassen.

268 **I ypomoni einai i techni tis elpidas.**

Die Geduld ist die Kunst der Hoffnung.

Die Entscheidung für das Langsame kann unserem eiligen Leben ein neues Gleichgewicht zurückgeben.

279 **O theos einai me tous ypomonetikous.**

Der Gott ist immer bei den Geduldigen.

Geduld setzt ein tiefes Vertrauen in den Kosmos und in die Kräfte des Lebens voraus; religiöse Menschen vertrauen dem göttlichen Schöpfer.

270 **Otan oi anthropoi einai apla philoi metaxy tous, den yparchei ananki dikaiosynis.**

Wenn die Menschen einander Freunde sind, dann gibt es keinen Zwang zur Gerechtigkeit.

Wenn Menschen einander wohlwollend gesonnen sind, geben sie einander freiwillig, was sie zum Leben dringend benötigen.

271 **Otan oi anthropoi omos einai dikaioi tote chreiazontai kai ti philia.**

Wenn die Menschen einfach gerecht sind, dann brauchen sie auch die Freundschaft.

Es ist die gelebte soziale Gerechtigkeit, welche die Freundschaft in der Gruppe ermöglicht und zur Folge hat.

272 **Ti einai philos? Mia psychi me dyo somata.**

Was sind Freunde? Eine Seele in zwei Körpern.

Freunde verstehen es, ihre emotionalen Bedürfnisse aufeinander abzustimmen und zu ergänzen.

273 **Tous alithinous philous mas tous anakalyptoume sti dystychia mas.**

Die wahren Freunde entdecken wir erst im Unglück.

Erst in Situationen der Not können Mitmenschen zeigen, ob sie tatsächlich zu Hilfe und Mitgefühl fähig sind.

274 **Prin kaneis kapoion philo sou, phrontise na matheis pos symperipherthike stous proigoumenous philous tou.**

Wenn du jemanden zum Freund haben willst, versuche herauszufinden, wie er mit deinen früheren Freunden umgeht.

Wenn jemand unsere früheren Freunde abwertet und schlecht macht, dann ist Vorsicht geboten.

275 **Exetase kala, krine sosta, epelexe me prosochi prin ti philia.**

Prüfe gut, urteile richtig und sei beim Beginn einer Freundschaft vorsichtig.

Dieser Spruch drückt die uralte Erfahrung aus, dass wir von Mitmenschen getäuscht und ausgenutzt werden können.

276 **Meta omos opheileis na eisai pistos ston philo sou mechri tou thanatou.**

Danach musst du deinem Freund treu sein bis zum Tod.

Heute relativieren wir auch diesen Spruch, denn immer müssen wir unser Leben schützen.

277 **Prepei na phaei kaneis pikro psomi me tous philous tou kai na perasei oles tis dyskolies gia na tous gnorisei kala.**

Freunde müssen auch bitteres Brot essen und Schwierigkeiten lösen, weil sie das Schöne kennen.

Die Erfahrung des Mitgefühls gibt Freunden die Kraft, einander in Not zu helfen und Leiden gemeinsam zu tragen.

278 **O alithinos philos einai san ena megalo mystiko pou to chrisimopoioume mono einai vriskomaste se megali ananki.**

Der wahre Freund ist ein großes Geheimnis, das du brauchst und erst in der großen Not findest.

Es gibt Menschen, die mit innerer Überzeugung anderen in Notsituationen helfen, weil auch sie in schwierigen Lagen Hilfe erfahren möchten.

279 **I philia einai to pio teleio apo ta aisthimata pou niothei o anthropos, giati einai to pio katharo, to pio elevthero kai to pio vathy.**

Die Freundschaft ist das Höchste, was ein Mensch empfinden kann, sie ist das Reinste, das Freieste und das Tiefste.

Als soziale Wesen sind wir Menschen zu Mitgefühl und zu Nächstenliebe fähi; dies macht unser Lebensglück aus.

280 **Avtos pou epapse nai einai philos, pote tou den ypirxe tetoios.**

Wer aufhört, ein Freund zu sein, der war niemals einer.

Auch dieser Spruch relativiert sich, denn von lebensfeindlichen und zerstörenden Menschen müssen wir uns abgrenzen.

281 **O erotas dolophoneitai apo ti stigmi pou epideiknyetai dimosia, i philia pote.**

Der Eros stirbt, wenn er öffentlich zur Schau gestellt wird, das gilt auch von der Freundschaft.

Das erotische Spiel und die zärtlichen Gefühle der Liebenden gehören in den Bereich des Privaten und Geschützten.

282 **O doulos echei mono ena aphenti. O philodoxos echei tosous, osous chreiazetai gia na ton voithisoun na petychei to skopo tou.**

Der Sklave hat nur einen Herrn, doch der Ehrgeizige hat so viele Herren, als er braucht, um seine Ziele zu erreichen.

Menschen, die nach großem Besitz und Ansehen streben, machen sich damit von vielen Mitmenschen abhängig, sie verlieren ihre Freiheit.

283 **Oles oi philodoxies einai nomimes, ektas apo ekeines pou apovlepoun stin exathliosi kai tin tapeinosi ton synanthropon mas.**

Die Ehrgeizigen leben dem Gesetz konform, doch sie suchen die Abwertung und Erniedrigung ihrer Mitmenschen.

Viele Zeitgenossen können es nicht ertragen, auf derselben Ebene wie ihre Mitmenschen zu stehen, sie wollen höher als diese hinaus.

284 **I philodoxia moiaze me tin peina, den ypakonei se kanena nomo, para mono stis orexeis tis.**

Der Ehrgeiz ist dem Hunger ähnlich, für ihn gibt es kein Gesetz außer dem ständigen Appetit.

Nun gibt es Menschen um uns, die nie genug an Gütern und Ehre bekommen können, ihnen fehlt meist tiefe Geborgenheit.

285 **O phobos mporei na prophylaxei ton anthropo apo ton kindyno, alla to tharros mono mporei na ton voithisei otan kindyneuei.**

Der Ängstliche kann einen Menschen von der Gefahr abhalten, doch der Mutige kann ihm helfen, wenn er in Gefahr ist.

Im Leben spielen die Ängstlichen und die Mutigen zusammen, denn viele Gefahren können wir gar nicht rechtzeitig erkennen.

286 **To orio tis lypis yparchei, tou phovou den yparchei.**

Es gibt eine Grenze des Schmerzes, aber nicht der Angst.

Dieser Spruch will sagen, dass wir unsere Ängste nicht so leicht eingrenzen können wie den Schmerz.

287 **O anthropos pou ton phovountai polloi, prepei ki avtos pollous na phovatai.**

Der Mensch, den viele fürchten, muss selbst vor vielen Angst haben.

Dies gilt für jeden Diktator und Tyrannen im Staat; sie überleben nur durch strengen Militärschutz.

288 **Oute ti phtocheia, oute ti phylaki, oute tin exoria den prepei na phovomasti, para mono ton idio to phovo.**

Du musst weder die Armut noch das Gefängnis, noch die Verbannung fürchten, sondern nur deine eigene Angst.

Für von Angst geplagte Menschen ist es tatsächlich schwer, die unbewussten Phobien abzulegen und zu heilen.

289 **O charaktiras moiazei me ena dentro kai i kali phimi me ti skia tou.**

Der Charakter eines Menschen gleicht einem Baum, der gute Ruf ist sein Schatten.

Auch in modernen Gesellschaften ist der gute Ruf jedes Menschen für ein ungestörtes Zusammenleben die Voraussetzung.

290 **O charaktiras tou anthropou diakrinethai otan krinei tous allous.**

Der Charakter eines Menschen zeigt sich,
wenn dieser seine Mitmenschen beurteilt.

Unser Urteil über Mitmenschen wird immer von unserem eigenen Selbstbild mitgeformt.

291 **Kathenas me tin trela tou, ki autos me tin amprela tou.**

Zu jeder Dummheit gibt es auch den
passenden Regenschirm.

Gerade in modernen Gesellschaften werden viele Torheiten mit der schönsten Verpackung verkauft.

7

Sinnsprüche der Dichter und Denker

Die Dichter und Denker haben in jeder Kultur die Grunderfahrungen des Lebens in besonders dichter Weise zum Ausdruck gebracht. Die griechischen Dramatiker haben das Denken, die Gefühle und das Leben ihrer Mitmenschen über viele Jahrhunderte hin entscheidend geformt. Hier werden Texte aus der Tragödie *Antigone* von Sophokles (gest. 406 v. C.) ausgewählt, die tief im griechischen Mythos verwurzelt ist und die Menschen zu einem rationaleren Denken anregen will. Denn allein die Liebe könne die schreckliche Dynamik der Rache überwinden. Andere Sprüche stammen vom stoischen Philosophen Epiktetos (gest. um 125 n. C.), der eine eigene Schule der Weisheit leitete und damit die europäische Kultur nachhaltig geprägt hat. Theophrastos (gest. 287 v. C.) war ein Schüler des Aristoteles, mit ihm begründete er die systematische Erforschung der Pflanzenwelt und der bisherigen Philosophie. Seine Charakterlehre hatte in Europa bis in die Neuzeit ihre Gültigkeit.

1 **Alla ennoien chre touto men, gynaix' hoti ephymen hos pros andras ou machoumena.** (Sophokles, Antigone, 60)

Bedenken müssen wir, dass wir als Frauen nicht
geboren wurden, um gegen Männer zu kämpfen.

Der Spruch sagt, dass selbst in der patriarchalen Ehe die Geschlechter nicht gegeneinander kämpfen sollten.

2 **Epeita de ouneka archomesth'ek kreissonon, kai tauta akouein kati ton de algiona.** (Sophokles, a.a.O. 63)

Bedenken wir, dass wir von Stärkeren beherrscht werden
und dass wir dies und Schmerzliches hören müssen.

Nach der griechischen Mythologie werden wir Menschen von unverfügbaren Kräften beherrscht, denen wir nicht entkommen.

3 **To gar perissa prassein ouk echei noun oudena.** (Sophokles, a.a.O. 68)

Denn das Übertriebene zu tun, hat keinen Sinn.

Menschen haben keine Chance im Leben, gegen die Macht des Schicksals und der Götter aufzubegehren.

4 **Me mou protarbei, ton son exorthou potmon.** (Sophokles, a.a.O. 83)

Nicht um mich sorge dich, sondern bringe
dein Geschick in Ordnung.

Dies sagt Antigone zu Ismene, als sie sich von ihr verabschieden muss, denn alle Menschen folgen ihrem Schicksal.

5 **Thermen epi psychroisin kardian echeis.** (Sophokles, a.a.O. 88)

Bei eisigen Dingen hast du ein heißes Herz.

Die eisigen Dinge haben mit dem Schicksal des Todes zu tun, doch das weibliche Herz schlägt trotzdem heiß und wild.

6 **Alla oida areskous' hois malista hadein me chre.** (Sophokles, a.a.O. 89)

Aber ich weiß zu gefallen, wem ich am meisten gefallen muss.

Antigone will den Lebensregeln der Väter, den Göttern und den Kräften des Schicksals gefallen.

7 **Archen de theran ou prepei ta mechana.** (Sophokles, a.a.O. 93)

Von vornherein dem Unmöglichen nachzujagen, ist nicht richtig.

Die Leidenschaft spornt uns an, das Unmögliche zu erreichen, doch der kritische Verstand bremst.

8 **Peisomai gar ou tosouton ouden hoste me ou kalos thanein.** (Sophokles, a.a.O. 97)

Erleiden werde ich nicht so Schmerzliches, dass es nicht schön wäre, zu sterben.

Der Fluch des gemordeten Königs Ödipus muss die ganze Sippe treffen, dann ist dem göttlichen Recht Genüge getan.

9 **Zeus gar megales glosses kompous hyperechthairei.** (Sophokles, a.a.O. 127)

Denn Zeus hasst das Prahlen der großsprechenden Zungen über alles.

Die Menschen sind vor den Göttern die Geringeren, sie dürfen sich nicht stolz gegen sie erheben.

10 **Ton nyn thesthe lesmosynan, theon de naous chorois pannychiois pantas epelthomen.** (Sophokles, a.a.O. 151–153)

Macht Platz dem Vergessen jetzt, gehen wir zu allen Tempeln der Götter tanzend die ganze Nacht.

Im kultischen Tanz vor den Göttern vergessen die Menschen ihr schweres Schicksal und sind kurze Zeit glücklich.

11 **Kai meizon' hostis anti tes autou patras philon nomizei, touton oudamou lego.** (Sophokles, a.a.O. 182)

Und wer ein anderes Gut als das eigene Vaterland
für größer hält, gilt in meinen Augen nichts.

Aus der Sicht der männlichen Krieger und Herrscher muss jedes Menschenleben dem Vaterland dienen und geopfert werden.

12 **Toion de emon phronema, koupote ek emou time proexous' hoi kakoi ton endikon.** (Sophokles, a.a.O. 207)

So gehen meine Gedanken, niemals werden von mir
aus die Bösen den Vorzug vor den Gerechten haben.

Der Herrscher und König weiß sich von den Göttern eingesetzt, das Böse hart zu bestrafen und der ewigen Ordnung zu folgen.

13 **Hos an skopoi nyn ete ton eiremenon.** (Sophokles, a.a.O. 215)

Seid mir nun Wächter des Gesagten.

Für Menschen im mythischen Weltbild haben ausgesprochene Worte magische Kraft, sie bewirken, was sie sagen.

14 **Ouk estin houto moros, hos thanein era.** (Sophokles, a.a.O. 220)

So dumm ist keiner, dass er zu sterben wünscht.

Der Chor singt es, dass kein Mensch freiwillig vorzeitig aus dem Leben scheiden will.

15 **Tes elpidos gar erchomai dedragmenos, to me pathein an allo plen to morsimon.** (Sophokles, a.a.O. 235)

An die Hoffnung mich klammernd komme ich,
um das zu erleiden, was mein Schicksal ist.

Auch Menschen, die an ein böses Schicksal glauben, klammern sich an viele Funken der Hoffnung.

16 **Ta deina gar toi prostithese oknon polyn.** (Sophokles, a.a.O. 244)

Das Fürchterliche nun schafft viel Zaudern.

In allen Lebenssituationen wehren wir uns dagegen, das Unausweichliche anzunehmen.

17 **Stergei gar oudeis angelon kakon epon.** (Sophokles, a.a.O. 277)

Keiner liebt den Überbringer der schlechten Worte.

Denn wir wollen mit allen Kräften des Lebens Gutes und Schönes hören, das Böse drückt uns zu Boden.

18 **E tous kakous timontas eisoras theous?** (Sophokles, a.a.O. 287)

Oder siehst du die Götter die Frevler ehren?

Für die Krieger und Wächter ist es offensichtlich, dass die Götter die Übeltäter bestrafen.

19 **Ouden gar anthropoisin hoion argyros kakon nomism' eblaste.** (Sophokles, a.a.O. 295)

Keine schlimmere Gewohnheit als die Liebe
zum Geld erwuchs den Menschen.

Wieder stellen die Krieger fest, dass die Gier nach Geld und Reichtum die Menschen zu bösen Taten anstiftet.

20 **Ho dron se ania tas phrenas, ta de ota ego.** (Sophokles, a.a.O. 319)

Der Täter kränkt dein Herz, deine Ohren kränke ich.

Der Übeltäter kränkt das Herz des Königs, doch der Wächter muss die böse Tat dem Herrscher melden, dass er sie bestrafe.

21 **E deinon, ho doke ge, kai pseude dokein.** (Sophokles, a.a.O. 323)

Schlimm ist es, dass der auch Falsches beschließt, der etwas beschließt.

Wir müssen unsere Entschlüsse treffen, ob sie richtig oder falsch sind, so bleiben wir nie frei von Schuld.

22 **Polla ta deina, kouden anthropou deinoteron pelei.** (Sophokles, a.a.O. 332)

Vielgestaltig ist das Ungeheure, doch nichts ist ungeheurer als der Mensch.

Dieses geflügelte Wort drückt ein sehr negatives Menschenbild aus, es generalisiert die Übeltat auf alle Menschen und legitimiert sie.

23 **Kai phthegma kai anemoen phronema kai astynomous orgas edidaxato.** (Sophokles, a.a.O. 353)

Die Sprache und windesschnelles Denken und den Staaten lenkenden Trieb lehrte sich der Mensch.

Der Chor besingt die Künste des Menschen, die ihn zu einem sozialen Wesen machen und zum moralischen Leben befähigen.

24 **Aporos epi ouden erchetai to mellon.** (Sophokles, a.a.O. 360)

Verlegen geht er an nichts Zukünftiges heran.

Der stolze Mensch traut auf seine Kräfte des Geistes und wagt ohne Scheu, neue Erkenntnisse und Erfahrungen zu gewinnen.

25 **Haida monon pheuxin ouk epaxetai.** (Sophokles, a.a.O. 362)

Vor dem Hades allein wird er sich kein Entrinnen verschaffen.

Der Mensch wird vieles mit seiner klaren Vernunft erreichen, doch den Tod kann er nicht überwinden.

26 **Noson de amechanon phygas xympephrastai.** (Sophokles, a.a.O. 363)

Schwer heilbare Krankheiten hat er im Griff.

Der Dichter ist zuversichtlich, dass die Heilkunst der Ärzte schnell voranschreiten wird.

27 **Sophon ti to mechanoen technas hyper elpidi echon.** (Sophokles, a.a.O. 364)

Als klug anwendbar besitzt er die Kunst
der Erfindung über alles Erwarten.

Der Mensch ist stets zu neuen technischen Erfindungen und zu nützlichen Erkenntnissen fähig, dies ist ein Geschenk der Götter.

28 **Tote men kakon, allote epi esthlon herpei.** (Sophokles, a.a.O. 366)

Er schreitet bald zum Bösen und bald zum Guten.

Der Mensch ist frei, zu wählen, dem Recht der Götter zu folgen oder es mit den Füßen zu treten.

29 **Pseudei gar he epinoia ten gnomen.** (Sophokles, a.a.O. 389)

Zum Lügner macht die gute Einsicht den späten Vorsatz.

Dies ist der Spruch der Wächter und Krieger, dass Übeltäter zu spät zur Einsicht in das Gute kommen.

30 **Alla he gar ektos kai para elpidas chara eoiken alle mekos ouden hedone.** (Sophokles, a.a.O. 393)

Denn die Freude entgegen und über alle Erwartung
gleicht an Größe keiner anderen Lust.

Wieder besingen die Wächter die Lebenssituation der Menschen, denn sie schützen das moralisch gute Leben.

31 **Kai phemi drasai kai ouk aparnoumai to me.** (Sophokles, a.a.O. 443)

Ich bekenne mich zur Tat und streite sie nicht ab.

Antigone bekennt sich freimütig zur bösen Tat, sie hat aus innerer Überzeugung das Gesetz des Königs übertreten.

32 **Ei de tou chronou prosthen thanoumai, kerdos auto ego lego.** (Sophokles, a.a.O. 462)

Wenn ich vor der Zeit sterben werde, nenne ich es Gewinn.

Antigone weiß, dass sie getötet wird, aber sie nennt ihr Sterben für ihre innere Überzeugung einen Gewinn. Ähnlich dachte später Paulus von Tarsos.

33 **Hostis gar en polloisin hos ego kakois ze, pos hode ouchi katathanon kerdos pherei.** (Sophokles, a.a.O. 462)

Denn wer wie ich in vielen Leiden lebt, wie trüge
der im Tod nicht einen Gewinn davon?

Für Antigone ist der frühe Tod die Erlösung vom inneren Fluch und von den Leiden der Seele.

34 **Smikro chalino de oida tous thymoumenous hippous katartythentas.** (Sophokles, a.a.O. 477)

Ich weiß, mit kurzem Zügel werden
die wilden Pferde gezähmt.

Der Herrscher weiß, dass er nur mit strengen Gesetzen und abschreckenden Strafen im Stadtstaat regieren kann.

35 **Miso ge mentoi chotan en kakoisi tis halous epeita touto kallynein thele.** (Sophokles, a.a.O. 495)

Ich hasse es, wenn einer beim Bösen ertappt
dies zu beschönigen versucht.

Zur Moral der Krieger gehört es, zu guten und zu bösen Taten zu stehen, wenn sie offensichtlich sind.

36 **Alla he tyrannis polla ta alla eudaimonei kaxestin aute dran legein tha ha bouletai.** (Sophokles, a.a.O. 506)

Die Gewaltherrschaft hat in Vielem ihren Vorteil, denn
ihr ist es erlaubt, zu tun und zu sagen, was sie will.

Antigone anerkennt die Gewalt des Tyrannen, der sie nicht entkommen kann.

37 **Alla ouk ho chrestos to kako lachein isos.** (Sophokles, a.a.O. 520)

Nun kann der Gute nicht das Gleiche bekommen wie der Übeltäter.

Für den Herrscher gibt es strenge Strafen für die Übeltäter, um sie vom Bösen abzuschrecken. Doch die Gerechten müssen belohnt werden.

38 **Outoi poth' ouchthros, oude hotan thane, philos.** (Sophokles, a.a.O. 522)

Kein Feind wird jemals ein Freund, auch wenn er stirbt.

Nach der starren Logik des Herrschers muss der Gegner oder Feind über den Tod hinaus verfolgt werden.

39 **Outoi synechthein, alla symphilein ephyn.** (Sophokles, a.a.O. 523)

Nicht um mitzuhassen, sondern um mitzulieben bin ich geboren worden.

Dies ist der Kernsatz des Dramas aus dem Mund der Antigone, sie will mit ihrer Liebesfähigkeit aus dem unheimlichen Kreis des Hasses und der Zerstörung aussteigen.

40 **Alla en kakois tois soisin ouk aischynomai xymploun hemauten tou pathous poioumene.** (Sophokles, a.a.O. 540)

Aber in deiner Not schäme ich mich nicht, mich zur Gefährtin deines Leidens zu machen.

Dies sagt Ismene zu ihrer Schwester, als diese auf den Tod zugeht, denn allein durch Mitgefühl können wir die Logik des Hasses beenden.

41 **Logois de ego philousan ou stergo philen.** (Sophokles, a.a.O. 543)

Wer nur mit Worten liebt, den kann ich nicht lieben.

Für Antigone muss sich die mit Worten ausgesprochene Liebe im mitfühlenden Verhalten zeigen und ausweisen.

42 **Kai tis bios moi sou leleimmene philos?** (Sophokles, a.a.O. 547)

Wie könnte ich das Leben noch lieben,
wenn ich von dir verlassen bin?

Dies sagt Ismene zu ihrer Schwester, ohne die sie nicht weiter leben möchte.

43 **Soson seauten, ou phthono sou hypekphygein.** (Sophokles, a.a.O. 553)

Rette dich, ich neide dir dein Entrinnen nicht.

Antigone geht mutig und gefasst auf den Tod zu, die im Schmerz Lebenden beneidet sie nicht mehr.

44 **Sy men gar heilou zen, ego de katthanein.** (Sophokles, a.a.O. 555)

Du hast das Leben gewählt, ich aber das Sterben.

Dieser berühmte Satz drückt das Auseinandergehen zweier Wege aus, die sich nie mehr treffen werden.

45 **Tharsei, sy men zes, he de eme psyche palai tethneken, hoste tois thanousin ophelein.** (Sophokles, a.a.O. 559)

Sei beruhigt, du lebst, aber meine Seele ist
längst tot, sodass sie dem Tod dient.

Die Seele der Mörderin ist für das Leben unter Mitmenschen abgestorben, sie dient der Zerstörung.

46 **Ou gar pote oude hos an blaste menei nous tois kakos prassousin, alla existatai.** (Sophokles, a.a.O. 562)

Nicht bleibt der angeborene Verstand den
Übeltätern, sondern er geht verloren.

Die Böses tun und Leben zerstören, sind vom Weg des aufrechten Verstandes abgewichen, sie haben ihn völlig verloren.

47 **Kakas ego gynaikas hyiesin stygo.** (Sophokles, a.a.O. 570)

Böse Frauen für die Söhne hasse ich.

Dies sagt der herrschende Patriarch, aber warum Frauen in der patriarchalischen Sippe böse werden, fragt er nicht.

48 **Haides ho pauson tous de tous gamous emoi.** (Sophokles, a.a.O. 575)

Es ist der Gott Hades, der diese Ehe mir zu Ende bringt.

Antigone wird den Gesetzen der Götter geopfert, für sie gibt es keine Hochzeit und Vermählung in dieser Welt.

49 **Eudaimones, hosoi kakon ageustos aion.** (Sophokles, a.a.O. 582)

Glücklich ist, dessen Leben das Böse nicht kennt.

Wer von der Macht des Bösen erfasst wird, von dem weicht das Glück des Daseins.

50 **Oude apallassei genean genos, alla ereipei theon tis, oude echei lysin.** (Sophokles, a.a.O. 596)

Nicht erlöst ein Geschlecht das andere,
sondern ein Gott zermalmt sie.

Der Glaube an das blinde Schicksal lässt einen Glauben an Erlösung und Vergebung nicht aufkommen.

51 **Ouden herpei thnaton bioto pampoly te ektos atas.** (Sophokles, a.a.O. 614)

Nichts nimmt seinen Weg für das Leben
der Sterblichen ohne Unheil.

Der Chor besingt die düsteren Lebensbedingungen in der Deutung der antiken Religion und Mythologie.

52 **Prassei de oligiston chronon ektos atas.** (Sophokles, a.a.O. 625)

Sein Handeln ist nur geringe Zeit ohne Unheil.

In einer Lebensordnung der Rache trifft die meisten Menschen viel zu früh das Böse mit voller Wucht, sie können ihm nicht entkommen.

53 **Me nyn pote o pai tasde phrenas hypo hedones gynaikos ouneka ekbales.** (Sophokles, a.a.O. 648)

Mein Sohn, wirf niemals deinen Verstand
weg aus Lust auf eine Frau.

Dieser väterliche Rat gilt wohl beiden Geschlechtern, denn der Gott Eros macht uns Menschen blind.

54 **Ti gar genoito an helkos meizon e philos kakos.** (Sophokles, a.a.O. 652)

Was könnte ein größeres Geschwür
werden als ein schlechter Freund?

Dabei wird angenommen, dass unmoralische Freunde die guten Sitten verderben und die Gesetze missachten.

55 **En tois gar oikeioisin hostis estin aner chrestos, phainetai kan polei dikaios on.** (Sophokles, a.a.O. 661)

Wer unter seinen Hausgenossen ein tüchtiger Mann ist,
der wird sich auch in der Stadt als gerecht erweisen.

Der Herrscher ist überzeugt, dass Tüchtigkeit in der Sippe die Voraussetzung für das politische Handeln im Staat ist.

56 **Anarchias de meizon ouk estin kakon.** (Sophokles, a.a.O. 671)

Es gibt kein größeres Übel als die Gesetzlosigkeit.

Wenn in einem Staat die Gesetze zusammenbrechen und nicht mehr eingehalten werden, dann herrscht Bürgerkrieg.

57 **Anarchia poleis ollysin, ede anastatous oikous tithesin.** (Sophokles, a.a.O. 673)

Die Gesetzlosigkeit vernichtet Staaten und stürzt Häuser ein.

Wenn die Grundregeln des Zusammenlebens nicht mehr eingehalten werden, dann zerbrechen Sippen und Stadtstaaten.

58 **Houtos amynte esti tois kosmoumenois koutoi gynaikos oudamos hessetea.** (Sophokles, a.a.O. 678)

Man muss dem Geordneten helfen, einem Weib darf man niemals unterliegen.

Dies ist die Lebensdeutung einer patriarchalischen Kultur, in der vor allem die Männer die sozialen Ordnungen festsetzen.

59 **Theoi phyousin anthropois phrenas panton hose esti ktematon hypertaton.** (Sophokles, a.a.O. 683)

Die Götter geben von Natur den Menschen die Vernunft, von allen Gütern das höchste.

Denn allein die theoretische und die praktische Vernunft können uns ein gutes und glückliches Leben bereiten.

60 **Alla andra, kei tis e sophos, to manthanein polla aischron ouden.** (Sophokles, a.a.O. 710)

Dass ein weiser Mann etwas dazulernt, ist keine Schande.

Der Krieger Haimon sagt, dass Lernen eine Grundbedingung des gelingenden Lebens sei.

61 **Polis gar ouk estin hetis andros esthe henos.** (Sophokles, a.a.O. 737)

Die Stadt ist nicht etwas, das nur einem einzigen Mann gehört.

Dieser Satz wendet sich gegen alle Alleinherrscher, die überzeugt sind, sie allein könnten über alle Mitmenschen bestimmen.

62 **Kalos eremes ge an sy ges archois monos.** (Sophokles, a.a.O. 739)

Allein kannst du die Wüste gut regieren.

Ein Tyrann mag dort seinen Platz haben, wo es außer ihm keine Menschen gibt.

63 **Boulei legein ti kai legon meden klyein.** (Sophokles, a.a.O. 757)

Du willst nur reden und dabei nichts hören.

Dies sagt Haimon dem Herrscher, der kaum auf die Überzeugungen seiner Mitbürger zu hören gewohnt ist.

64 **Eros, ho de echon memenen.** (Sophokles, a.a.O. 790)

Gott Eros, wer dich hat, der ist ein Rasender.

Der Chor singt, dass der Gott der sinnlichen Liebe die Menschen in Ekstase versetzt und ihnen den Verstand raubt.

65 **Eros, sy kai dikaion adikous phrenas paraspas epi loba.** (Sophokles, a.a.O. 792)

Gott Eros, du verleitest auch den Sinn
des Gerechten zum Unrecht.

Der Gott Eros erfasst beide Geschlechter und entreißt sie für kurze Zeit den vernünftigen Überlegungen und den menschlichen Gesetzen.

66 **Amachos gar empaizei theos Aphrodita.** (Sophokles, a.a.O. 797)

Denn unbesiegt treibt die Göttin Aphrodite ihr Spiel.

Auch die Schutzgöttin der sinnlichen Liebe kann vom Verstand und von vernünftigen Gesetzen nicht besiegt werden.

67 **Alla autonomos zosa mone de thneton Haiden katabesei.** (Sophokles, a.a.O. 821)

Dir selbst Gesetz gehst du als Einzige
der Sterblichen zum Hades.

Weil die Mörderin autonom und selbstbestimmt gehandelt hat, muss sie den Weg des Todes gehen.

68 **Se de autognotos olesa orga.** (Sophokles, a.a.O. 875)

Dich hat dein selbstbestimmtes Aufbegehren zerstört.

Der Chor singt die Lebensregeln der autoritären Herrschaft, in der es kein selbstbestimmtes Handeln geben darf.

69 **Alla ha moiridia tis dynasis deina.** (Sophokles, a.a.O. 951)
Aber ungeheuer ist die Macht des Schicksals.

Dieser berühmte Satz drückt den Glauben der antiken Menschen an die unverrückbaren Vorgaben des Lebens aus.

70 **Phronei bebos au nyn epi xyrou tyches.** (Sophokles, a.a.O. 996)
Denn wisse, dass du auf des Messers Schneide stehst.

Dieses Wort spricht der Seher Teiresias, er will die göttliche Entscheidung erkennen und den Mitmenschen kundtun.

71 **Emoi gar houtos hegemon, allois de ego.** (Sophokles, a.a.O. 1014)
Für mich ist dieser der Führer, für die anderen bin ich es.

Der Seher anerkennt göttliche Führung, deswegen will er ein Führer der Mitmenschen sein.

72 **Anthropoisin gar tois pasi koinon estin tou xamartanein.** (Sophokles, a.a.O. 1023)
Allen Menschen ist es gemeinsam, Fehler zu begehen.

Der Seher weiß, dass wir Menschen allzu oft im Leben von unseren als gut erkannten Gesetzen abweichen.

73 **Authadia toi skaioteta ophliskanei.** (Sophokles, a.a.O. 1028)
Die Selbstgefälligkeit zieht Missgeschick nach sich.

Wer sich selbst über andere erheben will, muss Acht geben, dass er nicht über viele Steine stürzt.

74 **Tis alke ton thanonton epiktanein?** (Sophokles, a.a.O. 1029)
Was ist das für Stärke, einen Toten noch einmal zu töten?

Der Seher sagt es dem Herrscher ins Gesicht, dass er sich an einem seelisch Toten nicht mehr rächen soll.

75 **All' eike to thanonti mede ololota kentei.** (Sophokles, a.a.O. 1028)

Auf einem, der zu Grunde ging, sollst du nicht herumhacken.

Der Seher widerspricht dem Herrscher, denn er kennt besser als dieser die Regeln der Gottheit.

76 **To manthanein de hediston eu legontos.** (Sophokles, a.a.O. 1032)

Von einem zu lernen, dessen Worte gut sind, bringt Freude.

Für den Seher steht fest, dass wir nur von moralisch guten Menschen etwas für das Leben Nützliches lernen können.

77 **To mantikon gar pan philargyron genos.** (Sophokles, a.a.O. 1055)

Das ganze Volk der Seher ist gierig nach dem Geld.

Nun wehrt sich der Herrscher und unterstellt dem Seher Geldgier und damit Unzuverlässigkeit.

78 **To de ek tyrannon aischrokerdeian philei.** (Sophokles, a.a.O. 1056)

Der Tyrann liebt den ungerechten Gewinn.

Jetzt deckt der Seher die wahren Motive des tyrannischen Herrschers auf, sein Reichtum baut auf Unrecht auf.

79 **Echthrai de pasai syntarassontai poleis.** (Sophokles, a.a.O. 1080)

Durch die Feindschaft wird jede Stadt aufgewirbelt.

Der Seher erkennt, dass die Feindschaft der Sippen den Zusammenhalt der Stadt gefährdet, sie muss überwunden werden.

80 **Tyche gar orthoi kai tyche katarrepei ton eutychounta ton de dystychounta aei.** (Sophokles, a.a.O. 1157)

Denn das Schicksal richtet auf und stürzt zu jeder Zeit den Glücklichen und den Unglücklichen.

Es ist die Stimme des Boten, die diese Wahrheit ausspricht, an der in der antiken Kultur kaum jemand zweifelt.

81 **Orthon alethei aei.** (Sophokles, a.a.O. 1195)

Denn die Wahrheit sagen ist immer richtig.

Der Bote hält sich an die Wahrheit des Erlebten und Gesehenen, denn er möchte später nicht als Lügner dastehen.

82 **Deixas en anthropoisi ten aboulian hoso megiston andri proskeitai kakon.** (Sophokles, a.a.O. 1243)

Er zeigt den Menschen, dass Unvernunft
für einen Mann das größte Übel ist.

Wieder ist es der Bote, welcher diese Erkenntnis den Herren und Kriegern in Erinnerung ruft.

83 **Kai tes agan gar esti pou siges baros.** (Sophokles, a.a.O. 1256)

Auch ist ein allzu großes Schweigen bedenklich.

Wenn wir erfahrenes Unrecht verschweigen, dann kann es nie aufgedeckt und in der Seele verarbeitet werden.

84 **En to emo kara theos tote ara tote mega baros me echon.** (Sophokles, a.a.O. 1273)

Auf mein Haupt hat ein Gott mit schwerer
Wucht mich geschlagen.

Nun lernt auch der Herrscher aus seinen Fehlern, denn ein göttliches Wesen hat schwer in sein Leben eingegriffen.

85 **Aneptan phobo.** (Sophokles, a.a.O. 1307)

Ich flattere vor Angst.

Nun befällt die Angst auch den starken Herrscher, auch er ist vor den Mächten des Schicksals nie sicher.

86 **Brachista gar kratista tan posin kaka.** (Sophokles, a.a.O. 1328)

Je schneller, umso besser muss man das Leiden beseitigen.

Hier verkündet der Chor, dass wir Menschen im Leiden nicht überleben können, wenn es uns überfällt.

87 **Pollo to phronein eudaimonias proton hyparchei.** (Sophokles, a.a.O. 1347)

Bei Weitem ist Besonnenheit das größte Glück.

Mit dieser Einsicht des Chores schließt das antike Drama, die Schwachen und die Starken müssen Besonnenheit lernen und üben.

88 **Chre de ta ge eis theous meden aseptein.** (Sophokles, a.a.O. 1349)

Man darf den Bereich der Götter in keiner Weise entweihen.

Es gibt auch für die stärksten Menschen noch einen größeren und mächtigeren Bereich, dies ist das Göttliche.

89 **Megaloi de logoi megalas plegas ton hyperauchon apoteisantes gera to phronein edidaxan.** (Sophokles, a.a.O. 1352)

Große Worte von Prahlenden haben, wenn sie unter schweren Schlägen gebüßt haben, im Alter Vernunft und Besonnenheit gelehrt.

Der Dichter will mit seinem aufrüttelnden Drama die Menschen zu aufrechter Vernunft und zur Mäßigung ihrer wilden Gefühle anleiten.

90 **Ton onton ta men estin eph' hemin, ta de ouk eph' hemin.** (Epiktet, Handbuch der Moral, 1)

Über das eine gebieten wir, über das andere nicht.

Es gibt Dinge und Bereiche im Leben, über die wir nicht verfügen können, dies müssen wir akzeptieren.

91 **Kai ta men eph' hemin esti physei eleuthera, akolyta aparapodista.** (Epiktet, a.a.O. 1)

Worüber wir verfügen, ist von Natur aus frei und kann nicht gehindert oder gehemmt werden.

Das Natürliche steht allen Menschen zur freien Verfügung, es kann von den Stärkeren nicht behindert oder verweigert werden.

92 **Ten orexin de pantelos epi tou parontos anele.** (Epiktet, a.a.O. 2)

Das Begehren gib vorläufig ganz auf.

Der Lehrer der stoischen Lebenskunst weist die Schüler an, auf das sinnliche und emotionale Begehren verzichten zu lernen.

93 **An te gar orege ton ouk eph' hemin tinos, atychein ananke.** (Epiktet, a.a.O. 2)

Wenn du etwas begehrst, über das wir nicht verfügen, wirst du notgedrungen unglücklich sein.

Dieser Kernsatz stoischer Philosophie sagt, dass wir nur dies anstreben sollen, was wir auch erreichen können.

94 **Mono de to horman kai aphorman chro, kouphos mentoi kai meta hypexaireseos kai aneimenos.** (Epiktet, a.a.O. 2)

Beschränke dich auf das Wollen und Nichtwollen, aber nicht verbissen, sondern mit Vorbehalt und Gleichmut.

Der weise Stoiker übt seinen Willen, doch das Erstrebte erwartet er mit Gefasstheit und innerer Gelassenheit.

95 **Hopoion estin, apo ton smikrotaton arxamenos.** (Epiktet, a.a.O. 3)

Fange mit den ganz kleinen Dingen an.

In unserer nach Größe gierenden Zeit ist es wichtig, dass wir uns wieder auf die kleinen Dinge des Lebens besinnen.

96 **Tarassei tous anthropous ou ta pragmata, alla ta peri ton pragmaton dogmata.** (Epiktet, a.a.O. 5)

Nicht die Dinge selbst beunruhigen die Menschen, sondern ihre Meinungen und Urteile über die Dinge.

Nur können wir nicht die Dinge um uns verändern, wohl aber unsere Meinungen und Urteile über sie.

97 **Apaideutou ergon to allois enkalein, eph' hois autos prassei kakos.** (Epiktet, a.a.O. 5)

Der Ungebildete verrät sich, weil er anderen
Vorwürfe für sein eigenes Schlechtes macht.

In der Philosophie lernen wir, für unsere Missgeschicke im Leben selbst die Verantwortung zu übernehmen.

98 **Epi medeni eparthes allotrio proterematі.** (Epiktet, a.a.O. 6)

Sei auf keinen Vorzug stolz, der nicht dein eigener ist.

Nur törichte Menschen versuchen immerfort, sich mit fremden Federn und Lorbeeren zu schmücken.

99 **Hotan en chresei phantasion kata physin sches, tenikauta epartheti.** (Epiktet, a.a.O. 6)

Wenn du beim Gebrauch deiner Vorstellungen mit
der Natur in Übereinstimmung bist, dann sei stolz.

Es ist ein Ziel der stoischen Weisheit, die menschliche Natur zu erkennen und in Übereinstimmung mit ihr zu leben.

100 **Ean de ho kybernetes kalese, treche epi to plosion apheis ekeina hapanta mede epistrephomenos.** (Epiktet, a.a.O. 7)

Wenn der Steuermann ruft, dann lass alles liegen
und eile zum Schiff, ohne dich umzudrehen.

Mit dem Steuermann ist der Tod gemeint: Der weise Mensch verabschiedet sich gefasst und gelassen vom Leben, wenn es an der Zeit ist.

101 **Me zetei ta ginomena ginesthai hos theleis.** (Epiktet, a.a.O. 8)

Verlange nicht, dass das, was geschieht,
so geschieht, wie du es wünscht.

Der weise Mensch lernt schrittweise, sich den Ereignissen des Lebens und der Zeit willig zu fügen.

102 **Alla thele ta ginomena hos ginetai kai euroeseis.** (Epiktet, a.a.O. 8)

Wünsche dir, dass das Geschehende so geschieht, wie es geschieht, dann wird dein Leben heiter dahinfließen.

Die Stoiker streben nach dem schönen Fließen des Lebens im Gleichgewicht der erlebten Gefühle und Gedanken.

103 **Nosos somatos estin empodion, proaireseos de ou.** (Epiktet, a.a.O. 9)

Die Krankheit ist für den Körper hinderlich, nicht aber für die Sittlichkeit.

Auch für kranke Menschen gelten dieselben Zielwerte des guten und gelingenden Lebens wie für Gesunde.

104 **Eph' ekastou ton prospiptonton memneso epistrephon epi seauton zetein.** (Epiktet, a.a.O. 10)

Bei allem, was dir widerfährt, denke daran, dass du dich dir selbst zuwendest.

Die Schüler der Weisheit achten bei allen Erlebnissen und Ereignissen auf ihre inneren Gefühle, die sie mit aufrechtem Verstand zu lenken versuchen.

105 **Medepote epi medenos eipes hoti: apolesa auto; alla hoti: apedoka.** (Epiktet, a.a.O. 11)

Sage nie von einer Sache: Ich habe sie verloren.
Sage vielmehr: Ich habe sie zurückgegeben.

Wer sich von dem Verlorenen innerlich zu trennen vermag, der wird nicht mehr von der Trauer über den Verlust hinund hergerissen.

106 **To paidion apethanen; apedothe.** (Epiktet, a.a.O. 11)

Dein Kind ist gestorben, es wurde zurückgegeben.

Auch religiöse Menschen trösten sich über den Verlust von geliebten Menschen mit ähnlichen Gedanken: Der Tote ging zu Gott zurück.

107 **Proika de ouden periginetai.** (Epiktet, a.a.O. 12)
Umsonst bekommt man gar nichts.

Wie im Leben nichts umsonst ist, so müssen sich die Schüler der Weisheit auf ihrem Weg der Erkenntnis sehr anstrengen.

108 **Isthi gar hoti ou rhadion ten proairesin ten seautou kata physin echousan phylaxai.** (Epiktet, a.a.O. 13)
Wisse, dass es nicht leicht ist, deine sittlichen Grundsätze in Übereinstimmung mit der Natur zu lenken.

Der stoische Weise ringt sein Leben lang, gemäß der Natur zu leben und seine natürlichen Bedürfnisse gut zu befriedigen.

109 **Ean theles ta tekna sou kai ten gynaika kai tous philous sou pantote zen, elithios ei.** (Epiktet, a.a.O. 14)
Wenn du willst, dass deine Kinder, deine Frau und deine Freunde ewig leben, dann bist du ein Narr.

Wir müssen uns damit abfinden, dass unser Leben vergeht, und aus diesem Wissen das Beste machen.

110 **Hostis oun eleutheros einai bouletai, mete theleto ti mete pheugeto ti ton epi allois ei de me.** (Epiktet, a.a.O. 14)
Wer frei sein will, soll weder etwas anstreben noch etwas meiden von dem, worüber andere verfügen.

Der Schüler der Weisheit lernt schrittweise, nur solche Ziele anzustreben, über die er selbst zu jeder Zeit verfügen kann.

111 **Memneso, hoti hos en symposio se dei anastrephesthai.** (Epiktet, a.a.O. 15)
Bedenke, du musst dich im Leben wie bei einem Gastmahl benehmen.

Das Bild des Gastmahls stammt von Platon und Sokrates: Wir sind im Leben immer nur Gäste eines Größeren.

112 **Ekteinas ten cheira kosmios metalabe.** (Epiktet, a.a.O. 15)

Strecke deine Hand aus und nimm bescheiden deine Portion.

Wie beim Gastmahl soll jeder Mensch bescheiden das von der Welt nehmen, was er wirklich zum guten Leben braucht.

113 **Memneso, hoti hypokrites ei dramatos, hoiou an thele ho didaskalos.** (Epiktet, a.a.O. 17)

Bedenke, du bist ein Darsteller in einem Drama,
dessen Charakter der Autor bestimmt.

Der Autor im Drama des Lebens ist ein Gott oder das Schicksal, niemals schreiben wir selbst das Drehbuch.

114 **Son gar touto estin, to dothen hypokrinasthai prosopon kalos; eklexasthai de auto allou.** (Epiktet, a.a.O. 17)

Deine Aufgabe ist es, die dir zugeteilte Rolle gut zu
spielen, sie auszuwählen, steht einem anderen zu.

Der weise Mensch bemüht sich, seine ihm vorgegebene Rolle immer besser zu erkennen und mit Hingebung zu spielen.

115 **Emoi de panta aisia semainetai, ean ego thelo.** (Epiktet, a.a.O. 18)

Für mich gibt es nur Glück verheißende
Vorzeichen, wenn ich es will.

Der weise Mensch ist überzeugt, dass er aus allen Vorzeichen der Seher und in allen Situationen für sich etwas Gutes machen kann.

116 **Ho ti gar an touton apobaine, epi emoi estin ophelethenai apo autou.** (Epiktet, a.a.O. 18)

Was immer auch eintreffen mag, von mir hängt
es ab, ob ich daraus einen Nutzen ziehe.

Der Schüler der Weisheit lernt schrittweise, aus allen Ereignissen des Lebens das Beste zu machen und Gutes zu erleben.

117 **Mia de hodos pros eleutherian, kataphronesis ton ouk eph' hemin.** (Epiktet, a.a.O. 19)

Nur ein Weg führt zur Freiheit, nämlich alles gering zu achten, worüber wir nicht verfügen.

Der Schüler der Weisheit übt sich daran, nur das zu wollen und anzustreben, das er mit eigenen Kräften erreichen kann.

118 **Hotan oun erethise se tis, isthi hoti he se hypolipsis erethike.** (Epiktet, a.a.O. 20)

Wenn dich jemand reizt, dann wisse, es ist deine eigene Vorstellung, die dich gereizt hat.

Stoiker lernen durch hartes Training, die eigene Bewertung von bösen Erfahrungen positiv zu verändern.

119 **Arkou oun en panti to einai philosophos.** (Epiktet, a.a.O. 23)

Sei damit zufrieden, immer und überall ein weiser Mensch zu sein.

Denn ein weiser und moralisch aufrechter Mensch kann jeder Situation im Leben angemessen begegnen und darin glücklich sein.

120 **To boulema tes physeos katamathein estin ex hon ou diapherometha pros allelous.** (Epiktet, a.a.O. 26)

Den Willen der Natur erkennen wir aus dem, worüber wir nicht verschiedener Meinung sind.

Das, was alle Menschen von ihrer Natur her anstreben, ist das moralisch Gute und das sittlich Gesollte.

121 **Hosper skopos pros to apotychein ou tithetai, houtos oude kakou physis en kosmo genetai.** (Epiktet, a.a.O. 27)

So wie ein Ziel nicht aufgestellt wird, damit wir es verfehlen, so gibt es nichts von Natur aus Böses.

Das Böse, das wir Menschen einander antun, richtet sich immer gegen die Bedürfnisse und Kräfte unserer eigenen Natur.

122 **Ekastou ergou skopei ta kathegoumena kai ta akoloutha autou kai houtos erchou ep' auto.** (Epiktet, a.a.O. 29)
Bei allem, was du tust, bedenke die Voraussetzungen und die Folgen, und dann geh an das Werk.

Dies ist auch heute für uns das entscheidende Kriterium für alle Lebenslehren, politischen Programme und Ideologien.

123 **Eita kai ten seautou physin katamathe, ei dynasai bastasai.** (Epiktet, a.a.O. 29)
Prüfe die Ausstattung deiner Natur, ob du einer Aufgabe gewachsen bist.

Wenn wir im Leben ein Ziel anstreben, müssen wir immer prüfen, ob wir dafür innerlich und äußerlich schon gerüstet sind.

124 **Allos gar pros allo pephyke.** (Epiktet, a.a.O. 29)
Der eine ist für dieses, der andere für jenes geschaffen.

Von unserer Natur her haben wir ganz verschiedene Begabungen und folglich auch unterschiedliche Aufgaben im Staat.

125 **Ta kathekonta hos epipan tais schesesi parametreitai.** (Epiktet, a.a.O. 30)
Unsere Pflichten bemessen sich im Allgemeinen nach unseren sozialen Beziehungen.

Wir alle leben in einem Geflecht sozialer Beziehungen, daraus ergeben sich unsere mitmenschlichen Aufgaben und Pflichten.

126 **Pephyke gar pros touto pan zoon ta men blabera phainomena kai ta aitia auton pheugein.** (Epiktet, a.a.O. 31)
Es liegt in der Natur jedes Lebewesens, dass es das ihm Schädliche und die Ursache des Schadens flieht.

Jedes Lebewesen möchte so lange überleben, als es seiner Lebenszeit entspricht; deswegen meidet es das Bedrohliche und Tödliche.

127 **Ei de en allophylois apolephtheis tychois, siopa.** (Epiktet, a.a.O. 33)

Wenn du vereinzelt unter Fremden bist, dann schweige.

Der Schüler der Weisheit strebt immer das Gespräch mit geistig und seelisch Verwandten an.

128 **Gelos me polys esto mede epi pollois mede aneimenos.** (Epiktet, a.a.O. 33)

Lache nicht viel, nicht über vieles und nicht ohne Hemmung.

Der stoische Weise bemüht sich, seine Gefühle mit aufrechtem Verstand zu lenken und seinen Körper in allen Situationen zu kontrollieren.

129 **Horkon paraitesai, ei men hoion te, eis hapan, ei de me, ek ton enonton.** (Epiktet, a.a.O. 33)

Verbiete dir das Schwören unter allen Umständen, wenn es geht und möglich ist.

Denn beim Schwören werden göttliche und dämonische Wesen zu Zeugen angerufen, die Menschen sollen auch ohne diese zueinander aufrichtig sein.

130 **Estiaseis tas exo kai idiotikas diakrouou.** (Epiktet, a.a.O. 33)

Die Einladung zu Gastmählern bei Wesenfremden schlage aus.

Der stoische Weise sucht den geistigen Austausch vor allem mit den Schülern der Weisheit, dem törichten Geschwätz möchte er entfliehen.

131 **Boes de kai tou epigelan tini e epi poly synkineisthai pantelos apechou.** (Epiktet, a.a.O. 33)

Zurufe, beifälliges Gelächter und starke Gefühlsregungen sollst du vermeiden.

Die Schüler der Weisheit werden angehalten, ihre Gefühle im Zaum zu halten und mit ihrer Körpersprache sparsam umzugehen.

132 **Episphales de kai to eis aischrologian proelthein.** (Epiktet, a.a.O. 33)

Gefährlich ist es, sich schamlosen Reden auszusetzen.

Der Schüler der Lebensweisheit meidet schamlose und unmoralische Reden, denn sie können vom Glück des Lebens ablenken.

133 **Ei men gar ouk orthos poieis, auto to ergon pheuge.** (Epiktet, a.a.O. 35)

Wenn das Werk, das du tun willst,
Unrecht ist, dann fliehe es.

Der höchste Maßstab für alle unsere Taten ist die soziale Gerechtigkeit und mitmenschliche Verträglichkeit.

134 **Ei de orthos, ti phobe tous epiplexontas ouk orthos?** (Epiktet, a.a.O. 35)

Wenn du recht handelst, was fürchtest du
die Leute, die dich zu Unrecht tadeln?

Wenn wir mit Überzeugung für das Recht und die Gerechtigkeit eintreten, müssen wir den Tadel anderer nicht fürchten.

135 **Metron kteseos to soma hekasto hos ho pous hypodematos.** (Epiktet, a.a.O. 39)

Der Körper sei das Maß für jeden Besitz, so wie
der Fuß das Maß für den Schuh abgibt.

Die Schüler der Weisheit streben nur soviel an Besitz an, als sie zum sozialen Leben brauchen.

136 **Tou gar hapax hyper to metron horos outheis estin.** (Epiktet, a.a.O. 39)

Ist das Maß einmal gesprengt, dann
gibt es keine Grenze mehr.

Menschen ohne feste moralische Maßstäbe neigen zu beliebigem und höchst unsozialem Verhalten.

137 **Hai gynaikes euthys apo tessareskaideka eton hypo ton andron kyriai kalountai.** (Epiktet, a.a.O. 40)

Die jungen Frauen werden ab vierzehn Jahren von den Männern Damen genannt.

Mit vierzehn Jahren waren die Frauen in der antiken Kultur heiratsfähig, denn sie konnten schon Kinder gebären.

138 **Amphyias semeion to endiatribein tois peri to soma.** (Epiktet, a.a.O. 41)

Es ist ein Zeichen geistiger Armut, sich dauernd mit den Dingen des Körpers zu befassen.

Die Stoiker schätzen ihren Körper als Teil der Natur hoch ein, aber ihr erstes Interesse gilt der Weisheit des Lebens.

139 **Pan pragma dyo echei labas, ten men phoreten, ten de aphoreton.** (Epiktet, a.a.O. 43)

Jedes Ding hat zwei Henkel, den einen zum Tragen, den anderen zum Nichttragen.

Wir sagen, jedes Ding habe zwei Seiten, je nachdem, welchen Blickwinkel wir wählen.

140 **Sy de ge oute ktesis ei oute lexis.** (Epiktet, a.a.O. 44)

Du selbst bist mehr als dein Besitz oder deine Redekunst.

Der Wert eines Menschen ergibt sich nicht aus Reichtum und Fähigkeit, sondern aus den inneren Einstellungen zum Leben und zu den Mitmenschen.

141 **Mede lalei to poly en idiotais peri ton theorematon, alla poiei to apo ton theorematon.** (Epiktet, a.a.O. 46)

Rede unter Ungebildeten nicht über philosophische Lehrsätze, sondern handle nach diesen Lehrsätzen.

Ungebildete können vom Wert der Philosophie nur überzeugt werden, wenn die Weisen ein gutes und gerechtes Leben führen.

142 **Hos echthron heauton paraphylassei kai epiboulon.** (Epiktet, a.a.O. 48)

Der Weise ist vor sich selber auf der Hut
wie vor einem hinterlistigen Gegner.

Die Schüler der Weisheit unterschätzen niemals ihre emotionalen Strebungen, die von der Vernunft nicht leicht zu lenken sind.

143 **Sy de ei kai mepo ei Sokrates, hos Sokrates ge einai boulomenos opheileis bioun.** (Epiktet, a.a.O. 51)

Auch wenn du noch kein Sokrates bist, so sollst
du so leben, als wärest du ein Sokrates.

Auch wenn wir die Weisheit des Sokrates nicht erreichen, seine selbstlose Lebensform müssen wir ständig nachahmen.

144 **Hostis de ananke synkechoreken kalos, sophos para hemin, kai ta thei epistatai.** (Epiktet, a.a.O. 53)

Wer sich dem unausweichlichen Schicksal in rechter
Weise fügt, ist weise und kennt das Göttliche.

Dies ist der Kern der stoischen Lehre, jedes Schicksal annehmen und zum Positiven führen zu können.

145 **Ho eiron epainein parontas, hois epetheto lathra.** (Theophrast, Charaktere, 1,2)

Der Unaufrichtige lobt die ins Gesicht,
die er heimlich angegriffen hat.

Der Lügner stört das Zusammenleben, weil man ihm und seinen Worten nie ganz trauen kann.

146 **Ho eiron toutois syllypeisthai hettomenois.** (Theophrast, a.a.O. 1,2)

Der Unaufrichtige zeigt denen sein Mitgefühl,
die er im Prozess besiegt hat.

Wir kennen in der modernen Lebenswelt viele Formen von Unaufrichtigkeit, die uns nicht wirklich nützen.

147 **Kai meden hon prattei homologesai, alla phesai bouleuesthai.** (Theophrast, a.a.O. 1,4)

Nichts von dem, was er gerade tut, gibt der Lügner zu, sondern er sagt, er überlege noch.

Diese Form der Unehrlichkeit gibt es vor allem in der Politik, doch ihr sozialer Nutzen ist begrenzt.

148 **Ten de kolakeian hypolaboi an tis homilian aischran einai, sympherousan de to kolakeuonti.** (Theophrast, a.a.O. 2,1)

Unter Schmeichelei versteht man ein schändliches Benehmen, das dem Schmeichler nutzt.

Viele Zeitgenossen verstehen es wunderbar, sich durch schmeichelhafte Reden bei Mächtigen Vorteile zu holen, doch die Unehrlichkeit bleibt.

149 **Ho kolakos amelei de kai ta ek gynaikeias agoras diakonesai dynatos apneusti.** (Theophrast, a.a.O. 2,9)

Der Schmeichler pflegt außer Atem die Geschäfte auf dem Frauenmarkt zu erledigen.

Selbst wenn wir dem anderen Geschlecht schmeicheln müssen, so muss die kleine Täuschung maßvoll bleiben.

150 **He de adoleschia esti men diegesis logon makron.** (Theophrast, a.a.O. 3,1)

Die Redseligkeit ist die Verbreitung langer und unbedachter Reden.

Bei einem gleichwertigen Gespräch achten wir auf die Interessen und Bedürfnisse des Gesprächspartners.

151 **Kan hypomene tis adoleschon, me aphistasthai.** (Theophrast, a.a.O. 3,3)

Wenn einer beim Redseligen bleibt, lässt der ihn nicht mehr los.

Manche Menschen haben das tiefe Bedürfnis, sich anderen mitzuteilen und mit ihnen oberflächliche Kommunikation zu haben.

152 **To gar agrikos kai to myron phaskein ouden tou thymou hedion ozein.** (Theophrast, a.a.O. 4,3)

Der Tölpel glaubt, dass Myrrhe nicht
besser duftet als Thymian.

Ungebildete Menschen kennen nicht die Unterschiede verschiedener Duftnoten und Denkmodelle.

153 **Ho agrikos kai meizo tou podos ta hypodemata phorein.** (Theophrast, a.a.O. 4,4)

Der Tölpel trägt Schuhe, die größer sind als sein Fuß.

Manche Menschen kennen nicht das rechte Maß, das zu ihrem Leben gehört, sie überschätzen sich andauernd.

154 **Ho agrikos kai tois men philois kai oikeiois apistein.** (Theophrast, a.a.O. 4,6)

Nur der Tölpel misstraut seinen Freunden und Hausgenossen.

Allzu großes Misstrauen grenzt an Dummheit und bringt nur Nachteile.

155 **Ho de areskos amelei toioutos tis, hoios porroden prosagoreusas kai andra kratiston eipon.** (Theophrast, a.a.O. 5,2)

Der Gefallsüchtige ist einer, der seine Mitmenschen
von Weitem grüßt und sie die Besten nennt.

Menschen mit einem schwachen Selbstwertgefühl neigen dazu, ihre Mitmenschen ständig zu überschätzen.

156 **Kai tous xenous de areskos eipen hos dikaiotera legousin ton politon.** (Theophrast, a.a.O. 5,4)

Der Gefallsüchtige sagt, dass die Fremden
gerechter urteilen als die Einheimischen.

Er wendet sich voreilig an Fremde und bringt ihnen viel Vorschuss an Lorbeeren.

157 **He de aponoia estin hypomene aischron ergon kai logon.** (Theophrast, a.a.O. 6,1)

Bedenkenlosigkeit ist das Beharren bei schändlichen Taten und Worten.

Viele Menschen schämen sich nicht vor den Mitmenschen, Unrechtes zu tun oder zu sagen.

158 **Ho de aponenoemenos toioutos tis, hoios homosai tachy, kakos akousai, loidorethenai dynamenois.** (Theophrast, a.a.O. 6,2)

Der Bedenkenlose ist einer, der sofort schwört, der im schlechten Ruf steht und auf die Mächtigen schimpft.

Manche Menschen neigen zur Voreiligkeit und Übertreibung, ihr Ruf bei den Mitmenschen ist ihnen gleichgültig.

159 **Ho de lalos toioutos tis, hoios to entynchanonti eipein, an hoti oun pros auton phthenxetai, hoti outhen legei kai hoti autos panta oiden.** (Theophrast, a.a.O. 7,2)

Der Schwätzer ist einer, der jeden anredet, den er trifft, und wenn der ihm Antwort gibt, sagt er ihm, dass dieser nichts, er selber aber alles wisse.

Geschwätzige Menschen können ihre vielen Worte gar nicht richtig einschätzen, sie reden zum Zeitvertreib.

160 **Ho de lalos eis ta didaskaleia de kai eis tas palaistras eision kolyein tous paidas promanthanein.** (Theophrast, a.a.O. 7,4)

Der Schwätzer geht in die Schulen und auf die Sportplätze und behindert die Schüler beim Lernen.

In der antiken Kultur waren Gymnasien und Ringplätze öffentlich zugänglich, geschwätzige Menschen waren dort nicht beliebt.

161 **Ho de logopoion legei: dei de auton se monon eidenai; pasi de tois en te polei prosdedrameke legon.** (Theophrast, a.a.O. 8,9)

Der Gerüchtemacher sagt: Das darfst nur du allein wissen. Dabei hat er es schon in der ganzen Stadt erzählt.

Manche erleben eine tiefe Genugtuung, wenn sie falsche Gerüchte in ihre Umwelt setzen und ihre Mitmenschen täuschen.

162 **Ho de anaischyntos toioutos hoios proton men hon aposterei pros touton apelthon daneizesthai.** (Theophrast, a.a.O. 9,2)

Der Unverschämte geht zuerst zu dem, den er betrogen hat, um von ihm etwas auszuleihen.

Viele Menschen schämen sich gar nicht, wenn sie ihre Mitmenschen betrogen oder geschädigt haben.

163 **Ho de mikrologos toioutos tis kai tous horous de episkopeisthai hosemerai ei diamenousin hoi autoi.** (Theophrast, a.a.O. 10,9)

Der Kleinliche prüft täglich die Grenzsteine, ob sie noch am rechten Ort sind.

Für großzügige Menschen ist es schwierig, sich mit kleinlichen Erbsenzählern herumzuschlagen.

164 **Ho de bdelyros toioutos hoios apantesas gynaixin eleutherais anasyramenos deixa to aidoion.** (Theophrast, a.a.O. 11,2)

Der Unanständige hebt auf offener Straße vor anständigen Frauen den Mantel und zeigt seine Blöße.

Heute nennen wir solche exhibitionistischen Mitmenschen an der Seele verletzt und krank.

165 **Ho de akairos toioutos tis hoios ascholoumeno proselthon anakoinousthai.** (Theophrast, a.a.O. 12,2)

Der Ungelegene will sich bei dem beraten lassen, der keine Zeit mehr hat.

Es sind aufdringliche Mitmenschen, die gar nicht auf die Lebenslage ihrer Mitmenschen achten.

166 **Ho de akairos pros ten autou ergomene komazein pyrettousan.** (Theophrast, a.a.O. 12,3)

Der Ungelegene macht seiner Geliebten den Hof, wenn sie Fieber hat.

Aufdringliche Menschen spüren gar nicht, dass sie in bestimmten Situationen ihren Mitmenschen völlig ungelegen kommen.

167 **Ho de akairos ek makras hodou hekonta arti parakalein eis peripaton.** (Theophrast, a.a.O. 12,7)

Der Ungelegene lädt den zu einem Spaziergang ein, der gerade von einem langen Marsch zurückkehrt.

Aufdringliche Menschen können oder wollen die Situationen ihrer Mitmenschen gar nicht zur Kenntnis nehmen.

168 **Ho akairos akekootas kai memathekotas anistasthai ex arches didaskon.** (Theophrast, a.a.O. 12,9)

Der Ungelegene erklärt einem, der schon zugehört und verstanden hat, alles noch einmal von vorne.

Manche Menschen bestimmen ihre Kommunikation völlig einseitig, sie wollen oder können auf ihre Mitmenschen gar nicht eingehen.

169 **Ho de periergos toioutos tis epangellesthai anastas, ha me dynesetai.** (Theophrast, a.a.O. 13,2)

Der Übereifrige steht auf und verspricht etwas, was er gar nicht halten kann.

Viele Menschen können ihre Möglichkeiten gar nicht richtig einschätzen, auf sie können wir uns kaum verlassen.

170 **Ho de periergos pleio de epanankasai ton paida kerasai, e hosa dynantai hoi parontes ekpiein.** (Theophrast, a.a.O. 13,4)

Der Übereifrige lässt seinen Sklaven mehr Wein mischen, als die Gäste trinken können.

Wir schätzen Mitmenschen mit Augenmaß, weil wir uns nur auf sie verlassen können.

171 **Ho de periergos atropou hegesasthai, eita me dynasthai heurein, hou poreuetai.** (Theophrast, a.a.O. 13,6)

Der Übereifrige bietet sich als Führer auf einem Weg an, den er gar nicht kennt.

Aufdringliche Menschen glauben von sich, dass sie alle Probleme lösen können, sie finden aber meistens nur wenig Glauben.

172 **Ho de anaisthetos theoron en to theatro monos kataleipesthai katheudon.** (Theophrast, a.a.O. 14,4)

Der Gedankenlose bleibt allein im Theater schlafend zurück.

Wer mit seinen Gedanken ganz woanders ist, kann sich auf ein Theater oder ein Gespräch nicht konzentrieren.

173 **Ho de anaisthetos cheimonos ontos machesthai to paidi, hoti sikyous ouk egorasen.** (Theophrast, a.a.O. 14,9)

Der Gedankenlose beschimpft im Winter seinen Sklaven, weil er ihm keine Gurken am Markt gekauft hat.

Manche Menschen haben nicht die Fähigkeit, die Situation zu bedenken, in der sich ihr Gesprächspartner befindet.

174 **Ho de authades prosagoreutheis me antiproseipein.** (Theophrast, a.a.O. 15,3)

Der Selbstgefällige antwortet nicht, auch wenn er angesprochen wurde.

Autistische Menschen kreisen um sich selbst, ohne ihre Mitmenschen richtig wahrzunehmen.

175 **Ho de autades prosptaisas en te hodo deinos katarasasthai to litho.** (Theophrast, a.a.O. 15,8)

Der Selbstgefällige verflucht den Stein, über den er auf dem Weg gestolpert ist.

Es gibt Menschen, die davon überzeugt sind, dass alle Mitmenschen ihnen dienstbar sein sollten.

176 **Ho de deisidaimon epitychon ekphora aponipsamenos tas cheiras.** (Theophrast, a.a.O. 16,2)

Der Abergläubige wäscht sich die Hände, wenn er einem Leichenzug begegnet.

Denn er glaubt, durch diese Begegnung unrein geworden zu sein und Lebenskraft zu verlieren.

177 **Ho de deisidaimon ten hodon ean hyperdrame gale, me proteron poreuthenai.** (Theophrast, a.a.O. 16,3)

Der Abergläubige geht nicht weiter, wenn ihm ein Wiesel über den Weg läuft, bis ein anderer die Stelle überschritten hat.

Menschen im mythischen Weltbild glauben an böse Vorzeichen und an unsichtbare Kräfte, denen sie ausgesetzt sind.

178 **Ho de mempsimoiros to Dii aganaktein, ou dioti hyei, alla dioti hysteron.** (Theophrast, a.a.O. 17,4)

Der Nörgler ist auf Zeus böse, nicht weil es regnet, sondern weil es zu spät regnet.

Unzufriedene Menschen machen den Mitmenschen und den Göttern Vorwürfe, weil ihnen das Leben schlecht gelingt.

179 **Ho de apistos pherein autos to argyrion kai kata stadion kathizon arithmein, poson esti.** (Theophrast, a.a.O. 18,3)

Der Misstrauische trägt sein Geld selbst, alle paar hundert Meter setzt er sich hin, um zu zählen, wie viel es sei.

Misstrauische Menschen können und wollen nicht glauben, dass Mitmenschen ihnen wohlgesinnt sind.

180 **Ho de dyscheres esthion apomyttesthai.**
(Theophrast, a.a.O. 19,4)

Der Widerliche schneuzt sich beim Essen mit den Fingern.

In jeder Kultur haben sich die Regeln des Anstands schrittweise entwickelt, manche Personen akzeptieren sie nur selektiv.

181 **Ho de dyscheres apoptysai de boulomenos, hyper tes trapezes prosptysai to oinochoo.** (Theophrast, a.a.O. 19,11)

Der Widerliche spuckt, wenn er ausspucken will, über den Tisch dem Wirt ins Gesicht.

In alten Kulturen war das Spucken in das Gesicht ein Zeichen der Ablehnung und des Protestes.

182 **Ho de aedes anagesthai de mellontas kolyein.** (Theophrast, a.a.O. 20,3)

Der Schamlose behindert den, der gerade wegfahren will.

Manche Menschen sehen darin ihre Lebensaufgabe, Mitmenschen an der Entfaltung ihres Lebens zu behindern.

183 **Ho de aedes egeirein arti katheudonta eiselthon, hina auto lale.** (Theophrast, a.a.O. 20,2)

Der Taktlose weckt den auf, der gerade eingeschlafen ist, um sich mit ihm zu unterhalten.

Es gibt Menschen, die nur ihre eigenen Bedürfnisse kennen und ihre Mitmenschen schamlos ausnützen.

184 **Ho de aedes proselthonton deisthai epischein, heos an peripatese.** (Theophrast, a.a.O. 20,4)

Der Taktlose bittet seine Besucher, zu warten, bis er von seinem Spaziergang zurück ist.

Egozentrische Menschen sind davon überzeugt, dass sich alle anderen nach ihren Wünschen und Zielen richten müssten.

185 **Ho de mikrophilotimos ton hyion apokeirai apagagon eis Delphous.** (Theophrast, a.a.O. 21,3)

Der Eitle schickt seinen Sohn nach Delphi zur Haarfrisur.

Überhebliche Menschen sehen sich ständig genötigt, auf sich aufmerksam zu machen, um sich gut zu fühlen.

186 **Ho de mikrophilotimos epimelethenai de, hopos auto ho akolouthos Aithiops estai.** (Theophrast, a.a.O. 21,4)

Der Eitle sorgt dafür, dass sein Begleiter ein Äthiopier sei.

In der antiken Kultur war es etwas Besonderes, einen afrikanischen Sklaven zu haben.

187 **Ho de aneleutheros endon menein, hotan ekdo thoimation ekplynai.** (Theophrast, a.a.O. 22,8)

Der Knausrige bleibt zu Hause, wenn er seinen Mantel zum Reinigen gegeben hat.

Knausrige Menschen leben immer mit der Angst, zu wenig Geld oder Besitz zu haben und zu verarmen.

188 **Ho de aneleutheros ta hypodemata palimpexei kekattymena phorein kai legein, hoti keratos ouden diapherei.** (Theophrast, a.a.O. 22,11)

Der Knausrige trägt geflickte Schuhe und sagt, diese seien fest wie ein Horn.

Übermäßig sparsame Menschen kurbeln die Wirtschaft nicht an, weil dann zu wenig Neues erzeugt und verkauft werden kann.

189 **Ho de alazon en to diazeugmati estekos diegeisthai xenois, hos polla chremata auto estin en te thalatte.** (Theophrast, a.a.O. 23,2)

Der Prahler erzählt den Fremden am Hafendamm, wie viel Geld er auf dem Meer habe.

Menschen mit einem schwachen Selbstwertgefühl müssen sich immer viel größer machen, als sie tatsächlich sind.

190 **Ho de alazon proselthon de eis tous hippous tous agathous tois polousin prospoiesasthai onetian.** (Theophrast, a.a.O. 23,7)

Der Prahler geht auf den Pferdemarkt und spielt den Verkäufern vor, er wolle die besten Pferde kaufen.

Vielen Prahlern und Schauspielern gelingt es, ihre Mitmenschen zu täuschen; davon lebt auch zu guten Teilen unsere Wirtschaft.

191 **Ho de hyperephanos eu poiesas memnesthai phaskein.** (Theophrast, a.a.O. 24,3)

Der Überhebliche sagt zu dem, dem er Gutes getan hat, dieser solle es nicht vergessen.

Immer gibt es Menschen, die anderen nur deswegen in der Not helfen, um sie von sich abhängig zu machen.

192 **Ho de hyperephanos cheirotonoumenos exomnysthai tas archas, ou phaskon scholazein.** (Theophrast, a.a.O. 24,5)

Der Überhebliche lehnt ein Amt ab, in das er gewählt wurde, und sagt, er habe keine Zeit dafür.

Auch heute wollen manche Politiker ihre Beliebtheit testen, um die versprochenen Ziele kümmern sie sich dann sehr wenig.

193 **Ho de hyperephanos proapostellein de, epan poreuetai, ton erounta, hoti proserchetai.** (Theophrast, a.a.O. 24,10)

Geht der Überhebliche auf Reisen, dann schickt er einen voraus, der sein Kommen ankündigt.

So ahmen überhebliche Menschen Fürsten und Könige nach, auch wenn sie aus den unteren sozialen Schichten kommen.

194 **Ho de deilos hoios pleon tas akras phaskein hemiolias einai.** (Theophrast, a.a.O. 25,2)

Der Feigling behauptet auf der Seereise, die Klippen seien Seeräuber.

Manche Menschen sehen überall in ihrer Umgebung böse Gespenster, vor denen sie sich rechtzeitig schützen wollen.

195 **Ho de deilos deisthai pros ten gen prosagein auton.** (Theophrast, a.a.O. 25,2)

Der Feigling bittet auf dem Schiff, an Land gesetzt zu werden.

Viele Menschen bekommen Angst, wenn sie etwas Waghalsiges unternehmen; sie brechen ihre Vorhaben vorzeitig ab.

196 **Ho de oligarchikos ton Homerou epon touto hen monon katechei, hoti ouk agathon polykoiranie, heis koiranos esto.** (Theophrast, a.a.O. 26,2)

Der Alleinherrscher hat sich von den Sprüchen des Homer nur einen gemerkt, dass die Vielherrschaft nichts Gutes sei und folglich nur Einer herrschen soll.

Zur Zeit des Theophrast wurde die Alleinherrschaft im Staat von den Gebildeten als völlig ungenügend angesehen.

197 **Ho de opsimathes rheseis manthanein hexekonta ete gegonos kai tautas legon para poton epilanthanesthai.** (Theophrast, a.a.O. 27,2)

Der Spätgebildete lernt mit sechzig Jahren Verse auswendig und bleibt stecken, wenn er sie beim Trinkgelage vorträgt.

Wer erst im späteren Leben die Chance bekommt, sich in der Wissenschaft zu bilden, kann nicht mehr zur Spitze der Fachleute vorstoßen.

198 **Ho de kakologos pleista peri ton philon kai oikeion kata eipein, kai peri ton teteleutekoton.** (Theophrast, a.a.O. 28,6)

Der Verleumder redet über Freunde und Verwandte Schlechtes, sogar über die Toten.

Es gibt Menschen, die an ihren Mitmenschen nichts Gutes und Wertvolles sehen können, weil sie sich selbst nicht schätzen.

199 **Ho de kakologos kakos legein apokalon parresian kai demokratian kai eleutherian, kai ton en to bio hedista touto poion.** (Theophrast, a.a.O. 28,6)

Der Verleumder nennt seine üble Rede Freimut, Demokratie und Freiheit, das ist für ihn das Angenehmste im Leben.

Moderne Rechtsstaaten schützen ihre Bürger durch klare Gesetze vor übler Nachrede, wenn sie nicht gerechtfertigt ist.

200 **Ho philoponeros epi tois chrestois eipein, hos ginetai kata physin oudeis chrestos, kai homoious pantas einai.** (Theophrast, a.a.O. 29,3)

Der Bösewicht sagt von den Guten, kein Mensch werde von der Natur gut geboren, alle Menschen seien gleich.

Dies ist die Position der Übeltäter, die ihre eigenen bösen Einstellungen auf alle Mitmenschen übertragen.

201 **Ho de philoponeros kai episkepsai de, hos chrestos estin.** (Theophrast, a.a.O. 29,3)

Der Bösewicht macht dem Gerechten einen Vorwurf, dass er gut ist.

Nach dem Konzept der zerstörenden Menschen sind alle Menschen böse, dies haben auch einige europäische Philosophen so gelehrt.

202 **Ho de philoponeros ton poneron de eipein eleutheron.** (Theophrast, a.a.O. 29,4)

Der Bösewicht nennt den Übeltäter frei und unabhängig.

Auch die Lehrer der Herrenmenschen gingen davon aus, dass die Stärkeren tun können, was sie wollen.

203 **Ho de philoponeros eunous de einai aitio en ekklesia legonti e epi dikasterio krinomeno.** (Theophrast, a.a.O. 29,4)

Der Bösewicht unterstützt den Schuldigen, wenn er in der Volksversammlung spricht oder vor Gericht aussagt.

Zerstörerische Menschen stehen immer auf der Seite der Gewalttäter, denn sie glauben, dass sie immer zu den Stärkeren gehören werden.

204 **Ho aischrokerdes estion artous hikanous me paratheinai.** (Theophrast, a.a.O. 30,2)

Der Geizige setzt seinen Gästen nicht genug Brot vor.

Geizige Menschen können es nicht ertragen, dass es ihren Mitmenschen gut gehe, weil sie selbst mit dem Leben unzufrieden sind.

205 **Ho aischrokerdes daneisasthai para xenou par' auto katalyontos.** (Theophrast, a.a.O. 30,3)

Der Geizige leiht Geld von einem Fremden, der bei ihm einkehrt.

Es gibt Menschen, die das Gastrecht verletzen und schamlos ausnützen, um sich zu bereichern.

206 **Ho aischrokerdes oinopolon kekramenon ton oinon to philo apodosthai.** (Theophrast, a.a.O. 30,5)

Der Geizige verkauft selbst seinem Freund gepanschten Wein.

Manche Menschen sehen ihr Lebensziel darin, möglichst viel an Besitz und Gütern anzuhäufen.

207 **He de aischrokerdeia estin epithymia kerdous aischrou.** (Theophrast, a.a.O. 30,1)

Der Geiz ist das Streben nach schändlichem Gewinn.

Wirtschaftlicher Gewinn, der durch Unrecht erworben wird, stört das Zusammenleben der Menschen tief.

208 **Estin de he philoponeria epithymia kakias.** (Theophrast, a.a.O. 29,1)

Die Bosheit ist das Verlangen nach bösen Taten.

Vor allem Menschen mit seelischen Verletzungen streben unbewusst danach, sich mit zerstörenden Taten an Mitmenschen zu rächen.